云南省哲学社会科学创新团队成果文库

外智引联团队协同创新机制研究：
以西部地区为例

A Study of the Collaborative Innovation Mechanism of
External Intelligence Leading Innovation Teams:
Taking the Western Region as an Example

段万春　段　熠　杜凤娇　著

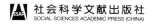

社会科学文献出版社
SOCIAL SCIENCES ACADEMIC PRESS (CHINA)

国家自然科学基金项目

"西部高校外智引联型创新团队的协同创新机制构建研究——以云南省院省校项目为例"

（71563024）

《云南省哲学社会科学创新团队成果文库》
编辑说明

《云南省哲学社会科学创新团队成果文库》是云南省哲学社会科学创新团队建设中的一个重要项目。编辑出版《云南省哲学社会科学创新团队成果文库》是落实中央、省委关于加强中国特色新型智库建设意见，充分发挥哲学社会科学优秀成果的示范引领作用，为推进哲学社会科学学科体系、学术观点和科研方法创新，为繁荣发展哲学社会科学服务。

云南省哲学社会科学创新团队 2011 年开始立项建设，在整合研究力量和出人才、出成果方面成效显著，产生了一批有学术分量的基础理论研究和应用研究成果，2016 年云南省社会科学界联合会决定组织编辑出版《云南省哲学社会科学创新团队成果文库》。

《云南省哲学社会科学创新团队成果文库》从 2016 年开始编辑出版，拟用 5 年时间集中推出 100 本云南省哲学社会科学创新团队研究成果。云南省社科联高度重视此项工作，专门成立了评审委员会，遵循科学、公平、公正、公开的原则，对申报的项目进行了资格审查、初评、终评的遴选工作，按照"坚持正确导向，充分体现马克思主义的立场、观点、方法；具有原创性、开拓性、前沿性，对推动经济社会发展和学科建设意义重大；符合学术规范，学风严谨、文风朴实"的标准，遴选出一批创新团队的优秀成果，根据"统一标识、统一封面、统一版式、统一标准"的总体要求，组织出版，以达到整理、总结、展示、交流，推动学术研究，促进云南社会科学学术建设与繁荣发展的目的。

编委会

2017 年 6 月

序

在西部大开发的战略背景下，西部高校纷纷制定了各项优惠政策，鼓励、吸引人才西进，但有关资料显示，这些举措收效甚微。教学科研实力单薄、交流空间相对有限、办学理念比较落后、外援合作机会较少、发展资源缺乏等决定了"硬引进"方式在短期内难以解决西部高校人才匮乏问题，而"不为我所有，但为我所用"的新型"软引进"方式是一种可以立竿见影的有效选择。外智引联作为"软引进"的重要途径，多以创新团队的形式实现，是指在不改变和影响外部人才与所属单位人事关系的前提下，以项目合作为主要载体，通过西部高校与外部人才共同开展科学研究，借助外部智力持续提升西部高校科研能力和人才培养质量的一种合作模式。特别是自党的十八大、党的十九大以来，随着国家不断深入实施科教兴国、创新驱动发展、区域协调发展等重要战略，在"互联网+"、大数据、经济新常态、中国智造等时代背景下，现代社会的发展推动着科技创新模式发生了巨大的改变。创新团队的专业化分工越来越细，而企业（或组织）、高等院校、科研机构等诸多创新主体由于创新能力有限、单独创新风险较大等因素，单独创新的成功率较低。在这种情境下，外智引联型创新团队以协同创新的形式开展团队合作和创新研究已经成为一个显著特征，创新团队协同创新可以集聚不同的知识、资源、信息、人才、技术等创新资源，将各种资源进行整合与优化配置，充分发挥各方参与主体的多元创新以及优势互补作用，最终实现创新团队的目标。

外智引联对西部高校改革和区域经济社会的快速发展无疑具有重要的推动作用，可以有效促进西部高校特色产业型、高端领军型和多元复合型人才的引进与培养，带动西部地区前沿攻关类、基础应用类和理论探索类技术的积累与创新。但是，外智引联在创新团队合作过程中也逐渐暴露出一些问题，如短期团队多、长期团队少，表面合作多、深度合作少，重视结果多、在意过程少。这表明该类创新团队在创新管理，特别是协同创新机制构建方面仍然存在诸多有待改进之处。另外，综观国内外相关研究成果，虽然国内外学者对创新团队人才引进、协同创新、协同管理等问题开展了一系列研究，但与西部高校相关或者与外智引联型创新团队相关的研究成果尚未见报道。通过研究，我们发现：从横向上看，该类团队是为解决西部区域性问题而组建（地域性），通常由西部高校和中东部高水平科研院所等不同主体构成（多主体性）；从纵向上看，团队成员包括博导、硕导、博士研究生、硕士研究生、高级工程师、企业高管等，成员关系灵活多样（灵活性），并且内外部合作模式可能存在内主外协、外主内协、平等合作等三种关系（集成性）。由此可见，在西部高校外智引联型创新团队的协同创新过程中，只有充分考虑上述地域性、多主体性、灵活性、集成性等特征，才能科学地构建协同创新机制。有鉴于此，本书对西部高校外智引联型创新团队的协同创新机制构建问题开展研究，并将其应用于解决云南省院省校项目中的机制构建问题，兼具理论创新和实践创新双重研究意义。

基于上述思考，本书针对西部高校创新团队的地域性、多主体性、灵活性、集成性等特征，基于创新团队管理、组织行为、创新管理、协同学等思维架构提出了外智引联型创新团队协同创新的基本理论。在此基础上，本书利用项目管理、决策分析、复杂系统决策、前景理论等方法以及案例研究方法，从系统协同、非线性涌现与全过程管理等视角研究西部高校外智引联型创新团队协同创新的复杂作用机制，构建出能够保证其协同创新效率提升的协同机制及系统化决策支持模型，即西部高校外智引联型创新团队的协同创新策略、组织学习机制、任务协调机制、过程风险监控机制等层面的协同创新机制及整合优化模型，并在其中结合云南省院省校项目开展了案例分析，最后针对云南省众创空间的外引内联发展问题提出了相关对策建议。相对于现有研究，本书关注西部高校外智引联型创新团队的协同创新特质，能够提出与其相关的一系列基础理论、决策模型与方法并应用于指导云南省院省校合作项目的协同创新实践，具有明显的选题创新性，理论、模型和方法的应用创新性。

本书研究内容的创新性具体呈现为以下三个方面。

首先，现有研究成果有的从知识转移或人才引进等视角对高校创新团队问题进行了研究，也有的对企业、区域、产业层面的协同创新开展了研究，涌现出的成果对开展西部高校外智引联型创新团队协同创新机制构建问题的研究具有重要的借鉴价值，但是它们并未对西部高校外智引联型创新团队予以关注，更未结合地域性、多主体性、灵活性、集成性等特征研究该类创新团队的协同创新机制构建问题，因此本书与现有相关研究成果相比具有明显的选题创新性。这一选题也得到了国家自然科学基金相关同行评审的认可，同名选题于 2015 年立项开展研究，于 2019 年 12 月完成相关研究，并已提交结题验收材料，本书是其中的一块重要研究成果。

其次，本书借鉴创新管理、协同学、项目管理中的基本理论，不仅提出西部高校外智引联型创新团队的概念、总结其特征，而且从协同创新策略、组织学习机制、任务协调机制、过程风险监控机制等层面对诸多西部高校外智引联型创新团队的协同创新机制进行分类构建，有利于填补现有研究尚未关注西部高校外智引联型创新团队的空白，因此本书研究内容具有一定的理论创新性。

最后，本书基于所提出的理论、模型、方法对云南省院省校合作项目进行案例研究，不仅能够检验理论、模型、方法的科学有效性及应用可行性，而且能够为参与云南省院省校合作项目的创新团队开展科学管理提供相应的对策建议。在系统分析、构建、检验西部高校外智引联型创新团队的协同创新策略、组织学习机制、任务协调机制、过程风险监控机制等的基础上，基于云南省院省校合作项目的研究成果，本书也进一步将其应用于云南省众创空间的外智引联管理问题中，因此申报项目具有一定的实践创新性。

目 录

绪论

第一节　研究背景

西北师范大学原校长王利民在 2005 年全国两会上曾说："兰州大学流失的高水平人才，完全可以再办一所同样水平的大学！"[①] 人才问题不仅是近年来兰州大学发展的主要瓶颈，同时也是整个西部地区不得不面临的严峻现实困境。造成"昔日西部无高楼，孔雀自然东南飞；今日西部筑高阁，孔雀依旧东南飞"局面的原因是多方面的，如教学科研实力单薄、交流空间相对有限、办学理念比较落后、外援合作机会较少、发展资源缺乏等，这些都决定了"硬引进"方式在短期内难以解决西部高校人才匮乏问题[②]，而"不为我所有，但为我所用"的新型"软引进"方式是一种可以立竿见影的有效选择。外智引联作为"软引进"的重要途径，实际上已在多种项目中得以体现，例如国家自然科学基金委员会与云南省设立了联合基金（简称"NSFC-云南联合基金"）、与新疆维吾尔自治区设立了联合基金（简称"NSFC-新疆联合基金"）等项目，并在项目指南中明确规定，联合基金面向全国并鼓励申请人与省内具有一定研究实力和研究条件的高等院校或研究机构开展合作研究。

[①] 《中办国办发文构建良好科研生态：不得片面高薪挖人才　防止"帽子"满天飞》，和讯网，2019 年 6 月 13 日，http://news.hexun.com/2019-06-13/197504231.html。

[②] 李高扬、刘明广：《产学研协同创新的演化博弈模型及策略分析》，《科技管理研究》2014 年第 3 期，第 201 页。

需要特别提及的是，以"2011 计划"（高等学校创新能力提升计划）为核心的协同创新是"211 工程"和"985 工程"的发展和延续，重在推动高校内部与外部创新力量之间创新要素的融合发展，推进协同创新，激发高水平大学建设的整体合力，许多西部高校也参与其中并与中东部先进科研机构形成了合作伙伴关系。在"大众创业、万众创新"的推动下，借助改革的东风，由于管理环境的复杂性、团队多主体的异质性、学科交叉性等特性，创新团队的发展越来越受到人们的关注。协同创新为创新团队的发展提供了不竭动力，创新团队反过来又为协同创新提供了强大的保障，从而实现创新团队的可持续发展。在这种大趋势下，外智引联对西部高校改革和区域经济社会的快速发展具有重要推动作用，可以有效促进西部高校特色产业型、高端领军型和多元复合型人才的引进与培养，带动西部地区前沿攻关类、基础应用类和理论探索类技术的积累与创新。但是，外智引联型创新团队在合作过程中也逐渐暴露出一些问题，如短期团队多、长期团队少，表面合作多、深度合作少，重视结果多、在意过程少，表明该类创新团队在创新管理中仍然存在诸多有待改进之处。主要表现在，外智引联型创新团队在协同创新策略上的构建不足、组织学习机制不完善、任务协调机制不明朗、过程风险监控机制有待完善和以众创空间作为载体的外智引联型创新团队在应用方面缺乏剖析。

在协同创新策略方面，国家目前已出台多项针对西部地区的优惠政策，例如 NSFC-云南联合基金、NSFC-新疆联合基金等项目。另外，为了推动科教兴滇战略和人才战略的实施，促进经济社会的全面发展，云南省自 1998 年开始同国内著名高校、中科院组织开展了以科技、教育、人才培养等为主要内容的"省院省校"合作项目，目前省内涉及 10 个地、州、市，省外涉及若干国际知名大学、数十个中科院研究所以及近百所高等院校，良好的政策条件为西部高校外智引联型创新团队开展协同合作奠定了坚实的外部基础。同时，西部地区因高水平科研人才较少、科研院所整体研究水平低下而缺乏对其重要现实难题的解决能力，需要借助中东部科研人才的智力资源一起开展科研合作以解决现实发展问题，并在合作过程中提升本土科研人才的研究水平和管理经验，以实现互促发展、互利共赢。强大的现实需求为西部高校外智引联型创新团队开展跨区域合作提供了良好的发展前景。除此之外，西部地区具有较为丰富的优势资源，如具备开展科学研究所需的资源要素和支持政策，但是缺乏对开展科学研究来说最重要的人才资源和管理经验；而中东部高校由于高水平院校众多，竞争异常激烈，获取科研项目的难度相对较大，与西部高校合作不仅可以获取大量的科研项目和资金支持，而且在合作过程中可以不断拓宽研究视野，提升行业知名度，获得更为广泛的认同与支持。因此，二者结合可以实现优势互补、互利共赢。最后，西部地区外智引联型创新团队还存在交通设施持续完善、沟通方式不断完善、发展前景广阔等发展机会和人才流失严重、合作模式不健全等发展威胁，亟待通过对外智引联型创新团队的协同创新在策略上给予引导和支持。

在组织学习机制方面，自从 Argyris 和 Schön 提出组织学习以来[①]，有效运用组织拥有的知识并积极进行知识创造，提高组织学习能力、适应能力以及创新能力，努力建立成功的组织学习机制，已经成为各种组织建设的共识。越来越多的组织认识到较强的学习能力和有效的知识管理已经成为组织保持竞争优势、提升团队质效的重要手段。在宏观层面上，良好的组织学习机制有助于组织通过不断地获取、吸收和创造知识，减少组织成本、增加组织盈利，以及缩短知识成果的创造周期。在微观层面上，良好的组织学习机制能够影响团队内部成员的态度、动机、信念和价值观，有助于团队成员全身心地投入科研工作当中。团队成员通过不断交流解惑和互动学习营造出相互信任、相互帮助、相互包容以及充满生机和活力的团队合作氛围，使他们的工作职责和工作热情内化为一种本能，从而提高其满意度、凝聚团队力量，进而营造出独具特色、颇具向心力的组织文化，提升组织绩效和组织创新能力。

在任务协调机制方面，在知识经济时代，知识融合、交叉与共享的渠道和方式日新月异，"单打独斗"的传统科研方式已不能适应现代社会的多元化需求，传统学科之间的显性界限已被打破，重大现实问题的解决更多地依赖学科间的交叉与融合，而创新团队被公认为学科交叉与融合协同创新的最

---

① C. Argyris, and D. A. Schön, *Organizational Learning: A Theory of Action Perspective* (Boston: Addison Wesley, 1978), pp. 542-548.

有效形式。① 创新团队的协同创新作为整合创新资源、提高创新效率的有效途径，成为当今世界科技创新活动的新趋势和创新理论研究的新焦点，受到世界各国和地区的高度重视。② 尽管国家各级政府高度重视创新团队建设，相关科研成果亦层出不穷，但创新团队在合作过程中也暴露出了短期团队多、长期团队少，名义合作多、实质合作少，重结果、轻过程等问题。

综上可知，如何应对外部智力资源融合过程中团队协同创新管理的多层次问题，获得"1+1>2"的非线性协同创新叠加效果，已成为影响高校团队协同创新质效（质量/效率）提升和国家人才战略有效实施的关键问题，得到了众多学者的积极响应。虽然现有研究已然描绘出静态、临界情境下团队知识传递问题的复杂关联，但仅通过知识传递问题这个单一视角和创新资源引进这个单一维度，显然不能完全反映出外智引联型创新团队协同创新的整体深层次内涵，且不利于复杂创新情境下创新团队多层次协同问题的系统管理与整合评价。目前，协同创新研究涌现出了丰富的成果，为拓展外智引联型创新团队的研究视角和维度、系统解构和重建复杂合作情境下团队创新要素间的交互关联提供了宝贵借鉴。然而不容忽视的是，由于高校团队与企业团队存在显著的变革情境差异，且协同创新的区域差异化迹象显著，因此西部高校外智引联型创新团队的协同创新在关注内容、探索范围及管理动机等方面的差别显著，需要据此识别合作主体、促进交流沟通和推动内部协调，在不断互动的过程中实现各个创新主体要素的系统优化、合作创新。

第二节　研究目的及意义

外智引联型创新团队在合作过程中逐渐暴露出一些问题（如短期团队

---

① D. Tjosvold et al., " Reflexivity for Team Innovation in China: The Contribution of Goal Interdependence," *Group & Organization Management* 29（2004）: 540-559.

② R. J. Rossberger, and D. E. Krause, " Participative and Team—Oriented Leadership Styles, Countries' Education Level, and National Innovation: The Mediating Role of Economic Factors and National Cultural Practices," *Cross-Cultural Research: The Journal of Comparative Social Science* 49（2015）: 20-56.

多、长期团队少，表面合作多、深度合作少，重视结果多、在意过程少），表明该类创新团队在创新管理中仍然存在诸多有待改进之处。基于此，本书通过从创新团队的基础理论、模型构建及团队管理 3 个维度述评已有研究成果，并结合外智引联型创新团队的独特属性，实现识别外智引联型创新团队与一般创新团队的"共性"和对外智引联型创新团队未来研究方向进行展望的目的，具有丰富外智引联的基础理论及拓展外智引联型创新团队的研究视角和维度、系统解构和重建复杂合作情境下团队创新要素间交互关联的理论意义和提供协同管理工作重点方向的实践意义。基于扩展的研究视角，本书继续从外智引联型创新团队的协同创新策略、知识流动、团队间分工协作和过程风险控制等方面做进一步的研究。

目前关于外智引联型创新团队协同创新的研究多基于微观或中观视角，缺乏从宏观层面分析西部高校人才协同创新的战略环境以及各主体的职责与作用，由此导致协同创新效率较低、效果较差；另外，对协调策略的研究多针对某一类主体，尚未考虑到跨区域、多主体类型产学研合作协同创新策略问题，这在很大程度上阻碍了产学研协同创新理论体系的发展与完善。外智引联型创新团队这种新型合作模式，为提升我国西部地区与中东部地区的合作水平和人才培养质量提供了新的思路，为带动西部地区高校教育水平、经济发展水平的持续提升提供了多样化的决策参考方案。对跨区域、多主体特征的外智引联型创新团队协同策略进行研究和对外智引联型创新团队从整体性视角进行系统化解析，对了解其在协同创新过程中的优势与劣势、机会与威胁，并采取有效的应对策略解决外智引联型创新团队协同创新过程中的形式化合作难题具有重要的现实与理论意义。

针对西部高校外智引联型创新团队的组织学习机制构建问题开展研究，并将其应用于解决云南省院省校项目中的机制构建问题，兼具研究方向和实践创新双重研究意义，具体表现为：基于组织学习理论、知识管理理论和协同学理论，构建西部高校外智引联型创新团队的组织学习概念模型，具有一定的理论研究意义。具体而言，针对以往组织学习的分层面、模块化、静态化研究造成组织学习系统的整合效应难以有效发挥的问题，本书引入了协同视角，明确了外智引联型创新团队组织学习的层次性、动态性以及知识特殊性的特征，提炼了外智引联型创新团队组织学习的一般动因和特殊动因，构建了包含组织跨层级学习的知识共享过程模型的外智引联型创新团队的组织协同学习模型，借鉴了能够反映该组织协同学习系统复杂作用关系的网络分析方法进行整合优化。本书通过对协同视角下外智引联型创新团队组织学习机制的探讨，既拓展了组织学习的研究视角，又丰富了现有组织学习的相关理论，具有重要的理论研究意义。在此基础上，本书选定云南省院省校项目进行案例研究，并给出相应的对策建议，具有一定的实践指导意义。具体而言，本书选取来自云南省院省校项目的四个外智引联型创新团队进行案例验证，在对案例研究结果进行分析的基础上提出了针对组织各学习层面以及促进组织学习各层面知识共享和转移的对策建议。实际上，组织学习机制的构建，不仅是学术问题，也是高校、企业、科研院所等构建学习型组织的管理实践过程中亟须解决的问题。通过本书提出的思路和方法，西部高校等组织可以审视自身学习过程，发现其借助外部智力开展合作学习面临的主要制约因素，有目的和重点地加以改进，继而不断提升组织绩效，有效解决西部高校科研能力弱、人才匮乏、组织学习效率低的现实问题。因此，本书研究具有重要的实践指导意义。

基于目前外智引联型创新团队的协同创新过程中暴露出的短期团队多、长期团队少，名义合作多、实质合作少，重结果、轻过程等问题，本书认为，创新团队生命周期普遍短暂且合作不够深入的问题归根结底还是在合作过程中缺乏成熟规范的良性合作运管机制，导致对合作双方权利与义务约束不够明确，存在任务随意指派、任务分配不均的问题，进而导致的合作主体能力与项目任务需求不匹配。基于此，如何有效地对外智引联型创新团队任务进行科学分解、合理分配，并针对任务执行过程中已经出现或可能出现的多种冲突类型进行有效的协调，以提升任务执行效率和任务完成质效，对提升外智引联型创新团队合作效果以及西部地区经济发展水平，具有重要的理论与现实意义。

本书在最后基于现有的研究成果，关注"双创交互"与"协同创新"时代背景下云南省众创空间建设的实践热点，考虑到"不为我所有，但为我所用"的"软引进"合作方式可以成为一种立竿见影的有效选择，本书将"外引内联"作为"软引进"的重要途径，将基于外引内联视角解析众创组织内的多团队协同创新问题，通过梳理众创空间管理的一般理论及省内外经验与对策，探索外引内联有效性影响因素的识别方法，能够在结合云南省实际的前提下快速整合外部智力、资本与管理资源，培育跨区域先进科研机构合作伙伴关系，有效助力云南省众创空间的协同创新能力培育，所形成的结论对云南省制定众创空间发展策略与完善相关管理规定将具有一定的借鉴意义。

第三节　研究状况

一　外智引联型创新团队及其协同创新研究状况

1. 创新团队

目前，国内外众多学者已从不同角度对创新团队进行了研究，现有成果主要集中在团队成员、团队机制以及团队评价三方面。

在团队成员方面，团队异质性是该方面研究的一大热点问题。众多国外学者通过团队成员的专业背景及人口学特征等探讨了团队异质性对团队效能的直接或间接影响。Woehr 等通过团队成员的年龄、种族、性别等人口学特征探究了团队价值观异质性与团队创造过程以及团队任务绩效之间的关系，实证检验了团队价值观异质性可能带来的积极影响。[1] 同样地，Robbins 基于对工作团队的组织行为学研究探讨了团队异质性和同质性的差异影响，即团队成员由于专业、地域等背景不同而造成的团队创造力、认知能力及团队行为等的差别，提出异质性的团队更有利于团队内部思维火花的碰撞以及团队内部创造力的激发，进而提升团队的学习效能。[2] Takeuchi 等对于这个问题又进一步解释为，具有相似价值观和背景的同质性团队有助于减少冲突、提高合作效率，而异质性团队则更有助于团队内

---

[1]　D. J. Woehr et al., "Exploring the Effects of Value Diversity on Team Effectiveness," *Journal of Business & Psychology* 28（2013）：107-121.

[2]　S. P. Robbins, *Essentials of Organizational Behavior*（Prentice Hall, 1992）.

部新思想以及新创意的产生，换言之，异质性团队更加适用于科技研发创新型组织，同质性团队更加适用于应急型组织。①

在团队机制方面，团队管理机制是该方面研究的一大热点问题。不过目前对于团队管理机制的研究还没有形成系统，大多是从其中的某一个点出发展开探索的。例如，Otter 和 Emmitt 指出科研创新团队中的创新思想主要源自团队成员的交流，所以，在创新团队的建设过程中应该创造融洽、良好的团队氛围，以利于团队内部知识的共享交流。② Stempfle 和 Badke-Schaub 同样认识到交流沟通对于团队的重要性，指出采取定期或不定期的非制式活动比如科技管理沙龙等有助于团队成员关系的融洽，此外他们还提出团队也应经常注意岗位练兵，加强业务学习。③ 周家贵等认为学习机制的建立很重要，并提出高校科研团队应该以建设学习型团队为目标，提高团队的学习能力和技术变革能力以适应外部不断变化的环境。④

在团队评价方面，团队效能的评价是该方面研究的一大热点问题。团队的组建就是为了充分协同和利用团队成员的技能完成单人所不能完成的任务，以产出高水平成果。李丽艳等针对团队协同效能问题，结合异质性知识团队的特征，运用德尔菲法深入解析团队协同效能 5 个方面的一级评价指标和相应的二级评价指标，并指出对团队整体能力以及状态的有序性整合是实现团队协同效能评价的有效途径。⑤ Nissen 等指出，团队的协作能力和团队知识共享息息相关，协同创新的实现需依靠团队集体智慧的力量，并进一步结合知识共享方面的因素构建了团队效能的评价指标体系。⑥

---

① J. Takeuchi et al., "Virtual and Face-to-Face Teamwork Differences in Culturally Homogeneous and Heterogeneous Teams," *Journal of Psychological Issues in Organizational Culture* 4 (2013): 17-34.

② A. D. Otter, and S. Emmitt, "Exploring Effectiveness of Team Communication," *Engineering Construction & Architectural Management* 14 (2013): 408-419.

③ J. Stempfle, and P. Badke-Schaub, "Thinking in Design Teams—An Analysis of Team Communication," *Design Studies* 5 (2002): 473-496.

④ 周家贵等：《变革型领导行为对科研团队绩效的影响过程研究》，《管理工程学报》2012年第 4 期，第 29 页。

⑤ 李丽艳等：《异质性知识团队协同效能评价研究》，《科技进步与对策》2011 年第 17 期，第 140 页。

⑥ H. A. Nissen et al., "Knowledge Sharing in Heterogeneous Teams through Collaboration and Cooperation：Exemplified through Public-Private-Innovation Partnerships," *Industrial Marketing Management* 43 (2014): 473-482.

孔春梅和王文晶进一步基于层析分析法，从学术价值、经济价值、社会价值、人才效应、团队学习、知识共享和团队运行 7 个方面系统构建了科技创新团队的绩效评估体系。[①]

2. 外智引联型创新团队

创新团队是在综合集成不同主体优势资源的基础上而形成的知识密集型组织，由于团队成员主要包括高校教授、副教授、博士、硕士等研究群体，以及外部科研机构的研究院、政府与企事业单位的部门领导，因此团队呈现主体多样性、资源分散性、知识异质性、关系灵活性等特征。正是基于主体多样性、资源分散性以及关系灵活性等特征，目前创新团队因其综合集成不同层次、不同领域以及不同地域的知识资源而成为开展产学研协同创新最重要的组织合作形式。

当前，不同学者对创新团队根据研究视角的不同进行了差异性分类，其中，最普遍的是根据研究领域的不同，可以将之划分为自然科学和社会科学类型的创新团队。自然科学是对自然世界的物质及其关系进行研究，该类型创新团队主要是工科和理科性质，需要借助相关仪器与设备从事大规模、精细化的试验才可能获得科学研究成果，具有投入大、产出多以及风险高等特质，可以有效地革新科学技术的内涵与外延，提升科学技术与工艺水平，是推动社会进步的重要力量；而社会科学类型的创新团队以社会人和社会中的现象为研究重点，主要是人文学科性质，可以丰富人们的精神内涵，促进和谐社会的建立。另外，创新团队因研究内容的差异而分为不同的类型，为集合不同学科、不同知识结构的专家学者对基础理论进行研究，深化某一领域的理论认识或革新特定行业的技术工艺，丰富其理论体系而组建的创新团队属于基础理论型创新团队；为将已有研究成果或技术转化为现实生产力而组建的创新团队被称为现实应用型创新团队。基础理论型创新团队是现实应用型创新团队的基础，现实应用型创新团队是基础理论型创新团队的深化与价值实现模式。此外，还有不少学者根据研究内容或研究重点的差异，而将创新团队归为任务型组织，认为创新团队的组建是为了完成特定的任务，这在很大程度上让人们认识到创新团队的

---

① 孔春梅、王文晶：《科技创新团队的绩效评估体系构建》，《科研管理》2016 年第 S1 期，第 519 页。

本质属性。

综观已有研究成果，本书发现大多数学者对创新团队的定义从不同维度给出了多样化的概念界定，目前已经形成了较为丰富的定义。但是，学者们大多从创新团队成员构造或者团队内部目标维度对其概念进行阐述，并未认识到创新团队的地域性特征，不同区域的创新团队组建人员、合作模式以及目标属性都具有很大的差异，中东部地区关于创新团队的相关研究成果对西部地区高校是否具有适用性有待进一步对比分析、论证。为此，在借鉴已有学者关于创新团队研究成果的基础上，本书提出了通过整合西部高校资源优势、政策优势与中东部高水平科研单位的人才优势、技术优势而组成的一种跨区域、多主体的外智引联型创新团队。"外智引联"为"软引进"的重要途径，多以创新团队的形式实现，是指在不改变和影响外部人才与所属单位人事关系的前提下，以项目合作为主要载体，通过西部高校与外部人才共同开展科学研究，借助外部智力持续提升西部高校科研能力和人才培养质量的一种合作模式。

3. 外智引联型创新团队的特征

（1）地域性

"外智"是指外部智慧，"引联"是指通过引进外部人才予以联合，这就决定了外智引联型创新团队的跨区域性。外智引联型创新团队设立的目标是通过西部高校与中东部高水平科研单位以项目合作的形式有效解决西部地区现实发展难题，这就决定了外智引联型创新团队的合作主体是西部高校和中东部高水平科研单位，由双方共同开展跨区域合作。

（2）多主体性

外智引联型创新团队因其跨区域的性质，决定了合作主体较为复杂，一方面包括西部高校以及中东部高水平科研院所的不同主体，另一方面各单位内部又是由多种性格特征、专长技能、学历背景、技术职称等不同主体共同组成，且各主体通常为文化素质较高、需求层次多样的知识型员工，这就决定了参与主体的多样性与复杂性。

（3）灵活性

从横向上看，外智引联型创新团队是为解决西部区域性现实发展问题而组建的，通常由西部高校和外部人才两类群体组成，并且他们之间存在平等或不平等的层次性关系。从纵向上看，团队成员包含博导、硕导、博士研究生、硕士研究生、高级工程师、企业高管等多类主体，成员关系灵活多样，并且团队目标的实现有赖于调动各类主体的参与热情、充分整合所有成员的专长和知识。为此，对外智引联型创新团队成员进行管理需要综合团队的整体目标以及不同成员的差异化诉求，采取灵活性、多样化的柔性管理策略。

（4）集成性

外智引联型创新团队是由西部高校与中东部高水平科研单位共同合作组建的，内外部合作模式可能存在内主外协、外主内协、平等合作等三种关系，在不同的合作模式下体现着不同的领导层次、角色认知以及权利与义务，需要寻找不同知识结构的人才。此外，因团队组成人员的多样化，在外智引联型创新团队内部可能存在有层次、无层次、交叉层次三种关系。外智引联型创新团队任务的完成需要在把握不同层次关系特点的基础上，充分集成不同成员的专长技能、历史经验以及资源要素，通过激活个体能力以发挥团队整体性优势，共同解决经济社会发展过程中面临的现实难题。

通过上述分析，可以初步了解外智引联型创新团队存在的问题及其影响因素。上文并未给出具体的解决对策，只是从宏观制度层面给出了相应的建议，因为不同领域的创新团队面临的问题不同，具体微观操作层面因人而异。此外，关于基础理论的未来研究动向，本章认为主要包括如下几个方面。首先，从个性化的研究成果中提炼出相对普适的创新团队理论。通过加强对外智引联型创新团队的研究，可以有效弥补当前学界对跨区域、多主体协同创新研究的不足，拓展创新团队的研究范围，丰富创新团队的理论体系。其次，应着重加强对外智引联型创新团队中关键影响因素的辨析及分解，着力解决当前紧迫的问题，加强对基础理论领域相对薄弱部分的深化研究。例如，成员责任意识、团队任务分配与团队创新氛围和绩效的关系等个体微观层面因素与群体组织绩效之间的跨层次关系研究。最后，应针对外智引联型创新团队在发展过程中面临的新问题进行理论构建和方法创新。例如，产学研理论研究成果的现实转化路径、外智引联型创新团队内外部人才互培模式等。

4. 外智引联型创新团队的协同创新

在此基础上，学者们普遍认识到协同创新对人才引进、合作与发展的重要性，并针对该主题进行了多维度的探索性研究。其中，在模型层面，李高扬和刘明广通过构建产学研协同创新的演化博弈模型，计算后得出了4种策略组合。[①] 在文化层面，张绍丽和于金龙从内部精神文化协同和外部制度文化协同两个维度提出了相应的产学研协同创新策略。[②] 在区域层面，张协奎等以广西北部湾经济区为例，分析了区域协同创新的模式以及协同创新的策略[③]；而李静从政策法规、风险收益、战略定位、组织模式、技术知识5个层次，提出了促进福建省产学研协同创新的具体策略[④]。在高校层面，丘建发、陈敏生和林新宏分别针对以科研为主的研究型大学和以实践为主的高等医学院校这两种不同目标导向的高校，提出了相应的协同创新策略。[⑤] 以上学者的研究成果为深化协同创新认知、提升协同创新效果提供了多样化的研究视角，但学者们多基于微观或中观研究视角，缺乏从宏观层面分析西部高校人才协同创新的战略环境以及各主体的职责与作用，由此导致协同创新效率较低、效果较差；另外，对协同创新策略的研究多针对某一类主体，尚未考虑到跨区域、多主体类型产学研合作协同创新策略问题，这在很大程度上阻碍了产学研协同创新理论体系的发展与完善。

二　组织学习相关研究状况

为有效刻画和提升组织学习的效果，国内外众多学者已从不同侧重点

[①] 李高扬、刘明广：《产学研协同创新的演化博弈模型及策略分析》，《科技管理研究》2014年第3期，第197~203页。

[②] 张绍丽、于金龙：《产学研协同创新的文化协同过程及策略研究》，《科学学研究》2016年第4期，第626页。

[③] 张协奎等：《促进区域协同创新的模式与策略思考——以广西北部湾经济区为例》，《管理世界》2015年第10期，第174页。

[④] 李静：《福建省产学研协同创新研究》，硕士学位论文，福建师范大学，2015，第25页。

[⑤] 丘建发：《研究型大学的协同创新空间设计策略研究》，博士学位论文，华南理工大学，2014，第222页；陈敏生、林新宏：《高等医学院校协同创新策略探析》，《高教探索》2013年第1期，第51页。

和切入点对组织学习整体过程进行了大量探索性研究。综合归纳起来主要有以下三种类型。

其一，从系统动力学的视角出发，强调个体心智、自我超越、自我效能和组织的系统结构是组织学习产生的源泉，在系统的内部元素中学习者具有主动获取、识别和处理信息以及调整团队或组织行为的意向和认知。早期Senge从系统动力学视角提出了学习型组织模型的五项修炼，分别为自我超越、心智模式、团队学习、共同愿景和系统思考。[①] Jerez-Gómez等进一步通过实证分析表明组织学习包含4个验证性因素：系统观点、知识整合和转化、管理共同愿景、开放和实验。[②] 近期国内学者陈国权基于动态、系统的视角构建了基于空间和时间维度的组织学习理论模型，包括6种基本学习模式：从外部过去经验中学习、从外部现状经验中学习、从外部未来情境中学习、从内部过去经验中学习、从内部现状经验中学习、从内部未来情境中学习。[③]

其二，从社会学的视角出发，强调学习者的社会属性，即人不是孤立和抽象地生活于大千社会，而是在特定社会文化和环境下通过沟通、交流和互动进行学习认知的社会人。早期国内学者于海波等通过研究发现，组织学习整合理论模型包括4个学习层面（个体、团队、组织和组织间）、4个心理和社会互动过程（产生、解释、整合和制度化）以及2个知识和信息流动方向（前馈和反馈）。[④] 国外学者Templeton等通过数据调查分析的研究表明组织学习有8个因素：认知、人际沟通、绩效评价、环境适应、智力资本管理、智力培养、社会学习和组织联合。[⑤] Cook和Yanow进一步对组织学习的内涵进行了阐释，即组织学习是一种文化现象，组织学习过

---

① P. M. Senge, *The Fifth Discipline: The Art and Practice of the Learning Organization* (Currency Doubledaly, 1990).

② P. Jerez-Gómez et al., "Organizational Learning Capability: A Proposal of Measurement," *Journal of Business Research* 6 (2005): 715-725.

③ 陈国权：《面向时空发展的组织学习理论》，《管理学报》2017年第7期，第984页。

④ 于海波等：《组织学习整合理论模型》，《心理科学进展》2004年第2期，第251页。

⑤ G. F. Templeton et al., "Methodological and Thematic Prescriptions for Defining and Measuring the Organizational Learning Concept," *Information Systems Frontiers* 3 (2004): 263-276.

程强调人与人之间正式或非正式的集体探索和集体学习过程。①

其三，从知识的视角出发，强调组织学习过程中知识的获取和产生、交流和传播、积累和质变，主要解析组织或信息在组织学习中发生与转化作用的机制。早期 Nonaka 和 Takeuchi 从知识产生的螺旋过程视角提出了组织学习的 2 个维度（发生论和本体论），发生论在区分了隐性知识和显性知识的基础上给出了知识循环转化的 4 个过程（社会化、外化、组合化和内化），本体论指出知识产生于不同层面（个体到团队，再到组织甚至组织间）。② Liao 和 Wu 进一步通过对组织学习和知识管理的关系研究发现，组织学习的整体效果和作用尤为突出。③ 国内学者张红兵和和金生从知识管理视角提出了组织学习的知识发酵模型，包括知识菌株、知识母体、知识酶、环境、知识和信息工具、进阶知识和知识发酵等要素。④

组织学习测度的目的包括 3 个方面：评价并衡量组织学习的整体效果，结合实证分析探究组织学习提升的方法、措施和途径，以及创造并维持竞争优势。伴随组织学习研究的不断深入，探索出能够有效衡量组织学习效果的可信、可靠方法是现阶段研究的突破点。迄今，国内外已有学者对组织学习测度展开了一定的探索性研究，综合归纳起来主要有以下两种类型。

其一，基于组织的测度研究包括 3 个方面，即关注于个人的微观型研究、关注于企业的宏观型研究和关注于二者结合体的中间型研究。首先，Putz 等通过调研的方法测度组织学习的效果。⑤ 其次，越来越多的学者意识到亲身参与和通过访谈收集整理数据的可靠优势，Lloria 和 Moreno-

---

① S. D. N. Cook, and D. Yanow, "Culture and Organizational Learning," *Journal of Management Inquiry* 4 (2011): 373-390.

② I. Nonaka, and H. Takeuchi, *The Knowledge-Creating Company: How Japanese Companies Create the Dynamics of Innovation* (Oxford University Press, 1995).

③ S. H. Liao, and C. C. Wu, "System Perspective of Knowledge Management, Organizational Learning, and Organizational Innovation," *Expert Systems with Applications* 2 (2010): 1096-1103.

④ 张红兵、和金生：《仿生学视角下技术联盟组织间知识转移机理研究》，《中国科技论坛》2014 年第 1 期，第 54 页。

⑤ D. Putz et al., "Measuring Organizational Learning from Errors: Development and Validation of an Integrated Model and Questionnaire," *Management Learning* 5 (2013): 511-536.

Luzon 实地考察了西班牙多个研究组织的学习效果和某些规范。[①] 最后，中间型研究遵循了解释型研究的方法，众多学者研究的重点是案例本身或与相似案例的比较。[②]

其二，基于学习的测度研究包括 3 个方面，即聚焦于组织学习结果的结果型研究、聚焦于组织学习过程的过程型研究和聚焦于二者结合体的综合型研究。首先，Tohidi 等运用学习曲线分析法对组织学习结果进行测度。[③] 其次，因学习曲线分析法不能观测和反映组织学习的过程，众多学者开始对新方法进行探索，Bologa 和 Rupu 利用生产率的改变来反映组织学习过程。[④] 最后，将过程测度和结果测度相结合的方法更具分析优势，这种方法不仅可以将组织学习的内部动态过程展现，同时也可以密切联系组织学习的结果。例如国内学者陈国权开发了能够系统测量组织学习能力的问卷，并通过对 223 家样本企业的统计检验表明该测量模型具有良好的信度和效度。[⑤]

三 任务协调相关研究状况

外智引联型创新团队对任务进行科学分解、合理分配，并针对任务执行过程中已经出现或可能出现的多种冲突类型进行有效的协调，是提升团队合作质效的关键。

1. 任务分解

任务分解的科学性直接关系到资源配置的合理性、任务分配的有效性

---

① M. B. Lloria, and M. D. Moreno‐Luzon, "Organizational Learning: Proposal of an Integrative Scale and Research Instrument," *Journal of Business Research* 5 (2014): 692–697.

② C. Schechter, and L. Atarchi, "The Meaning and Measure of Organizational Learning Mechanisms in Secondary Schools," *Educational Administration Quarterly* 4 (2013): 577–609.

③ H. Tohidi et al., "Organizational Learning Measurement and the Effect on Firm Innovation," *Journal of the National Comprehensive Cancer Network* 6 (2013): 561–568.

④ R. Bologa, and L. A. Rupu, "Organizational Learning Networks That Can Increase the Productivity of IT Consulting Companies. A Case Study for ERP Consultants," *Expert Systems with Applications* 1 (2014): 126–136.

⑤ 陈国权：《组织学习和学习型组织：概念、能力模型、测量及对绩效的影响》，《管理评论》2009 年第 1 期，第 111 页。

以及任务完成的质效。当前关于任务分解的研究成果主要集中于任务分解原则与策略、任务分解模型以及任务分解方法三个主要层次。

（1）任务分解原则与策略

任务分解原则与策略是进行任务分解工作的基础，具有先期导向性作用，任务分解原则指引着任务分解的方向，任务分解策略则是任务分解的前进动力。

在任务分解原则方面，林仁和周国华从自上而下、能整不分以及特殊优先三个方面提出了面向制造任务的分解原则，为提升制造领域人员与任务的调度效率提供了重要思路。[①] 但产学研协同创新过程中可能存在多个跨区域合作主体，其任务分解策略就更加复杂。为此，杨首昂提出在多主体合作过程中任务分解要遵循任务标准化、相对独立性、任务可解性以及任务粒度适中的原则，并对各原则进行了详细论述。[②] 而张宏国等则面向跨企业项目合作过程提出了任务独立、时间一致、突出企业特色、重点任务优先等原则，为提高跨区域、多主体任务分解的科学性提供了重要的方向。[③]此外，Klas 针对当前任务分解方法纷繁而缺乏系统化评估方案的问题，提出了任务分解方法的基本原则及判定任务分解结果优劣的初步方法。[④]

在任务分解策略方面，Yang 等从本体论的多维度视角提出了任务分解策略，较好地解决了分布式制造环境下企业资源配置与任务分解脱节的问题。[⑤] 另外，考虑到组织结构与任务时限对任务分解的影响，Peter 和 Manuela 通过引入柔性团队结构以及有效通信范式的概念，对团队的协作

① 林仁、周国华：《任务分解控制及人员柔性的车间集成调度》，《计算机工程与应用》2015 年第 4 期，第 104 页。

② 杨首昂：《基于 P2P 结构的协同设计系统的研究》，硕士学位论文，哈尔滨理工大学，2009，第 32 页。

③ 张宏国等：《基于工作分解结构的跨企业项目多级网络计划》，《计算机集成制造系统》2007 年第 3 期，第 540 页。

④ O. Klas, "Some Principles for Libraries of Task Decompose Methods," *International Journal of Human-Computer Studies* 4 (1998): 417-435.

⑤ W. Yang et al., "Ontology-Based Multi-Perspective Task Decomposition to Support Composite Manufacturing Service Discovery," *International Journal of Digital Content Technology and Its Applications* 7 (2011): 290-296.

任务进行了分解。① 在此基础上，Gerasoulis 和 Yang 从任务关联度的视角，对任务的粒度大小予以量化，并结合聚类算法给出了任务分解的计算方法，克服了传统任务分解方法过于主观、难以量化的缺点，进一步提升了任务分解方法的科学性。② 此外，庞辉和方宗德在分析整体项目要求、企业任务以及员工行为关系的基础上提出了定性化的任务分解策略，从宏观层面上提升了任务分解的全面性。③

（2）任务分解模型

通过任务分解模型可以较为全面地厘清任务分解目标、任务分解的影响因素。而在协同创新过程中由环境复杂性、任务动态性以及主体多样性导致任务分解过程出现不确定性，任务分解的难度也日益增大。为有效应对多主体系统在时间和空间两个层次出现的任务复杂性问题，肖增良等运用与或依赖图的思想提出了相应的任务分解模型及求解算法，较好地解决了互依任务的分解问题。④ 但其研究视角只聚焦于任务本身，尚未考虑到任务执行主体的能力差异。为此，杨育等考虑到项目任务互依性以及任务主体能力差异性而导致的任务需求与主体能力不匹配情况，构建了相应的任务分解模型，从更加全面的视角思考任务分解问题，进一步提升了任务分解模型的适用性。⑤ 然而，关于任务分解的思路多基于定性化角度，缺乏对任务分解的定量化描述，由此导致模型求解过程复杂、相关方法可操作性较差，实际指导作用较为有限。因此，包北方等在综合考虑任务粒度大小、任务耦合程度以及任务执行时间均衡程度的基础上构建了协同制造任务分解模型，并对各影响因素予以定量化，极大地丰富了任务分解的研

① S. Peter, and V. T. Manuela, "Decomposition, Dynamic Role Assignment, and Low-Bandwidth Communication for Real-Time Strategic Teamwork," *Artificial Intelligence* 2 (1999): 241-273.

② T. Gerasoulis, and T. Yang, "On the Granularity and Clustering of Directed Acyclic Task Graphs," *IEEE Transactions on Parallel and Distributed Systems* 6 (1993): 686-701.

③ 庞辉、方宗德：《网络化协作任务分解策略与粒度设计》，《计算机集成制造系统》2008年第 3 期，第 428 页。

④ 肖增良等：《基于与或依赖图的多 Agent 系统任务分解算法》，《计算机工程与设计》2009年第 2 期，第 426~428 页。

⑤ 杨育等：《产品协同创新设计任务分解及资源分配》，《重庆大学学报》2014 年第 1 期，第 35 页。

究成果，提升了任务分解方法的科学性与可操作性。①

（3）任务分解方法

传统的任务分解方法多是组织领导凭借历史经验进行直接指派，由于主观性较强、分解不科学而导致任务在实际执行过程中存在大量信息交互，不仅拖慢了项目整体进度，而且增加了大量沟通成本。为此，林仁和周国华充分考虑到企业任务的时序要求，采用任务粒度控制方法对复杂产品制造过程中的任务进行了科学分解，克服了传统制造业通过经验分解任务的弊端。② 尽管如此，任务分解后需要运用组织资源以保证任务的顺利执行，但当前大多数企业在任务分解过程中并未考虑到资源要素的重要作用。为弥补以上不足，易树平等以云制造服务平台为例，运用聚类算法的相关思想与方法，提出了有效解决制造任务与资源不匹配问题的任务分解算法。但他们尚未考虑到资源差异化分布和物流成本对任务分解的影响度。③ 另外，在产学研协同创新过程中的任务多为并行执行，任务间可能存在大量交叉耦合，任务分解难度系数亦随之提升。为有效解决该问题，Chen 和 Li 首先分析了任务间的复杂关联，并针对并行工程中互依性较高的任务提出了相应的任务分解方法。④ 此外，为应对环境多变性、任务动态性对任务分解造成的影响，Yu 等在考虑状态变量影响度的基础上，依据动态贝叶斯网络模型提出了相应的任务分解算法，能较为有效地应对任务分解的不确定性。⑤ 同时，针对产学研协同创新过程中由多主体导致的任务分解的复杂性问题，高斐等通过引入多主体协同合作过程中的复杂应用管理模型，提出了一种适用于动态、多角色、层次性的任务分解算法。⑥

① 包北方等：《产品定制协同开发任务分解模型》，《计算机集成制造系统》2014 年第 7 期，第 1540 页。
② 林仁、周国华：《任务分解控制及人员柔性的车间集成调度》，《计算机工程与应用》2015 年第 4 期，第 11~16 页。
③ 易树平等：《云制造服务平台中的制造任务分解模式优化》，《计算机集成制造系统》2015 年第 8 期，第 2208 页。
④ S. J. Chen, and L. Li, "Decomposition of Interdependent Task Group for Concurrent Engineering," *Computer & Industrial Engineering* 44 (2003)：435~459.
⑤ L. S. Yu et al., "Research on Task Decomposition and State Abstraction in Reinforcement Learning," *Artificial Intelligence Review* 2 (2012)：119~127.
⑥ 高斐等：《基于多代理协作的 IT 复杂应用管理任务分解算法》，《软件学报》2011 年第 9 期，第 2055 页。

在此基础上，刘天湖等在把握研发团队任务复杂关联的基础上，分别提出了基于敏感度、可变度和任务量以及基于任务属性灰度关联相似度的任务分解方法，较好地解决了任务群分解的难题。[①] 而针对合作伙伴因地域限制而导致的任务分散化问题，张宏国等借鉴项目管理中的工作分解结构方法，提出了面向跨企业、多项目、网络化计划的任务分解方法。[②]

（4）任务分解研究述评

由上可知，学者们的研究成果主要集中于劳动密集型的制造业以及技术密集型的计算机行业，而与产学研协同创新过程中知识密集型群体相关的研究成果则相对稀缺，这在很大程度上阻碍了已有研究方法的融合优化和不同学科间的交互发展。为此，我们认为未来关于任务分解的研究重点应该聚焦于：第一，在充分利用先进历史经验和适度控制主观因素的条件下，探索并制定适合产学研协同创新任务分解影响因素的定性化量表，提升任务分解的科学性；第二，从宏观层次构建任务分解的整合优化模型，提升对任务分解问题的整体性认识；第三，大力加强跨行业、跨学科、跨区域间任务分解方法的有效性检验与融合优化，从特殊性的方法中归纳出普适性的任务分解方法，促进学科间的交互式发展。例如，将计算机领域相关的智能求解算法与管理学科的复杂难题予以融合，提升管理学科中定量化研究的科学水平和计算机领域研究方法的全面性。

2. 任务分配

任务分配的合理性不仅关系到任务执行效率、任务完成质量，而且影响成员能力发展和组织的生命周期。学者们主要从影响因素、模型构建、方法等三个层次对任务分配进行了探索研究，为更加深刻理解任务分配问题提供了多维度视角。

（1）任务分配影响因素

任务分配的前提是辨识任务分配的影响因素，不同行业属性、不同企业的领导风格与管理模式对任务分配的影响千差万别。其中，董升平等分

[①] 刘天湖等：《面向团队结构的耦合任务群分解算法与仿真》，《系统仿真学报》2008 年第 17 期，第 4536 页。

[②] 张宏国等：《基于工作分解结构的跨企业项目多级网络计划》，《计算机集成制造系统》2007 年第 3 期，第 514～518 页。

别就任务与任务、成员与任务、成员与成员三维度的互动关系提出了差异化的任务分配策略，为深化认知组织成员与任务分配的复杂关系提供了多维度视角。① 另外，庞辉等则从任务与项目的关系角度出发，从子任务本身、子任务间以及子任务与项目间逐层分析影响任务分配的因素，在量化各影响因素的基础上提出以"任务优先系数"为参考指标的任务调度策略，在很大程度上提升了任务分配的科学性和可操作性。②

（2）任务分配模型构建

通过任务分配模型可以较为全面地认识任务分配的目标与影响因素，产学研协同创新涉及多主体共同参与工作，因此构建多主体协同合作过程中的任务分配模型具有重要的作用。其中，景熠等为有效地应对供应商协同参与产品开发过程中任务分配的问题，提出了任务分配的双层规划模型，明晰了不同参与主体的任务要求，为有效地处理多主体合作过程中的任务分配问题提供了参考方案，但其并未考虑到主体间的跨企业、跨行业、跨地域等特征对任务分配方案造成的影响。③ 为此，侯亮等进一步综合审视供应商产品质量、生产成本以及信息资源等方面的影响因素，构建了面向跨企业产品协同开发的任务分配优化模型。④ 然而，任务的合理分配仅仅考虑任务自身属性与项目的关联程度是不全面的，任务完成效果最终还得依赖个体执行。为此，琚春华和陈庭贵认识到任务执行主体对任务分配的重要性，从任务执行主体能力以及利益驱动两个方面对传统的蚁群劳动分工模型进行改进优化，以提升其在动态任务分配情境下的稳健性与灵活性。⑤ 然而，以上学者的研究成果多侧重于从任务属性、任务与项目、任务与执行主体之间的依赖关系来构建或优化任务分配模型，尚未充分考

---

① 董升平等：《基于成员-任务互动的团队有效性多智能体模拟》，《中国管理科学》2008年第5期，第178页。
② 庞辉等：《面向协同设计的任务调度问题研究》，《系统工程与电子技术》2008年第10期，第1901页。
③ 景熠等：《供应商参与产品协同开发的任务分配优化》，《中国机械工程》2011年第21期，第2569页。
④ 侯亮等：《跨企业产品协同开发中的设计任务分解与分配》，《浙江大学学报》（工学版）2007年第12期，第1979页。
⑤ 琚春华、陈庭贵：《基于能力评价与利益驱动的扩展蚁群劳动分工模型及在动态任务分配中的应用》，《系统工程理论与实践》2014年第1期，第89页。

虑执行主体与任务之间的匹配度。为此，包北方等在综合考虑任务与执行主体间的匹配度以及任务协调效率因素的基础上，构建了针对多主体协同开发产品过程的数学模型，更加全面地提升了任务分配的科学性。[①]

（3）任务分配方法

任务分配方法的科学性不仅决定任务完成的质效，也直接影响任务执行主体的满意度，对个体成长和组织发展具有重要的意义。而当前学界对任务分配方法的研究成果多侧重于计算机领域，研究方法多为群体智能算法。例如，张婉君等以时间最小化为目标函数，运用粒子群优化算法来解决多主体参与产品协同开发过程中任务分配不合理的问题。[②] 但其尚未考虑到协同开发过程中的成本问题，且计算结果呈现易早熟、全局寻优效率偏低的弱点。为解决该问题，王庆等通过融入自适应和保留精英解思想对知识员工的任务分配问题进行了改进优化。[③] 同时，为有效应对环境多变性、任务不确定性以及主体多样性导致的任务需求与主体能力不匹配的问题，吕炎杰等在综合运用模糊集理论以及知识相似度思想的基础上，提出了解决模糊环境下主体能力与任务需求合理匹配问题的任务分配方法。[④] 另外，任务执行过程中可能会出现多种不确定性因素影响任务进程，例如，任务执行主体因任务分配不合理需要与其他相关主体进行持续沟通以保障任务的顺利进行。为解决如何提升沟通效率以节省沟通成本的问题，De La Vega 和 Lamari 针对任务分配中的持续沟通问题对处理机数量进行研究，提出了两种精确的多项式时间算法。[⑤]

（4）任务分配研究述评

以上学者为深化任务分配的主题研究提供了多样化的参照视角，进

[①] 包北方等：《产品定制协同开发任务分配多目标优化》，《计算机集成制造系统》2014 年第 4 期，第 744 页。

[②] 张婉君等：《供应商参与协同产品开发中的任务指派问题研究》，《计算机集成制造系统》2009 年第 6 期，第 1234 页。

[③] 王庆等：《基于一种改进蚁群算法的知识员工任务指派及调度研究》，《管理评论》2013 年第 10 期，第 57 页。

[④] 吕炎杰等：《基于模糊集理论和知识相似度的复杂产品设计任务分配方法》，《计算机集成制造系统》2015 年第 4 期，第 904~913 页。

[⑤] W. F. De La Vega, and M. Lamari, "The Task Allocation Problem with Constant Communication," *Discrete Applied Mathematics* 1 (2003): 169-177.

一步提升了任务分配方法的全面性和科学性。但仍存在以下不足：第一，学者们研究的着眼点多放在单一团队内部或同一区域的组织间，多是同等层次水平的合作，尚未探讨如何开展跨层次、跨区域的实质性合作；第二，以上关于任务分配的对象多集中于计算机领域、制造领域，与产学研协同创新的知识密集型属性有着较大差异，相关方法的适用性有待进一步考证；第三，任务分配中的蚁群算法、粒子群优化算法、遗传算法等方法多属于人工智能领域，计算结果虽然比较精确但计算过程相对复杂，实际操作难度较大，对管理领域的指导作用较为有限。为此，我们认为未来的研究方向主要包括以下方面。第一，加强跨层次、跨区域的实质性合作。例如，通过整合中东部地区优势人才资源与西部地区高校资源优势、政策优势，共同开展产学研协同创新以提升当地人才科研水平，共同解决当地重要现实难题。第二，探寻不同行业属性的任务分配方法的适用性以及转化途径。例如，尝试运用计算机领域的遗传算法、粒子群优化算法来解决管理领域的难题，辨析不同领域方法的适用性，并针对出现的差异性因素提出相应的改进策略与转化途径，促进学科间的交互融合。第三，优化相关算法的计算步骤，提升任务分配方法的可操作性和指导作用。

3. 任务协调

产学研协同创新中主体多样性、知识差异性、合作方式灵活性以及创新行为复杂性预示着在合作过程中会产生各种冲突，为保障任务的顺利执行必须加强团队的任务协调。Arrow 等指出，协调是通过整合组织成员知识资源以及行为方式而实现组织目标的过程。[①] 当前有关任务协调的研究成果集中于协调策略、协调模型、协调方法以及协调机制 4 个主要方面。

（1）任务协调策略

任务协调策略直接关系到任务协调效率以及任务协调效果。学者们亦注意到任务协调策略的重要性，并对其开展了多维度研究。其中，张子源等发现在跨职能团队中内隐协调与团队创造力呈正相关关系，并提出了针

---

① H. Arrow et al., "Groups as Complex System," *SAGE Publications* 2 （2000）：56.

对跨职能团队成员的协调策略。[①] 同时，为应对农产品因环境多变性、任务动态性以及信息不完全性而导致的任务分配及协调困难的问题，王婷婷从成员互信角度提出运用协商契约予以解决的策略。[②] 此外，姚伟达注意到任务型组织中领导艺术对组织协调的重要作用，建议在任务协调过程中要充分发挥领导艺术的影响力，但并未对如何通过领导艺术协调任务冲突进行深入剖析。[③]

（2）任务协调模型

为应对协同物流网络任务分配与资源配置出现脱节状态而导致物流效率低下的问题，宁方华等从整体性视角构建了适用于协同物流网络的任务协调决策模型，为更加全面地认识协同物流网络的整体架构及优化决策提供了重要的参考。[④] 而针对任务时间要求较高的情境，杜健借鉴黑板系统的相关理念与方法，构建了适用于紧急情况的多主体协调决策模型，为在解决分布式问题过程中做出最优化应急决策提供了系统参照框架。[⑤] 然而，他并未提出模型有效性的判断标准，实际效用仍有待检验。在此基础上，邢青松等提出了应对突发事故的协调策略以及衡量任务协调效率的方法，为科学评价任务协调效率提供了重要的参考标准。[⑥] 考虑到网络系统内部任务纷繁，确定各子任务对于彼此以及任务对于整体项目的重要程度，不仅有利于提升任务执行效率，而且可以优化组织重要资源的配置，提升任务完成质效。因此，梁学栋等运用协调理论中的依赖分析方法和项目管理中的 WBS 方法对分布式协同设计环境下的任务与资源间的依赖关系进行逻

[①] 张子源等：《内隐协调对团队创造力的影响研究——任务特征的调节作用》，《科学学与科学技术管理》2014 年第 1 期，第 177 页。

[②] 王婷婷：《农产品冷藏链任务分配协调研究》，硕士学位论文，哈尔滨商业大学，2014，第 46 页。

[③] 姚伟达：《任务型组织中的领导协调原则》，《领导科学》2010 年第 17 期，第 39 页。

[④] 宁方华等：《协同物流网络的任务协调决策模型及其求解算法》，《控制与决策》2007 年第 1 期，第 111 页。

[⑤] 杜健：《应急管理中的多主体协调决策研究》，硕士学位论文，大连理工大学，2010，第 53 页。

[⑥] 邢青松等：《考虑突发事故的产品协同设计任务协调效率》，《系统工程理论与实践》2014 年第 4 期，第 1049 页。

辑分解，并给出了确定任务重要性的排序算法。[①] 此外，Mahesh 等考虑到在分布式协同制造环境下，主体的多样性可能造成任务间虽空间分散但相互依赖的情况，在把握优先次序原则的基础上构建了多主体制造系统的冲突协调模型。[②]

（3）任务协调方法

任务协调方法的科学性直接决定了任务执行进程以及组织成员的工作积极性，对组织长期发展能力具有重要的影响，学者对任务协调方法进行了多维度分析，相关研究成果亦很丰富。其中，徐安等为解决协同空战中任务协调困难的问题，在对协同空战任务进行分解的基础上，融合复杂系统的相关求解方法以及多主体系统技术的优点，提出了面向协同空战中任务协调的分步实现方法。但该研究成果是从单一环境和单一主体视角出发的，任务协调的方法相对简单，与产学研协同创新过程中多主体复杂环境下的任务协调有着较大区别。[③] 为此，王可心等为应对复杂网格环境下多任务协调管理困难的问题，在综合考虑多任务管理以及计算节点组资源管理方法的基础上，提出了多任务协调优化算法，为有效解决任务协调问题提供了多样化的选择方案及解决方法。[④] 然而，任务协调需要从全局性视角综合考量任务属性、资源要素、主体特性等多方面的影响因素，顾文斌等从人体内分泌调节机制视角率先提出了任务资源与任务协调优化的动态求解算法，从任务与资源匹配的研究视角进行协调优化以保障任务顺利执行。[⑤]

（4）任务协调机制

任务协调机制的构建可以有效保障组织的正常运转，使日常冲突处理

---

① 梁学栋等：《基于依赖关系的带权协同任务排序》，《系统工程》2011 年第 3 期，第 100 页。

② M. Mahesh et al., "Communication and Coordination in Multi-Agent Manufacturing Systems," *International Journal of Manufacturing Research* 1 (2006): 59-82.

③ 徐安等：《协同空战中基于任务分解的任务协调机制研究》，《电光与控制》2010 年第 2 期，第 34 页。

④ 王可心等：《网格环境下复杂过程系统优化计算服务及任务调度策略》，《系统工程理论与实践》2007 年第 11 期，第 120 页。

⑤ 顾文斌等：《基于内分泌调节原理的制造任务与资源动态协调机制研究》，《中国机械工程》2015 年第 11 期，第 1475 页。

程序化。任务协调机制的有效性可以大幅提高组织成员的积极性，产生无形的激励效果。学者们也注意到任务协调机制的重要性，开展了多角度的研究。其中，黄磊引入图论方法对 GPGP 机制予以改进优化，以解决物联网零结构条件下的任务协调问题。[①] 在此基础上，杜玉申等应用资源依赖理论和任务依赖模型并结合我国家电行业供应链协调机制的实证研究结果，提出基于权力博弈视角的供应链协调机制分析框架与影响因素，进一步拓展了学者们的研究视野与认识深度。[②]

（5）任务协调研究述评

当前学者们关于任务协调的主题研究为提升任务协调效率、保障任务顺利执行提供了多维度的参照视角，但仍存在以下不足。第一，研究视角相对单一。当前关于任务协调的相关研究成果多侧重于供应链协调以及技术密集型行业，对管理学科的任务协调研究成果则相对阙如。第二，研究对象较为类似。尽管考虑到复杂情境下的多主体任务协调的问题，但并未深入分析跨企业、跨行业以及跨地域之间合作企业的任务协调问题。第三，任务协调方法有待完善。虽然有学者注意到任务与资源、任务与主体之间的复杂关联并提出了相应的任务协调方法，但并未对影响任务协调的因素予以量化，实际可操作性仍有待检验。为此，我们认为未来的研究应侧重于以下几个方面。第一，进一步探究产学研协同创新过程中跨区域、多主体间的任务协调问题，拓宽研究视野。第二，不断完善任务协调方法。针对不同个体、不同组织、不同行业、不同区域的差异性，分析任务协调过程中的影响因素并予以量化，实现学科间的交叉融合，提升管理学科的实际价值。第三，构建更为完备的产学研协同创新任务协调机制。通过辨析不同成员的差异化需求与心理动机，建立公平合理的绩效考评机制、透明的职业晋升机制以及动态调整机制，通过不断完善体制机制建设使任务协调工作程序化。

---

① 黄磊：《基于 GPGP 机制的物联网任务协调机制研究》，硕士学位论文，辽宁大学，2012，第 39 页。

② 杜玉申等：《权力结构、任务依赖与供应链协调机制》，《工业技术经济》2012 年第 8 期，第 75 页。

四 过程风险相关研究状况

国外风险评价与管理的研究开始和发展于项目管理的相关领域。经过多年的发展，风险管理已经从建筑工程类项目风险测度与控制开始，逐渐发展成为涉及一般工程、企业创新团队、高校创新团队等多层面风险的项目风险管理系统，并且已经从风险管理体系革新与方法优化两个方面，形成了当前适用于不同领域的全面风险管理、集成风险管理和持续风险管理三种风险管理体系。传统的风险多内生于团队独立的活动中，创新团队的多主体参与、同外部积极合作，改变了传统的发展路径，资源的开放与共享取代了传统的资源封闭，风险的含义以及边界逐渐发生了变化，参与主体、目标差异、协同合作、技术创新等维度能产生不同类型的风险。

随着团队的重要性日益凸显，国外针对团队风险管理的研究也在持续增长之中。协同创新能够降低创新的成本，在一定程度上可以分担风险，但是由于其是既合作又竞争的关系，在协同创新中难免会出现风险。[1] Herb 和 Hartmann 研究指出在团队合作过程中，产生关系风险的最主要原因就是团队合作中某一方的机会主义，因为团队成员都是有限理性以及拥有机会主义倾向的，其可能会为了自身的利益最大化而去损坏他人甚至整体的利益。[2] Choi 等以团队成员之间的信任为研究对象，研究结果指出要区分不同类型的信任，这对团队的绩效有着非常重要的影响。[3] Leo 等以男女运动员为主要对象，探讨了角色模糊、角色冲突、团队冲突和团队凝聚力对团队效能的作用。[4] Huang 等指出在合作创新过程中，会出现很多风

---

[1] X. Li, "Study on the Synergy of Information Technology Innovation and Marketing Innovation for Commercial Banks," *International Journal of Business and Management* 6（2009）：13 - 16; G. X. Wei et al., "Study on Incentive Factors of Team Cooperation Based on Synergy Effect," *Systems Engineering-Theory & Practice* 1（2007）：1-9.

[2] S. Herb, and E. Hartmann, "Opportunism Risk in Service Triads-A Social Capital Perspective," *International Journal of Physical Distribution & Logistics Management* 3（2014）：242-256.

[3] B. K. Choi et al., "Cognition - and Affect - Based Trust and Feedback - Seeking Behavior：The Roles of Value, Cost, and Goal Orientations," *The Journal of Psychology* 5（2014）：603-620.

[4] F. M. Leo et al., "Role Ambiguity, Role Conflict, Team Conflict, Cohesion and Collective Efficacy in Sport Teams：A Multilevel Analysis," *Psychology of Sport & Exercise* 20（2015）：60-66.

险，其中关系风险是我们应该重视的，实证分析结果表明，关系风险对团队绩效有着重要的影响。① Armbruster-Domeyer 等研究指出在团队项目中，利益相关者在创新过程中提供资源、技术、知识等支持，同时可以建立良好的信任关系，外部利益相关者对团队的风险承担与创造力同内部员工相匹配。② Ni 等从团队异质性和团队绩效理论出发，研究了团队异质性三个维度，即专业异质性、教育异质性、工作经历异质性对团队绩效的影响，结果表明：专业异质性、教育异质性与团队绩效呈正相关。③ Wu 等研究重点关注 TMT 成员和决策者的主观经验、认知因素，结果表明影响战略决策的因素包括客观条件和主观行为，团队成员的经验特征、心理偏好及其风险认知是影响战略决策的主要因素。④ M. G. Blasco 和 P. J. Blasco 分析了团队领导者对风险感知以及信任之间的关系，并指出在虚拟的环境中，构建信任的难度要更大。⑤ Mitchell 和 Boyle 以医疗团队为研究对象，结果表明团队成员的多样性、异质性有利于团队的创新，而团队成员的同质性则阻碍了团队的创新。⑥ Das 和 Teng 对团队的关系风险以及成员之间的不信任等问题进行了分析，将风险主要分为关系风险和绩效风险，并提出了合作战略联盟风险的整体架构。⑦ Jadesadalug 和 Ussahawanitchakit 指出，合作联盟经历、学科的互补性与异质性、地理区位限制、合作者的来源及其能力

---

① Z. Huang et al., "Study on the Affecting Mechanism between Relational Risk Perception and Cooperation Innovation Project Performance," *iBusiness* 3 (2013): 74-79.

② H. Armbruster-Domeyer et al., "Managing Stakeholders in Team-Based Innovation," *European Journal of Innovation Management* 1 (2013): 22-49.

③ X. D. Ni et al., "Effects of Speciality Heterogeneity, Education Heterogeneity and Work Experience Heterogeneity on Team Performance," *Applied Mechanics & Materials* 9 (2013): 411-414.

④ T. Wu et al., "Top Management Teams' Characteristics and Strategic Decision-Making: A Mediation of Risk Perceptions and Mental Models," *Sustainability* 12 (2017): 2265.

⑤ M. G. Blasco, and P. J. Blasco, "Determinants of Perceived Risk and Initial Trust on a Team Leader. Impact of Working Environment and Leader Traits," *Contabilidad y Negocios Revista del Departamen to Académico de Ciencias Administrativas* 16 (2014): 79-86.

⑥ R. Mitchell, and B. Boyle, "Professional Diversity, Identity Salience and Team Innovation: The Moderating Role of Openmindedness Norms," *Journal of Organizational Behavior* 6 (2015): 873-894.

⑦ T. K. Das, and B. S. Teng, "Risk Types and Inter-Firm Alliance Structures," *Journal of Management Studies* 6 (2010): 827-843.

与规模、文化差异等因素对合作协同创新具有重要的影响。① Hayton 等基于资源依赖理论，认为合作的目的是获取对方的资源，从而实现资源的优势互补与配置，所以在合作初期，合作主体的热情、积极性、意愿比较高，但是在获取一定资源后，部分合作主体的激情可能会消减，甚至会诱发更大的风险。② Chen 等以企业团队为研究对象，探讨应如何降低团队风险，研究表明知识共享、知识整合对团队绩效有着积极的影响，较高的技术相关风险和社会相关风险会大大增加团队的风险。③

在风险因素评价研究方面，Esmaeili 等对团队风险管理的概念进行了分析与归纳，并阐述了团队风险管理方法的流程以及工具，把团队风险管理划分为五个过程：风险因素识别、风险因素分析、计划、动态跟踪和风险控制。④ Bahadori 等指出项目管理团队的风险管理能力是一项非常重要的特征，它包括风险因素识别、风险分析与评估、风险分类、风险控制、测量、管理和监督等全部风险管理流程。⑤ Szwed 和 Skrzyński 讨论了一种新的轻量级的风险评价方法，在这个方案中，模糊认知图用来捕获资产之间的依赖性，基于 FCM 进行风险计算，是一种高效、低成本的风险评价方法，具有瞬时反馈以及安全等特性，同时也能够为相关风险评价方法的研究提供借鉴之处。⑥

① V. Jadesadalug, and P. Ussahawanitchakit, "The Impacts of Organizational Synergy and Autonomy on New Product Performance: Moderating Effects of Corporate Mindset and Innovation," *Journal of the American Ceramic Society* 2 (2008): 679–682.

② J. C. Hayton et al., "Why Do Firms Join Consortial Research Centers? An Empirical Examination of Firm, Industry and Environmental Antecedents," *Journal of Technology Transfer* 5 (2010): 494–510.

③ J. V. Chen et al., "Factors Affecting the Performance of Internal Control Task Team in High-Tech Firms," *Information Systems Frontiers* 4 (2017): 1–16.

④ M. Esmaeili et al., "Three-Level Warranty Service Contract among Manufacturer, Agent and Customer: A Game - Theoretical Approach," *European Journal of Operational Research* 1 (2014): 177–186.

⑤ Z. M. Bahadori et al., "Ranking and Evaluating the Factors Affecting the Success of Management Team in Construction Projects," *Journal of Fundamental & Applied Sciences* 3 (2016): 614–630.

⑥ P. Szwed, and P. Skrzyński, "A New Lightweight Method for Security Risk Assessment Based on Fuzzy Cognitive Maps," *International Journal of Applied Mathematics & Computer Science* 1 (2014): 213–225.

针对不同的项目类型，我国研究学者依据以上项目风险管理体系和预警方法，对高新技术项目、工程承包项目、企业团队等既定项目类型的风险评价与管理进行了研究。王锦芳和孙海法首先分析、归纳了高管团队的角色类型，并分析了不同角色所具有的职能与职责；其次重点研究了项目高管团队的角色不同对团队整体行为的整合、团队成员之间关系冲突和团队绩效的影响。[①] 黄福广等以国内众多风险投资机构为研究对象，指出高管团队知识背景异质性对投资偏好的形成有重要的影响。[②] 庄越和潘鹏从工作关系治理、情感关系治理、道德关系治理等三个维度嵌入合作创新团队治理，以增强突发事件的应急能力，提高风险识别、预警和处置的艺术。[③] 李林等认为协同创新项目具有多主体性、整体性、协同性、分布性、动态性等五个特征，结合其特征基于合作博弈中的 Shapley 值法，确定了协同创新项目的风险分担比例。[④] 於流芳等详细地探析了产业协同联盟各参与主体之间关系的本质，指出其既是竞争合作关系，又是互相包容的关系，进一步指出在协同过程中，多主体关系错综复杂，关系风险非常突出，是在实践中不得不面对和解决的问题，否则会不可避免地产生风险，影响合作绩效。[⑤] 祁红梅等主要研究知识产权风险与创新绩效之间的关系，认为"快速信任"作为中间调节变量，能够有效地调节知识产权风险与创新联盟形成绩效之间的相互关系。[⑥] 李柏洲等在构建模型以及理论分析框架的基础之上，探析了知识转移风险同知识转移绩效之间的内在关联，得出了团队知识转移风险会通过知识网络等途径对团队最终的绩效产生负面

① 王锦芳、孙海法：《不同所有制企业高管团队角色对行为整合及绩效影响的实证研究》，《科技进步与对策》2015 年第 7 期，第 134~139 页。
② 黄福广等：《风险投资机构高管团队知识背景与高科技投资偏好》，《管理科学》2016 年第 5 期，第 42 页。
③ 庄越、潘鹏：《团队嵌入关系治理的调节效应：合作创新实证》，《科研管理》2016 年第 4 期，第 31 页。
④ 李林等：《基于合作博弈的协同创新项目的风险分担》，《社会科学家》2015 年第 3 期，第 66 页。
⑤ 於流芳等：《供给侧改革驱动下创新主体异质性与创新联盟关系风险》，《科技进步与对策》2017 年第 5 期，第 10 页。
⑥ 祁红梅等：《知识产权风险与创新联盟形成绩效：快速信任的调节作用》，《科研管理》2015 年第 1 期，第 139 页。

的影响。① 谢科范和陈刚从创业团队各合作方的异质性角度出发，认为各合作方合作的过程实质上是各合作方相互博弈的过程，此过程中各合作方既要个体理性，又要整体理性，通过发挥各合作方的优势，取长补短，从而实现资源的共享、利益的共享以及风险的共担，最终实现双赢的目的。② 陈刚等研究指出创业团队风险决策是参与主体之间合作博弈、进行决策的过程，该过程不仅包括决策方案的选择，而且包括合作伙伴的选择，因此在合作博弈时会产生个人决策的扭曲，进而产生扭曲效应，影响决策的结果。③ 陈玉和等指出技术创新具有高风险性与不确定性，并通过对技术创新风险进行分类，从过程维度、知识维度以及环境维度分析了团队技术创新的风险。④ 马昆姝和胡培以团队风险感知为研究重点，分析了认知差异、风险倾向和自我效能感对决策的作用，结果表明创业决策受到多个因素的共同影响，创业者起着关键的作用，尤其是在复杂环境和不确定性比较高的创业活动中，创业者风险感知对创业团队决策的重要性尤为突出。⑤

在风险评价研究领域，许天戟和王用琪在综合全面地研究了风险规避、风险承担、风险转移、风险响应等多种风险管理方法的基础上，对这些方法的优劣势进行了详细的分析与阐述，并提出了适合风险管理的方法，从而为国际建设项目的风险管理提供一系列的建议与借鉴。⑥ 刘艳玲以工程项目管理为例，通过风险识别、风险分析、风险监控、风险预警、风险对策、风险反馈与后评价等一系列过程，有效地预防工程项目中所发生的风险因素，从而向业主（即甲方）、项目施工方、监理方等及时发出风险预警的信号，为他们有效做出应对措施奠定基础。⑦ 李晓宇等在对高

---

① 李柏洲等：《团队知识转移风险对知识转移绩效的作用路径研究——知识网络的中介作用和团队共享心智模式的调节作用》，《科研管理》2014 年第 2 期，第 127~135 页。

② 谢科范、陈刚：《创业团队利益与风险配置》，《系统工程》2010 年第 3 期，第 116 页。

③ 陈刚等：《创业团队风险决策中的决策权分布》，《统计与决策》2011 年第 5 期，第66页。

④ 陈玉和等：《技术创新风险分析的三维模型》，《中国软科学》2007 年第 5 期，第 130~132 页。

⑤ 马昆姝、胡培：《基于风险感知的创业决策研究》，《软科学》2008 年第 9 期，第 104~107 页。

⑥ 许天戟、王用琪：《国际建设项目的风险分析》，《西安交通大学学报》（社会科学版）2001 年第 3 期，第 35 页。

⑦ 刘艳玲：《项目风险预警系统的构建》，《建筑管理现代化》2003 年第 4 期，第 25~29 页。

新技术项目概念、特征界定的基础之上，针对高新技术项目的风险生成机制以及收益机制进行了探析，运用多种风险分析方法，对风险因素进行实证分析，从而构建了高新技术项目风险预警指标体系，提出了一种新的预警模型，并提出了集群式、网络式、联盟式三种预警模式。[①] 郑大勇等以研发项目为主要研究对象，并在借鉴集成风险概念的基础之上，分析了研发项目主要存在的风险，并提出了研发项目的风险管理模型，通过该风险管理模型，能够有效地预防研发项目过程中遇到的风险，创造更多的盈利机会。[②] 肖利民指出国际工程承包中涉及多方的合作，其中存在诸多的高风险已经成为行业内普遍公认的常态，风险因素的产生需要经过一定的过程，他从风险分析、风险评价预警、风险对策等三个方面分析、评价风险因素，以对外援助项目为例，检验其可行性与可实践性。[③] 徐茜等从个人、组织以及环境三个维度探析并构建了高科技企业人才流失的风险预警模型，然后运用层次分析法结合熵权法、BP 神经网络算法等，对高科技企业的风险预警模型进行了研究与设计。[④] 范冬清认为高等院校科研创新团队可以效仿行政、市场，以及利益相关者领域高相关性风险管理的模型，以情境、过程与价值作为出发点，去深入探究各因素的相互关系与内在机制，对所存在的风险进行剖析、追踪与反馈。[⑤]

综观国内外研究，迄今为止，虽然国内外学者在人才引进、协同创新、协同管理、创新团队风险管理等维度进行了一系列的研究，涌现出了大量的成果，为进一步拓展外智引联型创新团队的研究视角和维度，系统解构和重建复杂合作背景下团队创新要素之间的交互关联、团队的风险识别与评价等提供了宝贵的借鉴经验。但是，由于高校创新团队与企业团队或者项目团队在合作过程中存在显著的变革情境差异，且协同创新的区域差异化迹象显

---

① 李晓宇等：《工程项目风险评价体系研究》，《科技进步与对策》2005 年第 6 期，第 44 页。
② 郑大勇等：《研发项目的集成风险管理——模型及讨论》，《研究与发展管理》2006 年第 6 期，第 75 页。
③ 肖利民：《国际工程承包风险预警系统的实证研究》，《管理科学》2006 年第 5 期，第 79 页。
④ 徐茜等：《高科技企业人才流失预警机制研究》，《科技管理研究》2015 年第 15 期，第 129 页。
⑤ 范冬清：《风险规制、过程管控及价值衡量——大学高层次人才引进风险的管理模型解析》，《高教探索》2015 年第 3 期，第 13~16 页。

著，与西部高校或者外智引联型创新团队相关的成果罕见报道，考虑到外智引联型创新团队的独特属性，对其过程风险监控研究有助于提升西部地区整体科研能力和整体协作水平。鉴于此，西部高校外智引联型创新团队的协同创新关注内容、探索范围及管理动机等方面都存在显著的差别，需要据此识别合作主体、促进交流沟通和推动内部协调。

虽然目前国内外众多的专家学者就项目、企业、创新团队风险评价方法及预警机制进行了很多有益的探索，但是国内外学者针对风险管理的研究主要集中在建筑工程项目团队、项目管理团队，以及企业创新团队等相关理论构建方面，而且从以上理论也能看出，对于项目或团队所存在或潜在的风险因素，无论是消极的还是有一定积极效果的，都是我们所能够预料到的抑或是根据事后结果所总结出来的，对于有的放矢地提出预防风险发生的对策建议有着一定的帮助，但是想要更加全面系统地识别并有效地预防、控制创新团队，尤其是外智引联型创新团队不同发展阶段中所存在或潜在的风险因素，就需要风险预警理论的进一步发展和应用。

国内外对创新团队，尤其是外智引联型创新团队的过程监控与预警管理方面的理论研究仍然偏少。针对国内某一地区外智引联型创新团队发展过程中的风险因素识别、风险评估、风险响应以及风险控制，大都局限于对团队发展过程中遇到的所有风险进行简要的罗列，并进行指标体系的构建，并没有对创新团队不同发展过程中遇到的风险因素进行识别与评价，因而其评价体系并不能有针对性地解决具体的问题。因此本书认为对外智引联过程风险监控与预警理论的研究具有必要性，并且需要构建不同的预警指标系统来预警外智引联型创新团队全过程中的风险因素。我们可以借鉴建设工程项目中主动控制、事中控制、被动控制的全过程管理理念，结合外智引联型创新团队的全过程发展特征及运行机制，对各个过程中的风险因素进行识别与监控，从而最大限度地降低外智引联型创新团队运行过程中的风险，充分发挥创新团队外引内联的协同创新作用，建立健全有效的风险预警体系，为西部高校外智引联型创新团队的发展提供更好的保障，使西部地区以"一带一路"为发展契机，提升整体的科研创新能力，最终实现西部跨越式发展。

第四节　研究内容

本书将西部高校外智引联型创新团队作为研究对象，探讨了其协同创新机制的形成，具体的研究内容如下。

第一章，绪论。首先，阐述了西部高校外智引联型创新团队的现实背景，在此基础上，分析了其协同创新的组织学习、任务协调、过程风险和云南省众创空间的现有发展背景。其次，对研究目的和意义进行了阐释。再次，从创新团队及其协同创新、组织学习、任务协调、过程风险几个方面对有关外智引联型创新团队协同创新的国内外研究状况进行了述评，奠定了本书研究的理论基础，确定了本书研究的理论价值。最后，对本书的研究内容进行了简要阐述。

第二章，外智引联型创新团队研究述评与发展动态分析。本章提出了外智引联型创新团队的新型合作模式。为深入系统地剖析外智引联型创新团队的研究状况，首先从创新团队的定义、问题、影响因素及运行机制4个方面对相关理论研究成果进行了梳理；然后从创新团队指标体系和模型构建两个维度对创新团队模型研究成果进行了归纳和动态分析；最后从团队人才引进与管理、团队协作交互影响、团队合作效果评价、团队知识转移4个方面对创新团队管理的研究成果进行了探讨，分析了协同思想在外智引联型创新团队运行过程中的重要性，为下文的研究奠定了基础。

第三章，外智引联型创新团队协同创新策略研究。基于前文中的研究成果，首先，分析了协同创新模式对于外智引联型创新团队的重要性；其次，针对当前外智引联型创新团队有效开展协同创新策略研究成果的不足，本章通过运用SWOT分析法，从整体性视角对外智引联型创新团队协同创新情况进行系统化分析，并借鉴了国外关于协同创新的相关经验；最后，分别从政府层面、高校层面、科研团队层面提出相应的发展策略，以期为西部高校教育水平提升、地区经济持续发展提供决策参考。

第四章，外智引联型创新团队组织学习机制研究。首先，结合绪论中的研究状况，从组织学习的前因和结果对组织学习的影响因素进行了综述，从知识共享的内涵和过程两个方面对知识共享的相关理论进行了综述，紧密联系下文，为其奠定坚实的理论基础。其次，研究了基于元分析的外智引联型创新团队组织学习影响因素识别。为深入了解和掌握外智引联型创新团队组织学习的过程，结合外智引联型创新团队组织学习的内涵与特征，本章采用元分析方法定量总结了实证研究众多且研究结论存在分歧的外智引联型创新团队组织学习的影响因素，为外智引联型创新团队组织学习机制的设计与评价奠定坚实的基础。进一步地，为有效刻画外智引联型创新团队的协同学习机制提升组织学习的效果，基于外智引联型创新团队组织学习影响因素的解析，本章构建了外智引联型创新团队组织跨层级学习的知识共享过程模型，接着构建了包含此模型的外智引联型创新团队的组织协同学习模型。在此基础上，引入了能够反映外智引联型创新团队组织协同学习系统复杂作用关系的网络分析方法，提炼了用于评价外智引联型创新团队组织协同学习系统的网络层要素，为实证检验的有效开展奠定基础。最后，分析了基于云南省院省校项目的案例应用过程。为更好地揭示和检验前文所构建的外智引联型创新团队组织协同学习的机制及优选方法，基于选取的云南省外智引联型创新团队案例研究样本，本章简要分析了各相关团队的组织学习背景。在此基础上，依据前文的研究思路和评价方法，辨识了各案例团队组织学习子系统之间以及子系统内部的复杂影响关系，整合评价了各案例团队的组织学习协同度，并进一步结合案例团队组织学习存在的问题，基于各组织协同学习主体，依据其影响因素给出较为全面、系统、科学且具有一般适用性的对策建议。

第五章，外智引联型创新团队任务协调机制研究。首先，结合本书绪论研究状况的相关内容，介绍了组织协调的基本内容、主要形式、影响因素以及一般过程等相关知识，为下文研究奠定坚实的理论基础。其次，从项目的申请阶段、运作阶段以及完成阶段三个维度对外智引联型创新团队的任务进行阶段性分解，同时在综合考虑任务粒度、任务耦合度以及任务均衡度的基础上构建了外智引联型创新团队任务分解的基本框架，并提出了具体的任务分解方法。再次，在综合考虑任务间、任务执行主体间以及任务与执行主体间交互关系影响因素的基础上提出了外智引联型创新团队的任务分配模型，采用匈牙利算法对两种情境下的任务分配进行了求解，并对任务执行过程中的各种冲突进行了系统化辨析。从次，在辨析了协调主体，再通过将任务协调问题转化为多属性群决策问题，并运用历史经验和德尔菲法设定任务冲突阈值的基础上，提出了任务协调方法，并提出了外智引联型创新团队的任务协调机制。最后，通过运用云南省院省校项目的具体案例情况，对提出的模型与方法进行验证，并分别从政府、高校以及科研团队三个维度提出促进西部高校"政产学研用"协同创新的对策建议，以期为解决人才流失问题、提高团队管理效率、提升西部地区经济可持续发展能力提供一定的决策参考。

第六章，外智引联型创新团队过程风险监控机制研究。首先，结合绪论中研究状况，综述了团队过程理论、风险管理理论的相关知识，介绍了风险评价方法。其次，阐述了外智引联型创新团队过程风险监控指标体系研究，本部分分别从合作关系组建期、合作项目运行期、合作后的产出期三个阶段并结合西部高校外智引联型创新团队的特征，以及从参与主体、目标差异、协同合作、技术创新四个维度来识别与分析外智引联型创新团队过程监控中可能存在或潜在的主要风险因素，并构建其风险监控指标体系。再次，研究了基于 G-ANP 方法的风险预警与机制构建，该部分根据外智引联型创新团队的自身特征以及其风险因素的灰性特征，采用 G-ANP 方法对其风险因素进行评价，继而根据风险的发生概率以及风险等级构建风险预警体系，完成外智引联型创新团队风险预警模型的构建。最后，进行了案例分析，本部分选取了云南省内某高校外智引联型创新团队作为研究对象，并从项目风险评价和项目风险预警两个方面对预警评价体系的分析结果进行了系统的分析，进而在此基础上提出了应对措施及建议。

第七章，云南省众创空间的外引内联发展对策研究。本章是基于前文的研究成果和云南省众创空间发展的需要所开展的案例应用研究。首先，梳理了众创空间内涵、发展模式及特征等内容，形成后续研究的理论基础；其次，针对省外众创空间的发展经验进行了收集和归纳，探索其发展的成效和面临的问题及成因，形成发展的启示；再次，对云南省众创空间总体和发展较好的个案进行解剖分析；从次，解析外引内联有效性的内涵和特征，将影响有效性的因素进行分类提取，识别出关键因素，并运用DEMATEL方法对有效性关键因素进一步提炼；最后，分别从宏观政策、微观治理、主体培育和资源整合等层面针对众创空间的创新团队提出提升协同创新能力的对策。

第二章

外智引联型创新团队研究述评
与发展动态分析

本章内容提要

为弥补当前学界对跨区域、多主体创新团队研究的不足并有效解决西部经济持续发展中高端人才匮乏的现实问题，本章提出了外智引联型创新团队的新型合作模式。为深入系统地剖析外智引联型创新团队的研究状况，首先从创新团队的定义、问题、影响因素及运行机制4个方面对相关理论研究成果进行了梳理；然后从创新团队指标体系和模型构建两个维度对创新团队模型研究成果进行了归纳和动态分析；最后从团队人才引进与管理、团队协作交互影响、团队合作效果评价、团队知识转移4个方面对创新团队管理的研究成果进行了探讨。在此基础上，结合外智引联型创新团队的地域性、灵活性等独特属性进行了深入研究。

第一节　问题的提出

通过检索国内外权威数据库，分别以"外智引联"和"创新团队"为关键词筛选核心期刊论文，发现当前未有外智引联创新团队的直接成果，而有关创新团队的研究成果数量则呈井喷式增长，说明对外智引联型创新团队的研究有待加强。此外，在国家自然科学基金和社会科学基金的官网以"创新团队"为关键词筛选发现资助项目 1999~2009 年只有 39 项，而 2010~2014 年已立项 98 项，这一数据充分说明对创新团队开展研究具有重要性与必要性。① 为此，本章从创新团队的基础理论、模型构建、团队管理 3 个维度述评已有研究成果，并结合外智引联型创新团队的独特属性，对未来研究方向进行展望。

第二节　基础理论

一　基础理论分析

国内外学者对创新团队基础理论的研究主要集中于其定义、存在的问题、影响因素及运行机制等方面。在研究早期，相关理论和研究方法的匮乏使学者们的某些思维方法因缺乏依据而稍显稚嫩，但正是学者们持续的思维创新和方法改进推动了相关理论的进一步完善，为日后深入系统地开展深层次研究奠定了坚实的基础。②

1. 创新团队的定义

关于创新团队的定义，不同学者从不同维度给出了各具特色的阐述。在目标维度方面，将创新团队定义为围绕共同愿景，由技能互补的专业人才为实现科研创新目标而组成的互动系统。③ 这既强调了创新团队的群体属性，又突出了产出高水平成果的目标特性。在组建维度方面，创新团队根据合理的学历层次、年龄跨度、专业技能组建。④ 在合作维度方面，创新团队的组建是为了满足跨部门、多学科交叉融合和成员间协同创新的需求，将协同力作为创新团队演化进程中的序参量对群体创新产生重要作

① 杜元伟等：《知识网络国内外研究述评与发展动态分析》，《情报杂志》2013 年第 3 期，第 81 页。
② W. Sun, and Y. Yu, "Staff Similarity Computation in Technology Innovation Team," *Advanced Materials Research* 2（2011）：204-210.
③ A. K. Gupta et al., "The Interplay between Exploration and Exploitation," *Academy of Management Journal* 4（2006）：693-706.
④ 许成磊等：《创新团队和谐管理机制的主题辨析优化》，《管理学报》2014 年第 3 期，第 390 页。

用。此外，还有一些学者综合以上维度的观点，给出了相对普适的定义，即高校创新团队是以学术研究与技术创新为核心，由规模合理、技能互补、自愿为共同科研目标和工作方法而共同承担责任的科研人员组成的群体。以上研究成果为深化创新团队的认识提供了多元视角，然而，关于创新团队的研究多局限于单群体层次，缺乏对跨区域、多主体创新团队的相关研究。从横向上看，外智引联型创新团队是为解决西部区域性问题而组建的，通常由西部高校和外部人才两类群体组成，并且他们之间存在平等或不平等的层次性关系；从纵向上看，团队成员包括博导、硕导、博士研究生、硕士研究生、高级工程师、企业高管等多类主体，成员关系灵活多样，并且团队高水平成果的产出有赖于调动各类主体的参与热情、整合所有成员的专长技能。由此可见，只有充分考虑地域性、多主体性、灵活性、集成性等特征，才能科学地对外智引联型创新团队开展研究。

2. 创新团队存在的问题

高校创新团队因利益分配、专业技能、思维方式等方面的差异会产生诸多问题。例如，创新团队只是名义上的合作，而无实质性的融合；创新团队分裂为多个非正式组织，团队内部沟通较少；合作流于形式，凝聚力和忠诚度不高。[①] 这些问题在外智引联型创新团队中尤其明显，跨区域、多合作主体之间由于地域限制而导致沟通较少，实质性深度合作比较困难。从内部制度层面来看，缺乏科学规范的管理体制、长效完备的人才储备体系和公平合理的科研绩效考评机制是阻碍科研团队持续稳健发展的关键动因；从激励角度来看，当前高校创新团队的激励政策以物质激励为主，缺乏对科研人才的内在精神激励，容易导致核心成员由于归属感不强而创新动力不足。[②] 此外，当前西部地区政策软环境与项目硬环境仍有待进一步完善，对外部人才吸引力较小，导致长期实质合作和持续性高水平成果较少，外智引联型创新团队生命周期较短。从学科角度来看，创新团队成员知识结构同质性严重、考评体系重结果和个人而轻过程和集体、运

---

① 许治等：《高校科研团队合作程度影响因素研究》，《科研管理》2015 年第 5 期，第 161 页。

② 郝敬习、陈海民：《试析我国高校科技创新团队激励政策》，《云南大学学报》（社会科学版）2013 年第 5 期，第 109 页。

营机制不健全、生命周期短等问题依旧突出。[①] 从外部政策角度来看，在高校创新团队建设过程中，政策保护的缺失容易导致行政权力在学术管理中影响过大，单位行政权力泛化而团队学术权力弱化，学术沦为提升行政权力的工具。[②] 在区域层面，地方高校科研团队普遍受到智力资本、物质条件、成长载体和发展环境等方面的多重制约，在科研创新团队建设中容易陷入片面追求高目标、高学历、高集权等误区。在思想层面，传统观念的错位理解严重抑制了高校的创新团队建设与创新意识，形式主义、本位主义、个人主义、自由主义等思潮造成高校创新团队建设认知模糊，而内蕴精神的缺失则使高校创新团队建设偏离核心目标。以上研究对创新团队存在的问题进行了分析，但研究视角多局限于团队内部，缺乏对多团队合作过程中不同成员诉求与平衡等交叉层面的研究，且系统性不足。此外，也缺乏对西部高校与中东部高校合作过程中资源共享、任务协调、利益分配与责任界定等重要问题的研究，在一定程度上限制了对创新团队理论的整体性认识。

3. 创新团队影响因素

从领导者角度来看，变革型领导注重团队改革，能与时俱进地革新思想，对团队创新氛围的形成有明显的促进作用；而交易型领导则注重团队现有秩序的维持，因惧怕创新失败的风险而扼杀创新想法，与团队创新氛围呈负相关关系。[③] 从成员自身来看，多元化的知识结构和经验能增强团队创新能力并提高团队绩效。[④] 从激励角度来看，不同激励方式对创新团队绩效的影响也不同，精神激励和情感激励的影响大于物质激励。从沟通角度来看，创新团队成员间的不同信息交流模式对团队创造力有不同的影响，面对面的交流比其他沟通方式更简洁、有效。另外，团队组织结构、领导风格、发展阶段、团队文化、成员关系亲疏程度、学缘结构等都是团

---

① 杨林：《产学研一体化视角下财经类高校创新性科研团队建设研究》，《辽宁工业大学学报》（社会科学版）2012 年第 6 期，第 28 页。

② 柳洲、陈士俊：《我国科技创新团队建设的问题与对策》，《科学管理研究》2006 年第 2 期，第 93 页。

③ 刘慧、张亮：《高校创新团队的领导力对工作满意度的影响：团队创新氛围的中介作用》，《科技管理研究》2013 年第 24 期，第 143 页。

④ A. Taylor, and H. R. Greve, "Superman or the Fantastic Four? Knowledge Combination and Experience in Innovative Teams," *Academy of Management Journal* 4 (2006): 723-740.

队创新能力的重要影响因素。① 从外部来看，学术氛围与对外交流程度对科研团队创新能力具有重要影响。② 以上文献对团队内部影响因素进行了深入研究，却忽略了外智引联型创新团队可能存在多个领导主体，不同领导者的不同风格、成员能力与可控性、信任与沟通等都会对团队氛围、团队成果甚至团队生命周期产生不同影响。如何协调领导者不同风格对协同创新效果的影响，如何协调团队成员因专长技能、责任意识、价值观念等不同而产生的冲突，如何把握不同成员内在的深层次、多样化需求，以更好地提升团队管理水平仍需进一步研究。

4. 创新团队运行机制

创新团队的正常运转需要规范的运行机制予以保障，要求确定共同目标、优化人才结构、建立健全管理机制、完善激励措施、加强团队文化建设。要注意团队组建的合理性和管理的科学性及艺术性，并且要完善内外部激励机制。首先，要从激励约束机制、绩效考评机制、权益分配机制3个方面建构高校创新团队，加强团队制度建设。③ 其次，一方面要加强创新团队激励机制设计，以满足团队成员内在需求为核心，以经费支持为补充，精神激励和物质激励相辅相成④；另一方面要运用民主化管理方式，激发创新团队成员的创新热情⑤。学科带头人应该有高瞻远瞩的眼光和细致入微的观察力，了解不同团队成员的差异化需求。⑥ 同时，高校创新团队的良性发展必须协调共同愿景、人性化管理、权责对等、资源分配和绩效评估之间的复杂关系，团队凝聚力的形成需要文化力量予以支撑，和谐的团队文化对创新团队成长有巨大的促进作用。最后，要注意高校创新团队运行机制

① 卜琳华、蔡德章：《高校科技创新团队创新能力影响因素分析》，《哈尔滨工业大学学报》（社会科学版）2008年第2期，第115页。
② 燕京晶、徐飞：《高校创新性科研团队行为模式的宏观特征分析——以"全国优秀博士学位论文"为例》，《自然辩证法研究》2010年第6期，第88~93页。
③ 项杨雪、柳宏志：《基于产学研战略联盟的高校创新团队建构模式及运行机制》，《高等工程教育研究》2011年第3期，第71~77页。
④ 赵丽梅、张庆普：《高校科研创新团队成员知识创新的激励机制研究》，《科学学与科学技术管理》2013年第3期，第92页。
⑤ M. A. West, and M. Wallace, "Innovation in Health Care Teams," *European Journal of Social Psychology* 4 (1991): 303-315.
⑥ J. Rey-Rocha et al., "Research Productivity of Scientists in Consolidated vs. Non-Consolidated Teams: The Case of Spanish University Geologists," *Scientometrics* 1 (2002): 137-156.

的时效性，在不同发展阶段运用不同的组织行为模式，及时革新团队文化内涵。外智引联型创新团队由于地域限制且多主体合作，内部属性关联复杂，建立多主体有效沟通与冲突协调机制、合作效果评价与约束机制以及成果分配责任界定机制对更好地规范团队运作具有重要意义。

二　基础理论研究动态

通过上述分析，可以初步了解外智引联型创新团队存在的问题及其影响因素。上文并未给出具体的解决对策，只是从宏观制度层面给出了相应的建议，因为不同领域的创新团队面临的问题不同，具体微观操作层面因人而异。此外，关于基础理论的未来研究动向，本章认为主要包括如下几个方面。首先，从个性化的研究成果中提炼出相对普适的创新团队理论。通过加强对外智引联型创新团队的研究，可以有效弥补当前学界对跨区域、多主体协同创新研究的不足，拓展创新团队研究范围，丰富创新团队理论体系。其次，应着重加强对外智引联型创新团队中关键影响因素的辨析及分解，着力解决当前紧迫的问题，加强对基础理论领域相对薄弱部分的深化研究。例如，成员责任意识、团队任务分配与团队创新氛围和绩效的关系等个体微观层面因素与群体组织绩效之间的跨层次关系研究。最后，应针对外智引联型创新团队在发展过程中面临的新问题进行理论构建和方法创新。例如，产学研理论研究成果的现实转化路径、外智引联型创新团队内外部人才互培模式等。

第三节　模型研究

一　创新团队评价指标体系

1. 创新团队能力

团队组建的目的是高度集成全体成员的专长技能以产出高水平科研成果。学者们通过对高校创新团队的市场开发能力、科技创新能力、团队管理能力的研究，系统地构建了高校创新团队协同力评价指标体系，这在一定程度上为测度团队协作能力提供了参考标准。① 而团队协作能力又主要体现在知识共享方面，协同创新的实现需要依靠集体智慧。林向义等构建了涵盖 5 个一级指标和 17 个二级指标的知识共享指标体系，相对全面地体现了成员间知识共享的影响因素。② 知识共享的目的在于创造新知识和开发新技术，为此，冯海燕构建了团队创新能力评价指标体系③，这为创新能力培养和创新成果测度提供了定性标准。团队协作能力、知识共享能力、成员创新能力共同构成了高校创新团队的核心竞争力，依据团队人力资本、结构资本和关系资本，可以构建高校创新团队核心竞争力评价指标体系。④ 然而，社会需求日益多元化亦要求创新团队具备多样化的跨区域协同能力。遗憾的是，当前关于跨学科、跨区域、多主体协同创新能力指标评价体系和模型的研究较少。

2. 创新团队绩效评估

科研绩效评估对团队成员积极性有着重要作用，公平、合理的绩效评估机制可以有效激励团队成员奋勇争先，产出更多高水平成果，为此有学者借鉴平衡计分卡的功能和结构，通过把握高校创新团队发展战略，初步构建了高校创新团队绩效评价体系。在此基础上，王立剑和刘佳进一步细化构建了涵盖资源要素投入、人才队伍建设、外部交流学习和科研成果产出 4 个一级指标的高校创新平台绩效评价体系。⑤ 由于绩效考评和奖惩最终需要科研经费的支撑，李晓静等建立了高校科研经费使用效率监测指标体系，运用 DEA-CCR 模型计算经费使用效率，结果表明绝大部分高校创新团队科研经费存在投入过剩或产出不足等问题。⑥ 需要注意的是，目前

---

① 陆萍、卜琳华：《高校创新团队协同力评价指标体系的构建》，《哈尔滨工业大学学报》（社会科学版）2010 年第 2 期，第 95～100 页。
② 林向义等：《高校虚拟科研团队知识共享能力评价研究》，《情报科学》2014 年第 11 期，第 103 页。
③ 冯海燕：《高校科研团队创新能力绩效考核管理研究》，《科研管理》2015 年第 1 期，第 59 页。
④ 杨林平、许健：《智力资本理论观念下的科研团队核心竞争力研究》，《管理评论》2014 年第 6 期，第 139 页。
⑤ 王立剑、刘佳：《高校科技创新平台绩效评价指标体系构建与应用》，《科学学与科学技术管理》2010 年第 2 期，第 110～112 页。
⑥ 李晓静等：《DEA-CCR 模型在高校科研经费使用效率评价中的应用研究》，《教育科学》2015 年第 2 期，第 79～85 页。

大多数高校创新团队的绩效评估注重短期效益和成果数量，忽略了高水平成果产出的时间约束与质量要求，科学规范的中长期考核机制有待完善。

由上可知，国内外学者对高校创新团队指标体系的构建多针对团队内部，对外部影响因素指标体系的研究相对较少，对外智引联型创新团队这种跨区域协同合作的研究则更少。这在一定程度上导致当前外智引联型创新团队绩效评价指标体系的系统性较差，相关指标权重赋值受主观因素影响较大，外智引联型创新团队成果多为共同成果，现有分配制度并未完全体现成员的实际贡献，如何构建科学合理的适用于外智引联型创新团队绩效评价的指标体系仍有待探索。另外，对微观层次的分析较多，对中观层次的区域性、多主体研究较少，相关指标评价体系的普适性有待进一步考证。

二 创新团队模型

1. 团队合作模型

团队合作的基础在于成员间相互信任，王君华等基于成员间信任指数差异，构建了团队内部知识合作与收益关系的博弈模型。[①] 具体到计划行为理论，通过对团队内部隐性知识共享影响因素进行分析，李志宏等构建了高校创新型科研团队隐性知识共享意愿的研究模型。[②] 隐性知识共享与知识管理密切相关，其中团队文化和组织结构对知识管理的影响最大，其次是 IT 技术，学者们建立了创新过程中的知识管理工作模型，为辨析外智引联型创新团队合作过程中的关键影响因素提供了整体性视角，对更好地加强团队合作发挥了关键作用。然而，影响团队合作的因素众多，尤其是外智引联型创新团队需要考虑外部合作主体的相关特性，关于多主体创新团队合作博弈与优化的模型仍有待完善。

2. 能力模型

影响高校创新团队合作的因素有很多，其中成员能力和协同力最为重

---

① 王君华等：《创新型科研团队知识合作博弈模型构建与仿真》，《四川大学学报》（哲学社会科学版）2015 年第 3 期，第 99 页。
② 李志宏等：《高校创新型科研团队隐性知识共享意愿研究》，《科学学研究》2010 年第 4 期，第 581~590 页。

要。因此，Kristina 等构建了高校创新团队的能力跃进模型和路径，在高校创新团队能力跃进动力系统中，学科带头人、成员异质性、知识管理、团队目标是系统前进的关键动力，团队发展方向需要学科带头人引领，他们通过整合不同成员的知识结构、分配不同任务使成员发挥各自才能，以实现组织目标。① 在此基础上，能丽和陈劲构建了高校知识协同与研究能力的整合模型框架，并通过斯坦福大学与浙江大学的实践案例对比，提出了能力互动和提升机制。② 以上研究成果为进一步分析外智引联型创新团队提供了重要借鉴，如何通过外智引联这种新型合作方式提升西部高校创新团队的能力，促进知识转移与资源共享仍是当前面临的巨大挑战。

3. 评价模型

创新团队的合作成效及其问题需要明确的标准予以评价，以判断其合作效率高低。为此，李孝明等基于主成分投影法，按照"投入—产出—效益"路径构建了高校创新团队的主成分投影评价模型。为了使该评价模型更加完整，他们考虑到团队成果、组织行为、成员能力 3 个方面的关系，筛选若干指标，建立了高校创新团队绩效评价模型。③ 由于团队关系复杂多变，相关模型亦有时效性，Paulus 运用灰色模糊理论建立了新的高校创新绩效评价模型，并指出在实际操作中应根据各个高校特点对创新评价指标进行适当调整。④ 最后，LePine 等从团队绩效、团队资本、团队效应、团队运营、团队潜力 5 个方面构建了一个可延伸的评价指标模型，为创新团队的科研管理提供了理论支撑。⑤ 学界对创新团队评价模型的研究多侧重于绩效评价、能力评价等方面，但当前对外智引联型创新团队管理效率、管理和谐度等方面的评价模型研究较少，它们是未来需要进一步研究

① B. Kristina et al., "Team Diversity and Information Use," *Academy of Management Journal* 6 (2005): 1107-1123.

② 能丽、陈劲：《高校知识协同与研究能力提升机制——基于斯坦福大学与浙江大学的案例研究》，《科技进步与对策》2015 年第 10 期，第 119~123 页。

③ 李孝明等：《高校创新型团队的绩效评价》，《科技管理研究》2009 年第 2 期，第 214~216 页。

④ P. Paulus, "Groups, Teams, and Creativity: The Creative Potential of Idea-generating Groups," *Applied Psychology* 2 (2000): 237-262.

⑤ J. A. LePine et al., "Gender Composition, Situational Strength, and Team Decision-Making Accuracy: A Criterion Decomposition Approach," *Organization Behavior and Human Decision Processes* 1 (2002): 445-475.

的重点。

4. 系统模型

评价创新团队成果的标准各异，有的采用论文发表数和专利数进行衡量，有的采用承担项目等级进行衡量，为进一步规范评价标准，有必要从全局性视角构建系统化的评价模型，以使评价结果更加完备、科学。许成磊和段万春融入团队合作现象和作者生产率，提出了科研团队系统模型，不仅仅参照论文成果数量，更考虑到团队合作质量。[①] 在此基础上，李纲和毛进融合构建了团队的元网络模型，通过整合高校创新团队的多方位数据，从整体层面揭示了创新团队的社会系统属性。[②] 此外，刘慧和陈士俊指出科研成果产出、人才培养、学科建设是影响创新能力的主要因素，构造了包含 6 个结构方程和 12 个变量的高校科研创新团队的系统模型。[③] 虽然现有成果从微观到中观、从静态到动态对高校创新团队相关问题开展了大量的有益探索，但仍缺少对外智引联型创新团队这一复杂系统在不同协同情境下、不同阶段协同效应涌现问题的关注，相应的系统模型研究成果也相对稀缺，不利于全面认识外智引联型创新团队的多种复杂属性。

三 模型研究动态

模型的构建对更加深入、系统地研究个体与团队以及团队之间的关系具有重要作用。国内外学者从不同角度对创新团队相关模型进行了大量研究，为深刻了解创新团队内部复杂关系和多重属性提供了多维度视角。但是，相关学者对模型的研究多趋于单个团队内部，对外智引联这种跨部门、跨区域、多主体创新团队的效率评价模型、资源整合模型、任务分配模型等方面的研究相对较少。此外，对于如何将这些模型与现实管理问题有机结合起来证明其应用价值仍有待进一步深入和细化。因此，借鉴创新

---

① 许成磊、段万春：《有层次类型创新团队的关键客体界面识别》，《研究与发展管理》2015年第 2 期，第 121~128 页。

② 李纲、毛进：《元网络视角下科研团队建模及分析》，《图书情报工作》2014 年第 8 期，第 65~72 页。

③ 刘慧、陈士俊：《面向群体潜能的高校科研团队创新能力评价》，《天津师范大学学报》（社会科学版）2015 年第 2 期，第 78 页。

团队合作和能力评价模型的分析方法并进一步拓宽研究视角，对创新团队内部和谐度、内外部合作效率等开展多层次研究，应用系统模型的分析方法进行融合与优化以解决创新团队的特定管理实践问题，以提升理论成果的实践价值将是未来学界研究的突破点。

1. 团队人才引进与管理

现有研究成果主要从国内外人才引进政策条件对比、策略方法构建和管理措施完善等方面开展了人才引进及培养的相关研究。近年来，虽然我国人才引进政策软环境和项目硬环境不断优化，但仍然存在人才引进系统规划不足、人才使用效率偏低、团队组建动机不纯、管理氛围不和谐等诸多微观障碍因素。[①] 为完善人才培养策略，Erickson 对组织人才培养方向和目的进行了定性阐述[②]；Sun 和 Yu 应用超网络、多目标规划方法构建了组织人才引进与管理的多目标超网络模型，对组织人才指标筛选、易流失知识及领域和人才选择决策等内容进行了初步定量研究[③]。虽然现有研究成果对优化人才引进结构、增强创新保障具有一定的实践意义，但研究视角单一、系统性不足，忽略了西部高校与中东部高校协同创新过程中诸多情境要素的复杂影响，特别是对人才引进后的协同管理问题缺乏多维度探讨。

2. 团队协作交互影响

李纲从隐性知识传播视角探明了人才引进和流失情境对组织内外知识传播具有直接影响，对提升外智引联型创新团队知识共享意愿具有重要参考作用。[④] Robert 等针对临时任务型团队的组织内群体认同问题，提出了有利于该情境下知识转移的快速信任概念。[⑤] 在跨边界知识转移方面，Cross 等指出，关系嵌入对组织结构性边界具有复杂影响。[⑥] Liao 进一步将

---

① 许成磊等：《基于界面管理的创新团队和谐管理实现机制研究》，《科技进步与对策》2013年第17期，第25~28页。

② P. A. Erickson, "Personnel Training," *Emergency Response Planing* 5 (1999): 208–238.

③ W. Sun, and Y. Yu, "Staff Similarity Computation in Technology Innovation Team," *Advanced Materials Research* 204 (2011): 1771–1774.

④ 李纲：《基于人才引进和流失的组织内隐性知识传播模型》，《情报杂志》2011年第7期，第130~134页。

⑤ L. P. Robert et al., "Individual Swift Trust and Knowledge–Based Trust in Face–to–Face and Virtual Team Members," *Journal of Management Information Systems* 2 (2009): 241–279.

⑥ R. Cross et al., "Tie and Network Correlates of Individual Performance in Knowledge–Intensive Work," *Academy of Management Journal* 6 (2004): 928–937.

关系嵌入拓展到团队内部和职能部门间双重网络范畴，探讨了关系嵌入对结构与知识边界穿越的桥接作用。[①] 王涛和任荣基于组织目标关系协调，研究了团队或组织层次间学习方式动态承接的跨层次知识转移路径。[②] 这些研究为进一步深入认识创新团队内部复杂的关系属性提供了多样化视角，但有关外智引联型创新团队内外部协作交互关键影响因素辨识，以及合作效果测度模型与方法的研究仍然有待进一步拓展。

3. 团队合作效果评价

现有成果主要从团队资源配置效率、核心能力和创新绩效等方面开展了创新团队合作效果的静态评价，从团队资源整合能力和多目标协调融合等方面开展了人才引进效果的动态评价。在静态评价方面，虽然刘海洋等指出了团队合作对优势方团队资源配置的稀释效应，以崭新视角构建了组织内成员的效用函数模型，但忽略了对互动过程中团队价值创造与资源总量提升的考量。[③] 针对该问题，Chen 等将价值链思想引入高校团队管理，构建了高校科研核心能力的表征指标及价值链测度模型。[④] 考虑到链状流程对剖析团队知识活动复杂网络的局限，王兴元和姬志恒在系统划分团队知识异质性的基础上进一步丰富了测度团队合作绩效关联的变量设置。[⑤] 在动态评价方面，Gupta 等从资源整合及双元性创新视角，对具有合作性质团队的核心能力演化和多目标协调管理问题开展了动态研究。[⑥] 但目前紧密围绕协同创新不同过程或阶段差异化评价要点的研究仍然十分缺乏，针对高校创新团队复杂协同创新情境下合作创新效果动态评价的研究成果

---

① L. F. Liao, "Knowledge-Sharing in R&D Departments: A Social Power and Social Exchange Theory Perspective," *International Journal of Human Resource Management* 10 (2008): 1881-1895.

② 王涛、任荣：《组织知识更新中的跨层次知识转移——基于组织学习层次分工的视角》，《科学学与科学技术管理》2010 年第 3 期，第 94~100 页。

③ 刘海洋等：《精英治理、人才引进与高校教师资源配置》，《南开经济研究》2010 年第 6 期，第 148 页。

④ Y. L. Chen et al., "A Study on the Modeling of Knowledge Value Chain," *Knowledge Management* 6 (2004): 1-12.

⑤ 王兴元、姬志恒：《跨学科创新团队知识异质性与绩效关系研究》，《科研管理》2013 年第 3 期，第 14~22 页。

⑥ A. K. Gupta et al., "The Interplay between Exploration and Exploitation," *Academy of Management Journal* 4 (2006): 693-706.

尚未见报道。因此，未来学界的研究重点将主要聚焦于复杂关系情境下协同创新效率评价和效果测度。

4. 团队知识转移

Wahab 等分析了组织冗余结构对合作企业间知识转移过程中知识模糊性的差异影响。[①] Inkpen 指出，深度关系冗余情境有助于降低知识转移过程中的机会主义风险，保持深度冗余与广度冗余平衡更加重要。[②] 除知识转移或传播方面的相关问题外，复杂协同创新情境中的外智引联型创新团队还面临协同创新进程中有关角色融合、关系结构调整、管理目标协调和重大创新项目管理等多方面因素的复杂影响，这无疑增加了深入研究的难度，需要借助更具包容性的系统思维及研究范式，进一步把握上述问题对外智引联型创新团队创新活动管理的差异化复杂影响。此外，由于创新团队的动态性和知识管理的复杂性，在多变的社会环境里如何有效促进知识转移并产生良性互动有待进一步探讨。

5. 团队管理动态分析

学者们对创新团队管理进行了多角度深入探索，有关研究成果为更加系统地开展外智引联型创新团队研究奠定了坚实基础。然而，这些成果的研究对象多着眼于微观层面的团队管理，外智引联型创新团队跨区域、多主体等独特性的组建合作模式与一般创新团队存在巨大差异，对外智引联型创新团队进行管理必须兼顾现实情况，当前创新团队的研究成果对其是否适用仍有待进一步验证。此外，国内外学者对高校创新团队的管理侧重于理论研究层面，至于如何将理论成果与实际需求相结合以解决当前外智引联型创新团队乃至整个欠发达地区所面临的现实问题，仍缺少深入研究。未来学界努力的方向包括：首先，基于已有研究成果探寻外智引联型创新团队协同高效管理方法，构建外智引联型创新团队激励约束机制，加强实质性合作，提高创新成果水平，并进一步探索理论研究成果与社会现实需求的转化路径，有效解决西部高校人才匮乏、地区经济持续增长乏力

---

① S. A. Wahab et al., "A Review on the Effects of Inter-Firm Technology Transfer Characteristics and Degree of Technology Transfer," *European Journal of Social Sciences* 2 (2011): 452-459.

② A. C. Inkpen, "Learning through Joint Ventures: A Framework of Knowledge Acquisition," *Journal of Management Studies* 7 (2000): 1019-1044.

等问题；其次，加强对外智引联型创新团队内外部协作交互关键影响因素辨识及其合作效果测度的相关模型和方法研究，例如协同效率评价和合作效果标准化测度；最后，辨识外智引联型创新团队成员的内在需求，激发外智引联型创新团队内外部成员的知识共享意愿，促进异质性知识的有效转移与融合，构建衡量知识共享的指标体系和评价模型，等等，都是有待进一步研究的重要问题。

本章小结

目前国内外有关创新团队的研究侧重于从团队层面进行理论推演，探讨和分析高校创新团队的特性与绩效。为深入系统地剖析高校创新团队的国内外研究状况，并结合外智引联型创新团队的独特属性开展相关主题研究，本书从创新团队的基础理论、模型构建、团队管理3个维度进行了详细述评和动态分析。针对当前外智引联型创新团队相关研究数量较少、内容分散等特点，结合外智引联型创新团队的独特属性，对相关研究进行整理归纳，创建创新团队评价指标体系以及构建创新团队模型，并对团队管理相关内容进行解析，整合外智引联型创新团队相关知识，为后续研究提供借鉴。

第三章

外智引联型创新团队协同创新策略研究

本章内容提要

为解决长期困扰西部高校的科研整体水平低下、高端科研人才匮乏、地区经济持续增长乏力等现实难题，本章提出外智引联的跨区域、多主体新型合作模式。针对当前外智引联型创新团队有效开展协同创新策略研究成果的不足，本章通过运用 SWOT 分析法，从整体性视角对外智引联型创新团队协同创新情况进行系统化分析，并分别从政府层面、高校层面、科研团队层面提出相应的发展策略，以期为西部高校教育水平提升、地区经济持续发展提供决策参考。

第一节　问题的提出

基于西部高校外智引联型创新团队面临的人才难题以及学者们普遍认识到协同创新对人才引进、合作与发展的重要性，学者们针对协同创新策略进行了多维度的探索性研究。其中，在模型层面，李高扬和刘明广通过构建产学研协同创新的演化博弈模型，计算后得出了 4 种策略组合。①

---

① 李高扬、刘明广:《产学研协同创新的演化博弈模型及策略分析》,《科技管理研究》2014 年第 3 期，第 197~203 页。

在文化层面，张绍丽和于金龙从内部精神文化协同和外部制度文化协同两个维度提出了相应的产学研协同创新策略。① 在区域层面，张协奎等以广西北部湾经济区为例，分析了区域协同创新的模式以及协同创新的策略。② 而李静从政策法规、风险收益、战略定位、组织模式、技术知识 5 个层次，提出了促进福建省产学研协同创新的具体策略。③ 在高校层面，丘建发、陈敏生和林新宏分别针对以科研为主的研究型大学和以实践为主的高等医学院这两种不同目标导向的高校，提出了相应的协同创新策略。④ 以上学者的研究成果为深化协同创新认知、提升协同创新效果提供了多样化的研究视角，但学者们多基于微观或中观研究视角，缺乏从宏观层次分析西部高校人才协同创新的战略环境以及各主体的职责与作用，由此导致协同创新效率较低、效果较差；另外，对协同创新策略的研究多针对某一类主体，尚未考虑到跨区域、多主体类型产学研合作协同创新策略问题，这在很大程度上阻碍了产学研协同创新理论体系的发展与完善。基于此，本书创新性地提出了"外智引联"的跨区域、多主体协同创新的新型合作模式，通过运用 SWOT 分析法，对我国西部高校外智引联型创新团队的整体情况进行系统化解析，明确影响外智引联型创新团队协同创新的复杂要素，在借鉴国外协同创新先进经验的基础上，提出针对西部高校外智引联型创新团队协同创新的发展策略。外智引联型创新团队这种新型合作模式，为提升我国西部地区与中东部地区合作水平和人才培养质量提供了新的思路，为带动西部地区高校教育水平、经济发展水平的持续提升提供了多样化的决策参考方案。

---

① 张绍丽、于金龙：《产学研协同创新的文化协同过程及策略研究》，《科学学研究》2016年第 4 期，第 624~629 页。
② 张协奎等：《促进区域协同创新的模式与策略思考——以广西北部湾经济区为例》，《管理世界》2015 年第 10 期，第 105 页。
③ 李静：《福建省产学研协同创新研究》，硕士学位论文，福建师范大学，2015，第25 页。
④ 丘建发：《研究型大学的协同创新空间设计策略研究》，博士学位论文，华南理工大学，2014，第 222 页；陈敏生、林新宏：《高等医学院校协同创新策略探析》，《高教探索》2013 年第 1 期，第50 页。

第二节　外智引联型创新团队模式解析

在当前知识经济时代，人才是国家经济社会发展的最关键力量，"单打独斗"的传统科研方式已不能适应当前社会的多元化需求，创新团队以其高度集成多方智力资源有效应对大科学时代多种复杂现实难题的优点而被公认为当前产学研合作的最有效形式。随着国家西部大开发战略和"一带一路"倡议的持续深入推进，众多高水平科研人才亦顺势响应国家号召加入西部高校建设中来。虽然中东部高校与西部高校开展了多种形式的合作且取得了较为丰硕的科研成果，但由于受地理位置、教育经费、经济水平、科研环境等多方面因素的限制，中东部大多数科研单位或高端科研人才只是希望借助西部地区政策优惠和资源优势获取更多利益才开展短暂、临时性的名义合作，主观目标的差异化导向使得双方合作并不深入、实质性的高水平科研成果并不显著，这与国家的战略导向和政策初衷相违背。伴随西部高校高端人才的持续外流以及高水平科研成果的长期缺失，当前这种传统"硬引进"合作模式的弊端逐渐凸显，即只可解决西部高校短期发展的问题，经济发展过程中面临的长期性重大现实难题最终还得依靠西部本土高校及本土人才共同探索并解决。为消除过去与中东部高校合作过程中"形式大于内容"的弊端，可以运用"外智引联"的跨区域、多主体的新型人才合作模式，即在不改变外部人才与原单位人事关系的基础上，通过项目合作的形式，集成外部高端科研人才资源与西部高校共同开展科学研究，实现知识和技术的有效转移，不断提升西部高校科研人员的学术水平、综合能力以及解决现实问题的能力。① 但是，由于外智引联型创新团队的跨区域、多主体等复杂属性，其在合作过程中也逐渐暴露出了短期团队多、长期团队少，表面合作多、深度合作少，重视结果多、在意过程少等问题。因此，对外智引联型创新团队从整体性视角进行系统化解析，了解其在协同创新过程中的优势与劣势、机会与威胁，并采取有效的应对策略解决外智引联型创新团

---

① 段万春等：《外智引联型创新团队研究述评与发展动态分析》，《科技进步与对策》2016年第 10 期，第 154~160 页。

队协同创新过程中的形式化合作难题具有重要的现实与理论意义。

第三节　西部高校协同创新的 SWOT 分析法

一　优势分析

1. 国家政策大力支持

国家目前已出台多项针对西部地区的优惠政策，例如 NSFC - 云南联合基金、NSFC - 新疆联合基金等项目，在项目指南中明确规定联合基金面向全国并鼓励申请人与省内具有一定研究实力和研究条件的高等院校或研究机构开展合作研究。另外，为了推动科教兴滇战略和人才战略的实施，促进经济社会的全面发展，云南省自 1998 年开始同国内著名高校、中科院组织开展了以科技、教育、人才培养等为主要内容的"省院省校"合作项目，目前省内涉及 10 个地、州、市，省外涉及若干国际知名大学、数十个中科院研究所以及近百所高等院校，良好的政策条件为西部高校外智引联型创新团队开展协同合作奠定了坚实的外部基础。

2. 强大的现实需求

西部地区因高水平科研人才较少、科研院所整体研究水平低下而缺乏对其重要现实难题的解决能力，需要借助中东部科研人才的智力资源一起开展科研合作以解决现实发展问题，并在合作过程中提升本土科研人才的研究水平和管理经验，以实现互促发展、互利共赢。强大的现实需求为西部高校外智引联型创新团队开展跨区域合作提供了良好的发展前景。

3. 优势互补

西部地区具有较为丰富的优势资源，如具备开展科学研究所需的资源要素和支持政策，但是缺乏对开展科学研究来说的最重要的人才资源和管理经验；而中东部高校由于高水平院校众多，竞争异常激烈，获取科研项目的难度相对较大，与西部高校合作不仅可以获取大量的科研项目和资金支持，而且在合作过程中可以不断拓宽研究视野，提升行业知名度，获得更为广泛的认同与支持。因此，二者结合可以实现优势互补、互利共赢。

二 劣势分析

1. 地理位置

由于西部地区多处于高原、边疆等偏远地区，经济发展相对落后，交通比较闭塞，合作双方实现实时沟通相对较为困难。由于地理位置的限制，西部地区基础设施建设进展缓慢，出行方式的选择面较为狭窄，出行成本相对较高，这在很大程度上限制了西部高校与国内外知名学者或科研院所的交流与合作。

2. 经济发展水平低下

当前西部地区经济发展水平较低、经济发展速度相对缓慢，政府对科研的投入强度不够、经费结构不合理，大量科研经费没有得到有效支配，由此导致经费投入与科研成果产出的失衡，达不到通过政府投入促进产学研协同创新的预期目标。另外，西部地区基础设施较落后，教学设备、技术条件相对不完善，提供不了较大的学术平台和较好的经济基础使高端人才自由开展科学研究，而外智引联型创新团队成员多为知识密集型的精英群体，渴望得到学界认可，在西部地区开展研究使其获得学界认可的难度远高于东部地区，由此导致大量人才外流。

3. 社会环境方面

由于经济发展水平、社会开放程度、传统文化、习俗等方面的差异，西部地区的知名企业非常少，与中东部地区差距甚大，由此导致西部高校学生实习机会偏少，理论知识无法与实践经验有机结合，理论在实际应用过程中的指导作用极为有限。而受限于相对传统保守的文化习惯，西部地区的学生和高校管理人员具有一定的保守心态，对国外高水平科研成果的学习热情和意愿相对较低，并且西部地区对知识和人才的重视程度不够，这间接导致西部高校科研环境的闭塞和高端人才的持续外流。

三 机会分析

1. 交通设施持续完善

随着西部地区高铁、机场等基础设施的持续深入建设，西部地区高校与中东部地区科研院所的交流在未来将会更加便捷，交通方式的多元化和快捷化使跨区域交流合作将会变得更加畅通，出行成本将会大大降低。这不仅有利于提升西部地区对外开放的程度，促进不同经济理念和思想文化的交互融合，拓宽研究视野，而且有利于打破地域限制，提高西部高校与中东部科研院所合作频率、人才引进质量。

2. 沟通方式不断完善

伴随信息技术的持续发展和社交媒体的不断普及，外智引联型创新团队的成员打破了时空限制，可以通过远程视频会议、社交网络媒体等方式进行实时对话，及时解决遇到的难题；团队成员可以通过微信、微博等社交媒体实时共享最新资讯，了解学术前沿动态和政策文件。这不仅节约了大量的办公成本，而且极大地提高了知识共享的效率。

3. 发展前景广阔

当前西部高校科研管理体制尚不健全，没有形成如东部地区固定化、模式化的教育模式，正是因为如此，才有较大的自主调整空间和广阔的发展前景。西部高校可以通过汲取我国科研体制建设过程中的先进经验，吸收其他省区市产学研合作的成功经验和失败教训，结合西部高校实际情况，建立更加科学、切合实际的科研管理体制，为外智引联型创新团队的成员提供良好的发展前景和制度保障。

四　威胁分析

1. 人才流失严重

西部高校由于受科研环境、经费资源、发展前途等方面的限制，并不能给引进的高水平人才提供相对完善的发展平台，而为获得学界认可及更多发展机会，大量高水平科研人才选择到平台更为广阔、资源更加丰富、机会更加多样的中东部科研院所工作，由此导致本土人才持续外流，西部地区经济社会的持续发展缺乏本土高端人才的支撑。

2. 合作模式不健全

当前我国部分科研团队领导体制形同虚设，西部高校亦是如此。团队领导多重视外部项目申请而忽视团队内部组织文化建设，监督机制的不健全和考核机制的不合理直接导致成员投入与产出不匹配，行政化的管理体制则导致知识型团队凝聚力和成员归属感不强。[①] 另外，高校科研团队合作多为短期、临时性的合作，由于团队定位的模糊化而缺乏长期发展愿景的规划，且团队任务分工多为硬性指派、知识共享主观意愿较弱等问题导致科研创作自闭性强，高水平科研成果相对稀缺。[②]

3. 行政管理体制依旧占主导

西部高校传统文化认知存在差异以及价值观认可的不统一，使得当前团队管理模式仍为传统的行政管理体制，职称评审、项目审批、经费划拨、日常管理等大多呈现较为明显的官僚气息，这在很大程度上影响了学者的学术自由度和研究积极性。另外，伴随跨学科研究的兴起以及信息资源共享步伐的加快，行政化的管理体制在很大程度上降低了人财物等资源要素的整合力度，阻碍了各创新要素之间的交互融合，严重影响了创新的效率和创新的效果。

第四节　国外协同创新的经验证据

通过上面的分析，我们可以较为全面地了解西部高校外智引联型创新团队在开展协同创新过程中的优势与劣势、机会与威胁。考虑到协同创新能力、经济实力以及发展轨迹等方面的因素，本章通过整理国外关于协同创新的相关文献，得到如表 3.1 所示的国外协同创新主要经验。

表 3.1　国外协同创新主要经验

国家	经验
美国	政府批准组建科技工业园区，集中研发力量；利用具有商业化前景的高新技术成果孵化新产品和小企业；借助风险投资创办高技术企业；成立工业-大学合作研究中心及工程研究中心；允许专利和技术自由转让

---

① 谢耀霆：《面向协同创新的高校科研团队组织模式与激励机制探析》，《高等工程教育研究》2015 年第 1 期，第 102～106 页。

② 薛玉香：《高校科研团队协同创新研究》，《教育发展研究》2014 年第 7 期，第 83 页。

续表

国家	经验
日本	政府批准建立产学研合作委员会；以制度化形式鼓励和引导大学、研究机构和产业界推进产学研协作发展；通过受托研究制度、共同研究制度、奖学金捐赠制度、共同研究中心等方式积极推动产学研一体化进程
德国	与大学积极合作服务于政府和工业界用户，发挥桥梁的作用；构建大学科技园模式；德国"双元制职业教育"建立以企业开发为主体、产学研两方或三方联合研发的创新模式
印度	加强大学与其他学术研究机构的合作；鼓励学术自由与民主；促进学术研究与经济发展重点领域需求相结合；完善知识产权制度

资料来源：曹青林：《协同创新与高水平大学建设》，博士学位论文，华中师范大学，2014，第 123~145 页。

从表 3.1 中我们可以看出，国外政府部门是协同创新的关键主体，而且形成了多元化的经费支持制度，开展协同创新的形式多样，配套机制相对灵活，大多数高校通过与企业合作实现了科研成果的有效转化。然而，白俊红和卞元超研究指出，西部地区政府对实现产学研协同创新的支持贡献程度远远低于中东部地区政府，这固然有经济层面的原因，但更多的是因为领导者战略眼光和发展思维的差异，西部地区对科研的支持力度有待加强。[①] 为此，西部地区政府部门领导者需要根据本地现实发展需求，打破学科界限、行业界限甚至地域界线，在整合本地各大高校资源要素的同时寻求外部的支持与合作，引导构建跨区域、多主体协同创新体系和信息网络系统，实现学科间的知识共享、信息互通、协调发展，不断提升西部高校的创新能力和创新效率，以更好、更快地产出更高水平的科研成果，共同解决重大现实难题。

第五节　西部高校协同创新的发展策略

一　政府层面

1. 完善政策法规，营造和谐环境

实现东西部高校有效互动的前提在于前瞻性和整体性的学术规划的引

[①] 白俊红、卞元超：《政府支持是否促进了产学研协同创新》，《统计研究》2015 年第 11 期，第 48 页。

领，基础是学者形成强烈的学术交流与协作意愿，关键是体制机制和政策的良好设计。西部高校外智引联型创新团队的跨区域、多主体等属性，以及影响因素的多样性、任务的动态性、环境的不确定性等决定了其开展协同创新的复杂性，政府应发挥科研政策的引导和调节作用，协调多主体的差异化利益诉求，避免出现零和博弈的不利局面。[①] 为此，西部地区政府部门应该在把握国家大政方针的基础上，结合西部地区的现实情况，通过制定人性化、弹性化的科研管理政策和人才引进政策，不断完善科研经费税收优惠政策以及多样化的人才配套政策，制定适合西部地区高校区域性协同创新的整体规划及执行方案，从制度层面大力保障科研人员的合法权利，营造良好的科研环境。

2. 打破户籍限制，促进人才流动

西部地区政府要努力激活体制活力，在实施人才引进工程的同时要注重人才的合理自由流动，通过建立健全促进高层次人才流动的人事管理制度，避免"一家独大"的不均衡现象。在招聘人才时西部地区政府应放宽户籍制度的限制，高层次人才的子女应享有同等的受教育权利；同时，积极整合"政产学研用"多方资源，解决高层次人才配偶在本地区的就业问题，促进人才在不同地区之间合理自由流动，让市场需求决定人才的区域分布和薪资待遇。此外，西部地区政府应积极建议中央及教育部出台公平合理的教育政策，鼓励国内外知名高校增加在西部高校地区的招生人数，通过设立专项基金的形式，鼓励国内外知名高校在西部地区高校开展教育交流与合作，选择优秀的学生和教师到国内外知名高等学校深造或访学，不断缩小中东部地区与西部地区教育水平的差距，提高西部地区人才培养的公平性与均衡性。

3. 整合多方资源，打造科研合作平台

外智引联型创新团队在开展协同创新过程中，平台打造是关键。西部高校多为地方政府直属，由于经济发展水平的限制，西部地区政府尚不能提供与东部地区数额相当的科研经费投入与发展平台，由此导致人才保留与引进比例失衡。为此，政府应积极发挥组织与协调职能，整合政府与社

---

① 陈劲、阳银娟：《协同创新的理论基础与内涵》，《科学学研究》2012 年第 2 期，第 162 页。

会多方资源，引导社会和市场多方力量共同参与高校创新团队建设，通过积极与当地企业合作共同出资设立研究项目，鼓励西部高校外智引联型创新团队以承担项目的形式解决当前企业或社会面临的重要现实难题。政府应加大科技投入和打造科研平台的力度，拓宽与省内外高校的合作范围，从前期的科研项目合作逐步向人才引培、学科互建、资源共享等方面深入，并建立长效的合作机制。

二 高校层面

1. 完善绩效考评体系，促进产学研成果的有效转化

西部高校管理者应摒弃过去低水平重复建设科研团队的落后理念，不断完善高校科研绩效考评体系，通过实行分层次的成果奖励机制并建立动态性的调整机制，引导科研考评体系从"量化"向"质化"转变，坚决打击学术功利与学术不端的行为；同时，对绩效评价要努力寻求团队绩效与成员绩效之间的平衡，高水平科研成果的取得需要整个团队齐心协力，应承认多个成员共同署名的高端科研成果。此外，要重视科研成果的有效转化率，课题结项的依据应以科研成果的现实价值为导向，不能仅仅将综合报告和咨询报告等理论性成果作为评判标准，可以通过采用试验区的形式对科研成果的有效性进行检验，观察其后续实践过程中的指导效果，引导科研成果的定位逐步从传统的理论价值向实际指导价值转变，创造出更多符合国家政策要求以及社会需求的高水平科研成果。最后，大力提倡创新人才的培养要强调学与术的协同并举，通过学之创新为术之创新奠定坚实的前期理论基础，而术之创新则用于解决西部地区面临的重要现实难题，为学之创新提供实践支撑。

2. 加强团队规划，提供全面支持

西部高校作为外智引联型创新团队的直接受益者及管理主体，应不断加大对团队建设的扶持力度，简化科研审批程序，提高办事效率和服务水平，为团队在微观发展环境下提供健康的外部环境和学术氛围；同时，要不断完善高校科研团队的监督管理机制，防止科研经费的浪费和科研经费用途的随意变更，严守学术规范的底线。通过大力支持与有效监管相结合

的方式，引导外智引联型创新团队合理定位和完善整体发展规划，构建西部高校、创新团队以及团队成员的利益共同体联盟，为科研团队成员创造更多实践学习的机会。

3. 培养特色重点学科，实现科教良性互动

西部地区高校要积极利用其区域及地方民族特色优势，找准学校发展的定位，整合科研队伍，凝练研究方向，集中主要优势资源打造专属的强势特色学科，提升人才引进的硬实力，优化人才引进的软环境。同时，为防止经济发展水平落后导致的科研落后思维惯性的扩大与泛化，西部高校要鼓励科研人员从事教学工作，通过与不同地域、不同专业、不同性格的人群进行沟通交流，了解社会需求，拓宽研究思路，培养符合社会需求的专业型人才。

三　科研团队层面

1. 加强沟通交流，提升团队影响力

在外智引联型创新团队内部，要积极营造尊重知识、尊重人才的学术氛围，积极响应国家建设创新型社会、培养创新型人才的号召，鼓励举办多样化的学术会议或学术论坛，邀请国内外知名专家学者远赴西部高校讲学，使西部高校的师生及时了解国内外研究动态和理论前沿，积极促进西部高校科研人才与外部知名学者的科研交流与合作，借助学者们的知名度不断提升西部高校的知名度和西部高端科研人才的影响力。

2. 培育组织文化，提升管理水平

首先，西部高校外智引联型创新团队要高度重视培育建立认同度高的组织文化，形成"以情感凝聚人、以事业吸引人、以待遇留住人"的团队发展理念，在团队内部打造求同存异的组织文化，鼓励个人学术自由，充分发挥自己的聪明才智，同时又发挥团队的整体合力，鼓励通过交叉学科研究实现成员间的知识融合与优化，提升团队成员的学术实力和团队整体核心竞争力。其次，要不断革新沟通方式，采用新兴社交媒体加强团队间的沟通与协调，挖掘成员深层次需求，并采取有针对性的应对之策。再次，通过建立规范性的制度，明确团队目标与任务分工要求，确定团队成员的责权利标准，构建公平合理的绩效考评机制与透明的奖惩机制。最后，积极发挥团队领导者的非权力性影响力，通过领导者以身作则带动相关成员共同参与协同合作，将思想上的高度认同内化为自觉的专业行为。

3. 构建网络化的协同创新联盟，实现互利共赢

首先，西部各高校应该在政府统筹领导下积极构建高校间协同创新联盟，整合本地各大高校以及中东部优秀科研院所的资源，使其发挥最大效用。其次，进一步拓展协同创新联盟的合作主体范围，集成政府、企业、科研单位、高校等多主体的产学研协同创新战略联盟，发挥"政产学研用"的综合作用，促进科研成果与现实应用无缝对接和有效转化，实现以产促研和以研增产的双赢局面。

本章小结

面对西部高校人才流失带来的一系列问题，本章运用 SWOT 分析法，系统分析了西部高校协同创新面临的问题，从政府层面提出了完善政策法规、打破户籍限制、整合多方资源的建议，从高校层面提出了完善绩效考评体系、加强团队规划、培养特色重点学科的建议，从科研团队层面提出了加强沟通交流、培育组织文化和构建网络化的协同创新联盟等建议。外智引联型创新团队这种新型合作模式，为提升我国西部地区与中东部地区合作水平和人才培养质量提供了新的思路，为带动西部地区高校教育水平、经济发展水平的持续提升提供了多样化的决策参考方案。

第四章

外智引联型创新团队
组织学习机制研究

本章内容提要

外智引联型创新团队正在成为解决西部人才问题的战略载体、组织学习正在成为提升创新团队质效的重要策略，与外智引联型创新团队组织学习机制建立健全相关的一系列问题正在日益得到广泛关注。这种背景下，专注于外智引联型创新团队组织学习机制的构建、评价及优化研究，对于健全团队管理机制、提升团队组织学习效果、解决西部高校人才匮乏问题具有重要的实践指导价值及理论研究意义。鉴于此，为解构、梳理和分析外智引联型创新团队组织学习机制的主要内容，系统科学地评价外智引联型创新团队组织学习机制的协同质效，本章开展了以下三方面的研究。

首先，提炼外智引联型创新团队组织学习的特征，辨识外智引联型创新团队组织学习的影响因素，具有一定的方法应用创新性。为深入了解外智引联型创新团队的组织学习过程，本章系统阐述了外智引联型创新团队组织学习层次性、动态性、知识特殊性三方面的关键特征。在此基础上，本章创新性地采用元分析方法定量总结实证研究众多且研究结论存在分歧的外智引联型创新团队组织学习的影响因素。

其次，构建外智引联型创新团队的组织协同学习模型，提出应对该复杂系统结构的整合优化方法，具有一定的研究视角创新性和方法应用创新性。结合外智引联型创新团队组织学习的特征及其影响因素，本章构建外智引联型创新团队组织跨层级学习的知识共享过程模型，接着构建包含此模型的外智引联型创新团队的组织协同学习模型，并从组织协同学习层级、组织协同学习过程、组织协同学习反馈机制三个方面深刻剖析该模型的组织学习机制。在此基础上，本章借鉴 ANP 方法的决策思想提出能够从整体协同度上整合优化外智引联型创新团队组织协同学习系统复杂作用关系的决策方法，并给出用于评价外智引联型创新团队组织协同学习系统的网络层要素。

最后，选定案例研究对象演练相关评价方案与方法，检验前文研究的可行性并给出相应的对策建议，具有一定的实践创新性。本章选取四个来自云南省院省校项目的外智引联型创新团队，依据前文给出的评价思路和评价方法，辨析各案例团队组织学习子系统之间以及子系统内部要素之间的复杂影响关系，整合评价各案例团队的组织学习机制。在此基础上，本章进一步结合案例团队所面临的多方面且相互交叉的组织学习问题，基于各组织协同学习主体，依据其影响因素给出相应的完善对策。

第一节　问题的提出

外智引联型创新团队强调构建组织协同学习机制的两个重要原因在于以下方面。其一，外智引联型创新团队成员具有灵活多变的合作关系、高层次的知识结构以及精益化的创新过程的属性，该种独特的合作过程特征使得以人为主体的组织学习具有复杂性和不确定性，因此，如何充分调动各类学习主体的参与热情、充分整合所有成员的专长技能是难点。其二，引进人才并没有为西部高校带来预期的超水平效果，外智引联在创新团队合作过程中逐渐暴露出了一些问题，如对动态环境的应对不足、竞争优势可持续性弱、团队成员工作满意度低、团队成员知识和经验的利用率低、团队成员互动学习不足等。这表明外智引联型创新团队在创新管理，特别是组织学习机制构建方面仍然存在诸多有待改进之处。为此，打造具有核心竞争优势、反映外智引联型创新团队特色的组织学习机制显得尤为重要，它是提升创新团队合作质效的重要策略。

第二节　相关研究基础

一　外智引联型创新团队组织学习的特征与内涵

1. 外智引联型创新团队组织学习的特征

（1）层次性

外智引联型创新团队的组织学习过程包含四个层次，分别为个人学习、团队学习、组织学习和组织间学习。个人、团队和组织这三个层次已经得到了众多研究者的认可，具体如表4.1所示。但是考虑到西部高校外智引联型创新团队在资源相对匮乏、办学理念相对落后以及地理位置欠佳等自身属性及条件的限制下，产学研的合作、高校间的联盟等联合运作形式却日益繁荣，这说明了组织学习的重要性和必要性。

表 4.1　组织学习过程的概括

研究者	组织学习过程			
	个人学习	团队学习	组织学习	组织间学习
Argyris 和 Schön	√	√	√	
Hedberg	√	√	√	
Huber	√	√	√	
Pawlowsky	√	√	√	√
Crossan 等	√	√	√	
Nonaka 和 Takeuchi	√	√	√	√
Dixon	√		√	
Moilanen	√	√	√	
Bontis 等	√	√	√	
王润良	√	√	√	
于海波等	√	√	√	√
Chan	√	√	√	

续表

研究者	组织学习层次			
	个人学习	团队学习	组织学习	组织间学习
Tanyaovalaksna 和 Li	√	√	√	
潘培培等	√	√	√	
陈国权	√	√	√	
小结	15	14	15	3

资料来源：C. Argyris, and D. A. Schön, *Organizational Learning: A Theory of Action Perspective* (Boston: Addison Wesley, 1978), pp. 345 - 350; B. Hedberg, *How Organizations Learn and Unlearn* (Oxford University Press, 1981); G. P. Huber, "Organizational Learning: The Contributing Processes and the Literatures," *Organization Science* 2 (1991): 88–115; P. Pawlowsky, *Betriebliche Qualifications Strategy and Organizations Learn* (Management for Schung, 1992); M. M. Crossan et al., "Organizational Learning: Dimensions for a Theory," *International Journal of Organizational Analysis* 3 (1995): 337 - 360; I. Nonaka, and H. Takeuchi, *The Knowledge-Creating Company: How Japanese Companies Create the Dynamics of Innovation* (Oxford University Press, 1995); N. M. Dixon, *The Organizational Learning Cycle: How We Can Learn Collectively* (Taylor & Francis Ltd, 2017); R. Moilanen, "Diagnostic Tools for Learning Organizations," *The Learning Organization* 1 (2001): 6–20; N. Bontis et al., "Managing an Organizational Learning System by Aligning Stocks and Flows," *Journal of Management Studies* 4 (2002): 437–469; 王润良：《学习型组织的系统模型与结构设计》，博士学位论文，北京航空航天大学，2002；于海波等：《组织学习整合理论模型》，《心理科学进展》2004 年第 2 期，第 251 页；C. Chan, "Implications of Organizational Learning for Nursing Managers from the Cultural, Interpersonal and Systems Thinking Perspective," *Nursing Inquiry* 3 (2010): 196–199; S. Tanyaovalaksna, and X. Li, "Is There a Relationship between Individual Learning, Team Learning, and Organizational Learning?" *Alberta Journal of Education Research* 1 (2013): 1–16; 潘培培等：《基于层级转化视角的个人学习、团队学习和组织学习关系研究》，《中国管理科学》2014 年第 S1 期，第 139~142 页；陈国权：《组织学习和学习型组织：概念、能力模型、测量及对绩效的影响》，《管理评论》2009 年第 1 期，第 111 页。

其中，个人学习是指个人获取知识、经验和技能的过程，外智引联型创新团队中成员关系灵活，包括博导、硕导、高级工程师、企业高管等高知识群体，为团队中的成员进行学习和自我提升提供了很好的条件和机会，该过程是整体学习过程的基础。团队学习是指协调团队成员整体配置、达成共识、采取合作行动以实现共同目标的过程，而外智引联型创新团队的合作愿景是借助外部智力充分整合所有成员的专长技能和经验展开科学研究，取长补短以实现共同目标，两者是相匹配的，说明该过程是外智引联型创新团队整体学习过程的关键环节和核心部分。组织学习是指把个人学习和团队学习渗透和融入组织的结构、文化和战略愿景中使之更匹配的过程。按照系统论的观点，组织学习是整体学习过程的最高层次，对个人和团队的反馈学习以及组织的形象具有重要影响。组织间学习是指整体组织以及组织中的个人和团队与其他组织在竞争和合作过程中进行比较学习，获取新知识和产生新行为同时激发自身学习的过程。地理位置限制了西部高校的发展，而组织间合作与学习、引入外部智慧是外智引联型创新团队组建的初衷，可见该过程的重要性。外智引联在创新团队合作过程中逐渐暴露出一些诸如短期合作多、长期合作少，表面合作多、深度合作少等问题，以上四个过程的协同诸如高素质的成员构成、信任的团队氛围、良好的组织形象和丰富的合作经验是解决这些问题的关键。

　　总的来说，在层级视角下，外智引联型创新团队的组织学习过程包括四个层次，即个人学习、团队学习、组织学习和组织间学习，四者相辅相成，形成一个有机的学习体系，其中个人学习是基础，团队学习是关键，组织学习和组织间学习是重要组成部分，这四个层次的协同有助于弥补外智引联型创新团队合作过程中逐渐暴露的缺陷。

　　（2）动态性

　　为提高"软引进"下的项目研究质量和人才培养质量，组织团队成员进行交流互动和沟通学习，促进知识的共享和转移也是必需的，这就引发了组织不同学习层次间知识的转移、跃迁和转化，即跨边界的协同学习，因此外智引联型创新团队的组织学习具有动态性。

　　综合解析组织学习的理论与实践，发现现有研究对我们进行外智引联型创新团队组织学习内部动态的解析形成了阻碍，削减了我们对于外智引联型创新团队组织学习整体和局部转化作用关系的理解，而在层级视角下研究不同组织层面间的知识共享和转化对解决这一问题独具优势。基于上述思考，在层级视角下，外智引联型创新团队的组织学习过程包括四个层次，即个人学习、团队学习、组织学习和组织间学习，在过程协同的理念下，学习不仅仅发生在单个学习层面上，更是有不同层面间的跨边界学习转化。其组织内部学习中的从个人学习到团队学习再到组织学习是层面间不断被包含、不断进行高阶跃迁的知识共享和转移的过程，从组织学习到团队学习再到个人学习是层面间不断包含、不断进行低阶转化的知识共享和转移的过程。① 组织间学习主要是通过外部不断变化的环境以及合作比较对组织学习、团队学习和个人学习产生刺激和推动作用。因此，外智引联型创新团队的组织学习不仅仅局限于其中的某一层面而是同时包含个人、团队、组织和组织间四个层面的相互重叠、相互促进和相互转化的动态协同学习过程，学习的发生和循环犹如太极之运转，可以以组织学习中任何一个学习层面为起点同时诱发其他学习层面的运转更新，这种开始于某一层面又引发或跃迁到其他层面协同学习的过程，究其实质是知识资源和技能经验打破壁垒在不同学习主体间的知识共享、跃迁传播和协同更新的过程。而只有充分考虑外智引联型创新团队层面间的互动协同和各层级集成性、灵活性的特点，才能制定出合理的组织学习方法和合作方式，提高外智引联的合作效应。以上所述详见图 4.1。

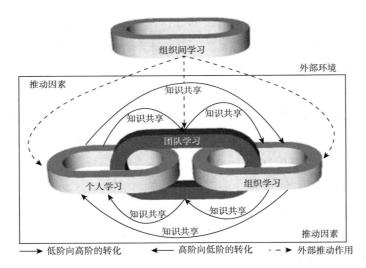

图 4.1 外智引联型创新团队组织学习的跨层级转化

外智引联型创新团队跨层级动态学习的提出在于促进个人、团队和组织等层面的协同耦合学习，发挥其整体学习的过程协同效应，提高组织的

---

① D. D. S. Bido et al.，"Examining the Relationship between Individual，Group and Organizational Learning in a Financial Institution," *Read Revista Eletrônica de Administração* 17 （2011）：58–85.

整体学习能力、适应能力、动态应变能力及核心竞争力，从而促进外智引联"软引进"下的组织积极健康发展。

（3）知识特殊性

外智引联型创新团队的组织学习过程不同于一般意义上的知识学习，具有复杂程度高、不确定性强、螺旋动态符合其自身特点的特殊性，具体分析如下。

首先，外智引联型创新团队的组织学习是一个复杂程度较高的知识创新过程。一方面，考虑到西部高校外智引联型创新团队的自身属性，即以科研项目或者创新平台为依托，为了提升西部高校的科研能力、培养高水平人才，由内部人才和外部人才凝聚而成的创新研究群体决定了其组织学习过程是一个综合集成的创新研究过程。另一方面，由于其团队成员的地域性、多主体性、灵活性、集成性以及专长技能等背景差异，如何协同学习，调动各类主体的参与热情，充分发挥和整合所有成员的知识和技能，降低知识学习风险，提高知识创新质量等变得尤为重要，这造成了外智引联型创新团队的知识学习过程具有高复杂性。

其次，外智引联型创新团队组织学习过程中的知识内容具有不确定性。一方面，该过程中的知识学习对象主要包括显性知识和隐性知识两大类，显性知识比较容易被表达和接受，但是外智引联型创新团队的组织学习过程中多半涉及的是难以被表达的隐性知识，其隐藏在团队日常的任务、工作制度以及工作程序之中，获取该类知识的主要途径是领悟和理解，而不同成员背景的差异造成了其吸收能力、接纳能力和创造能力的不同。另一方面，外智引联型创新团队的组建周期同样会影响组织学习过程中知识创新的不确定性，处于合作初期，即新组建的创新团队因团队成员、团队氛围以及团队结构等处于高速变动的状态，增加了知识创新的不确定性，而处于成熟期的创新团队因规范的团队制度、信任的团队氛围等降低了知识的流动性和不确定性。

最后，外智引联型创新团队组织学习跨层级转化的知识共享和转移过程具有螺旋上升性，该过程包含两个维度：其一，认识论上的维度，即我们所理解的显性知识和隐性知识这两种知识类型；其二，主体论上的维度，即个人、团队、组织以及组织间四个层次。基于以上两个维度，外智引联型创新团队的各学习层面内部及各学习层面间不断进行着隐性知识显性化、外部知识内在化等的交替螺旋式共享和转移过程，最终实现了其整体组织学习及不同层面间的跨层级转化学习，具体如图4.2所示。

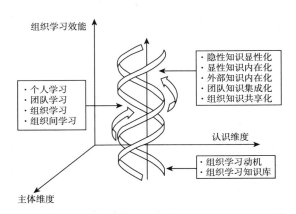

图 4.2　外智引联型创新团队组织学习的知识螺旋示意

综上可知，外智引联型创新团队的组织学习过程具有层次性、动态性以及知识特殊性的特征，只有充分结合这三方面的特征来构建外智引联型创新团队的组织学习机制，才能充分考虑该学习过程中知识的特殊性，有效促进知识在组织学习各层面间的流通、共享和转移，发挥组织学习各层面的整体协同效应，进而提高外智引联型创新团队内外部成员的协同创新学习效率。

2. 外智引联型创新团队组织学习的内涵

基于外智引联型创新团队组织学习特征的分析，从如何协同学习、推动组织学习和谐发展的角度，本书认为外智引联型创新团队的组织学习是指，以项目合作为载体，为提升科研能力和人才培养质量，西部高校借助外部智力，在个人、团队、组织、组织间各学习层面内部以及各学习层面之间进行的，以不断直接学习、转化耦合或者创新创造的方式产生或获得新的知识，并对其进行解释、集体共享、整合和制度化，所形成的循环上升的多层面进行动态转化和集体互动学习的整体协同学习过程。不同外智引联型创新团队间的合作学习效果各有差异，因此需要某些内部和外部条件以及管理实践活动来推动组织学习，以使外智引联达到其应有的合作效果。外智引联型创新团队的组织学习还可以通过改变组织内部成员的观念和行为来减小由地域、能力等背景方面带来的层次差异，进而提高组织的绩效和组织创新能力。

外智引联型创新团队的组织跨层级学习是指在外智引联型创新团队的内部通过采取有效的学习方式，推动知识经验和资源要素打破知识壁垒、挣脱本体（个人、团队、组织或组织间）进行跨层级流动，进而促进各学习层面间的知识耦合与共享，实现知识在其他不同层面的累积、传播扩散和协同创新，以期提高外智引联型创新团队的动态创新能力、科研创造能力、整体学习能力和应变能力，促使组织保持竞争优势、积极健康发展的动态协同过程。① 外智引联型创新团队的组织跨层级学习相对于一般组织学习存在以下不同：其一，系统动态化，即重视不同组织学习层次间的学习接口与相互转化问题，以实现对外智引联型创新团队组织学习立体动态的分析；其二，协同整体化，即重视整个学习过程中个人层面、团队层面、组织层面与组织间层面之间的协同转化学习，以实现外智引联型创新团队组织学习复杂系统整体功能或运行效率的提升。面对以往组织学习研究存在因单一性、局部性和相对片面性问题而带来的学习效率低下的问题②，外智引联型创新团队组织跨层级学习的上述特性使其成为提高项目研究质量和人才培养质量、提高整体学习系统协同度，以及保持组织高效率运行的重要途径。为此，构建外智引联型创新团队的组织跨层级学习过程模型也是非常必要的。

二 组织学习的影响因素

1. 组织学习的前因

综合国内外学者对组织学习前因的研究，可以得出以下三点认识：其一，组织学习的前因包含两大方面，分别为组织内部因素和组织外部诱

---

① B. E. Ashforth et al., "Identity in Organizations: Exploring Cross-Level Dynamics," *Organization Science* 5（2016）：1144~1156.

② 潘培培等：《基于层级转化视角的个人学习、团队学习和组织学习关系研究》，《中国管理科学》2014 年第 S1 期，第 139~142 页。

因；其二，在层级视角下，组织学习的内部因素包含个人、团队和组织三个层次，且各层次间存在复杂关联；其三，组织学习会对组织绩效、组织创新能力产生重要影响。因此，综合并保持与以往文献的一致性[①]，在层级视角下，我们把组织学习影响因素的前因分为四大范畴：个人特征、团队特征、组织特征和组织间特征。

（1）个人特征

个人特征对组织学习的影响主要体现在个人经验、自我效能感和组织认同等方面，具体分析如下。

个人经验作为组织中个人特有的素质是影响组织学习的重要初始条件，但是学者们对组织学习与个人经验的关系研究存在诸多分歧，主要形成了以下三种观点。其一，大部分学者认为个人经验提升了组织学习。如Chen等的研究表明组织中的个人基于过去经验进行的探索和类比，正是组织学习中经验转化和获取知识的过程。[②] 安宁和王宏起通过对哈尔滨在孵企业的实证分析，验证了个体行业和创业经验直接显著影响组织学习。[③] 其二，有学者认为个人经验对组织学习的影响不显著。[④] 其三，还有一些学者认为个人经验与组织学习存在曲线关系。[⑤] 可见，在个人经验对组织学习影响的问题上，现有研究并未达成共识。

自我效能感是指个人对自身能否胜任或完成某项任务或某一行为的判断和自信程度。自我效能感影响个人面对困境时的态度。[⑥] 当面临失败时，

---

① 许学国：《组织协同学习机理及实证研究》，《系统管理学报》2010 年第 3 期，第 289 页；M. Yan et al., "Contributive Roles of Multilevel Organizational Learning for the Evolution of Organizational Ambidexterity," *Information Technology & People* 3 (2016): 647–667。

② G. Chen et al., "Organizational Learning from Experience: Current Status in Multilevel Perspective, Integration Model and Future Direction," *Nankai Business Review International* 2 (2017): 122–157.

③ 安宁、王宏起：《创业者先前经验、学习模式与新技术企业绩效——基于初始条件视角的实证研究》，《商业经济与管理》2011 年第 9 期，第 34~42 页。

④ P. Davidsson, and J. Wiklund, *Levels of Analysis in Entrepreneurship Research: Current Research Practice and Suggestions for the Future Entrepreneurship* (Springer Berlin Heidelberg, 2007).

⑤ L. Argote, and E. Mironspektor, "Organizational Learning: From Experience to Knowledge," *Organization Science* 5 (2011): 1123–1137.

⑥ 宋志刚、顾琴轩：《创造性人格与员工创造力：一个被调节的中介模型研究》，《心理科学》2015 年第 3 期，第 700~707 页。

自我效能感强的人，愿意花更多时间和精力去学习。① 这一观点和众多实证研究的结论相一致，即自我效能感显著正向影响组织学习。Pan 等指出自我效能感对个人知识的学习具有较大影响。② 李永周等通过实证分析，也验证了自我效能感对持续性学习绩效具有显著正向作用。③ 一般来说，自我效能感越强，个人越有意愿进行学习。

当员工对团队的认同产生时，群体共同心理油然而生，进而形成与群体命运共同体的心理暗示。④ 所以，组织认同能显著促进组织公民行为的发生，且组织认同强度对组织内部成员的学习合作意愿具有显著正向影响。⑤ 冯章伟利用 8 个城市 320 个样本的研究也发现，组织认同的三个维度对组织学习的五个维度均具有直接显著正向作用。⑥ 同样地，王进和王珏的实证研究发现，员工企业认同对组织学习具有积极正向影响。⑦ 由此，从现有的研究结果来看组织认同能影响组织学习，促进组织内员工主动学习、分享交流和解决问题。

（2）团队特征

团队特征对组织学习的影响主要表现在知识共享、团队氛围和信任等方面，具体分析如下。

知识在团队成员中流动和传递实现知识共享的过程本质上可以看成组织学习的过程，因为成员必须对所学知识进行消化和吸收才算是完成了知

---

① 谢洪明等：《市场导向与组织绩效的关系：组织学习与创新的影响——珠三角地区企业的实证研究》，《管理世界》2006 年第 2 期，第 80~94 页。

② W. Pan et al., "The Impact of Supervisory Mentoring on Personal Learning and Career Outcomes: The Dual Moderating Effect of Self-Efficacy," *Journal of Vocational Behavior* 2 (2011): 264-273.

③ 李永周等：《自我效能感、工作投入对高新技术企业研发人员工作绩效的影响研究》，《科学学与科学技术管理》2015 年第 2 期，第 178 页。

④ 杨皎平等：《基于团队认同对学习空间调节作用的成员异质性对团队创新绩效的影响研究》，《管理学报》2014 年第 7 期，第 1021~1028 页。

⑤ T. Gautam et al., "Organizational Identification and Organizational Commitment: Distinct Aspects of Two Related Concepts," *Asian Journal of Social Psychology* 3 (2004): 301-315.

⑥ 冯章伟：《基于组织学习的组织认同对组织绩效的影响研究》，硕士学位论文，江西财经大学，2010。

⑦ 王进、王珏：《领导管理能力提升：基于创新导向学习与组织认同的互释效果研究》，《软科学》2012 年第 9 期，第 104 页。

识共享的过程。① 知识共享有助于组织积累知识、增强能力、维护竞争优势，是组织学习的重要因素。② 这和大多数实证研究得出的结论相类似，知识共享对组织学习具有正向促进作用。如吕星霖基于 IT 企业的实证分析发现，知识共享对组织学习的三个维度均有显著正向影响。③ 杨建君和徐国军的研究也发现，知识共享在战略共识和组织学习之间发挥中介作用，有利于知识、信息和技能等在组织内传播和流动，促进组织学习的产生和实现。④ 但也有其他研究显示，知识共享对组织学习的影响不显著。⑤ 从现有的研究结果来看，知识共享对组织学习的总体效应还不能一概而论。

团队学习是组织学习的基本单元和关键环节。⑥ 而团队氛围作为团队学习的重要特征对团队学习具有积极正向影响，以往的众多研究也已证实这一观点，如 Ohlsson 通过实证分析发现健康安全的团队氛围能够使成员敢于发表不同见解、加强关系和相互帮助，有助于团队学习和集体反思，提高团队的整体能力，对团队学习发挥正向预测作用。⑦ 骆均其基于 339个样本的实证研究也发现，团队学习的三个维度——自我揭露、心理安全和学习倾向与团队学习各维度均呈两两显著正相关。⑧ 相应地，团队宽容氛围对团队失败学习具有正向影响。⑨ 因此，从现有研究来看，良好的团

---

① P. Hendriks, "Why Share Knowledge? The Influence of ICT on the Motivation for Knowledge Sharing," *Knowledge and Process Management* 2 (1999): 91-100.

② C. H. Huang, "Shared Leadership and Team Learning: Roles of Knowledge Sharing and Team Characteristics," *Journal of International Management Studies* 1 (2013): 124-133.

③ 吕星霖：《IT 企业组织学习、知识共享与员工创新行为的关系研究》，硕士学位论文，西安电子科技大学，2014。

④ 杨建君、徐国军：《战略共识、知识共享与组织学习的实证研究》，《科学学与科学技术管理》2016 年第 1 期，第 46~57 页。

⑤ 王忠等：《组织公平、组织学习与隐性知识共享的相关性研究——基于长三角高新技术企业研发型团队的数据检验》，《科技管理研究》2014 年第 22 期，第 107~111 页。

⑥ P. Murray, and M. Moses, "The Centrality of Teams in the Organisational Learning Process," *Management Decision* 9 (2005): 1186-1202.

⑦ J. Ohlsson, "Team Learning: Collective Reflection Processes in Teacher Teams," *Journal of Workplace Learning* 5 (2013): 296-309.

⑧ 骆均其：《浙江民营企业团队氛围、团队学习与团队绩效的关系研究》，硕士学位论文，浙江工商大学，2008。

⑨ 王重鸣、胡洪浩：《创新团队中宽容氛围与失败学习的实证研究》，《科技进步与对策》2015 年第 1 期，第 22 页。

队氛围加强了员工间的关系，有利于团队学习的进行。

信任是一种一方愿意在合作关系中履行自身义务的信念，反映了一方对对方话语或承诺可靠的肯定。[①] 信任之所以能够促进组织学习的发生，是因为它增强了合作双方相互帮助和相互学习的意愿。[②] 以往的研究认为信任正向影响组织学习，如于海波等以全国不同地区的 43 家企业为调研对象，发现组织信任对工作满意度、情感承诺和组织学习具有显著正向作用。[③] 葛晓永等的实证研究也发现，认知型信任对团队学习具有显著正向影响。[④] 但也有少数研究表明，高度的信任可能导致团队盲从，进而制约组织学习中知识的交换、组合和更新。[⑤] 因此，尽管以往研究中主流的观点是信任对组织学习具有显著正向影响，但是也出现了影响不一致的证据。

（3）组织特征

组织特征对组织学习的影响主要表现在组织文化、组织结构等方面，具体分析如下。

目前，已有大量的研究把组织文化作为组织学习的前因。除少部分研究认为文化创新能力对组织学习影响不显著外[⑥]，现有的大多数研究表明组织文化对组织学习具有正向促进作用。如 Mohammed 和 Che 认为作为组织特征重要指标之一的组织文化决定了组织学习的方式和性质，在很大程

---

① A. C. Inkpen, "Learning through Joint Ventures: A Framework of Knowledge Acquisition," *Journal of Management Studies* 7 (2010): 1019-1044.

② P. J. Lane et al., "Absorptive Capacity, Learning, and Performance in International Joint Ventures," *Strategic Management Journal* 12 (2010): 1139-1161.

③ 于海波等：《组织学习内部推动因素的结构及其与组织学习取向的关系》，《科学学与科学技术管理》2007 年第 12 期，第 145～150 页。

④ 葛晓永等：《基于科技型企业的学习导向、团队信任与企业创新绩效关系的研究》，《管理学报》2016 年第 7 期，第 1001 页。

⑤ P. J. Lane et al., "Absorptive Capacity, Learning, and Performance in International Joint Ventures," *Strategic Management Journal* 12 (2010): 1139-1161.

⑥ 王敏敏：《组织学习对中小企业创新绩效的影响——基于动态能力的中介效应研究》，硕士学位论文，南华大学，2011。

度上提高了组织学习的质量。[①] López 等通过实证研究也认为组织文化能够激发员工的学习动机，激励员工以饱满的热情投入工作和学习，不断进行知识的创造和应用，进而促进个人和组织的发展。[②] 王飞绒和方艳军以 166家企业为调研对象，同样发现活力型文化、市场型文化对组织学习均具有正向促进作用。[③] 一般来说，组织文化对组织学习具有指导、激励和共享的重要作用。

与组织学习过程相匹配的组织结构是组织学习得以实现的重要条件之一。[④] 知识的交流、整合、创造和内化依赖组织的内部结构。[⑤] 目前，大部分研究表明组织结构对组织学习具有正向影响。Wu 等基于 161 家企业的实证研究发现，组织结构对组织学习具有显著正向影响。[⑥] 陈国权和刘薇的研究同样表明组织内部结构的有机程度越高，组织外部环境的动态性越高，越能够促进组织内部学习和外部学习，进而更好地提升组织绩效。[⑦]也有少部分研究表明，权力结构对组织学习的影响不显著。[⑧] 不过，现有研究的主流观点是，组织结构与组织学习之间存在正向关系。

（4）组织间特征

还有一些研究关注的是组织间特征，并把组织间特征作为组织学习的前因，尽管不同分析中涉及的组织间特征不胜枚举，但主要集中在创新网

---

① A. H. Mohammed, and A. B. T. Che, "Mapping the Relationship among Quality Management Practices, Organizational Learning, Organizational Culture, and Organizational Performance in Higher Education: A Proposed Framework," *American Journal of Industrial & Business Management* 4 (2016): 401-410.

② S. P. López et al., "Managing Knowledge: The Link between Culture and Organizational Learning," *Journal of Knowledge Management* 6 (2004): 93-104.

③ 王飞绒、方艳军：《基于组织学习的组织文化与技术创新绩效关系的实证研究》，《研究与发展管理》2013 年第 1 期，第 41 页。

④ R. M. Grant, "Toward a Knowledge-Based Theory of the Firm," *Strategic Management Journal* S2 (1996): 109-122.

⑤ C. Weigelt, and D. J. Miller, "Implications of Internal Organization Structure for Firm Boundaries," *Strategic Management Journal* 12 (2013): 1411-1434.

⑥ W. W. Wu et al., "How Does Organizational Structure Influence Performance through Learning and Innovation in Austria and China," *Chinese Management Studies* 1 (2012): 36-52.

⑦ 陈国权、刘薇：《企业组织内部学习、外部学习及其协同作用对组织绩效的影响——内部结构和外部环境的调节作用研究》，《中国管理科学》2017 年第 5 期，第 182 页。

⑧ 陈云、谢科范：《对我国以企业为主体的技术创新体系的基本判断》，《中国科技论坛》2012 年第 3 期，第 24~28 页。

络和组织环境等方面。

学术界对于创新网络的探讨最早始于 1991 年，而将创新网络的相关理论应用于组织学习研究的时间则更晚些。已有的研究表明，创新网络是一个相互联系的系统，有利于资源共享和知识的交换，进而方便组织成员学习。[1] 企业在网络中的联结关系越紧密与网络规模越大，企业能够在网络环境中获取越多的知识和信息。[2] 而处于网络中心位置的焦点企业，因具有较高地位可以优先获取组织环境中的知识，可以更有效地开展组织学习。[3] 相应地，国内学者施放和郑思晗以 228 家浙江省高新技术企业为调研对象，发现网络规模、网络强度和网络中心度与组织学习的三个维度——知识获取、知识平台的构建和知识利用具有直接相关关系。[4] 也有学者的研究表明，创新网络对组织学习的影响不显著。[5] 从现有研究结论来看，创新网络对组织学习的总体效应还不能一概而论。

组织环境的动态性、复杂性和不确定性促进了组织学习的产生，加速了组织学习的过程。[6] 不过，目前研究更多的是将组织学习作为组织环境调节某一变量的中介变量，陈国权和王晓辉的实证研究发现环境变动能够促进组织学习活动的产生，进而改善组织绩效。[7] Mavondo 等的研究也表明为充分利用现有资源，抢占市场先机和信息，满足顾客需求，促进企业快

---

[1]　K. Koschatzky, "Firm Innovation and Region: The Role of Space in Innovation Processes," *International Journal of Innovation Management* 4 (1998): 383-408.

[2]　I. Salavisa et al., "Topologies of Innovation Networks in Knowledge-Intensive Sectors: Sectoral Differences in the Access to Knowledge and Complementary Assets through Formal and Informal Ties," *Technovation* 6 (2012): 380-399.

[3]　P. V. Baalen et al., "Knowledge Sharing in an Emerging Network of Practice: The Role of a Knowledge Portal," *European Management Journal* 23 (2005): 300-314.

[4]　施放、郑思晗：《浙江民营企业社会责任对企业绩效的影响》，《浙江大学学报》（人文社会科学版）2015 年第 4 期，第 108 页。

[5]　J. Rhodes et al., "An Integrative Model of Organizational Learning and Social Capital on Effective Knowledge Transfer and Perceived Organizational Performance," *Journal of Workplace Learning* 4 (2008): 245-258.

[6]　谢洪明等：《市场导向与组织绩效的关系：组织学习与创新的影响——珠三角地区企业的实证研究》，《管理世界》2006 年第 2 期，第 80~94 页。

[7]　陈国权、王晓辉：《组织学习与组织绩效：环境动态性的调节作用》，《研究与发展管理》2012 年第 1 期，第 52~59 页。

速成长，必须有组织学习做强有力的支撑。① 也有其他研究显示，组织环境动态性对组织学习的影响不显著②，甚至还存在负向影响③。换言之，在组织环境对组织学习的影响问题上，以往的研究还没有得出一致的结论。

2. 组织学习的结果

研究表明，组织学习对组织绩效和组织创新具有重要意义。以往的研究认为，组织学习和组织绩效之间存在正相关关系。如 Jain 和 Moreno 以205 名中层管理人员为调研对象进行实证分析，发现组织学习的各维度与组织绩效之间均存在积极正相关关系。④ Pham 和 Swierczek 通过对越南建筑公司 339 名设计师的实证研究也发现，组织学习对改善组织绩效具有显著正向作用。⑤ 陈国权和王晓辉在对清华大学 MBA 和 EMBA 班问卷调查并分析后，同样验证了组织学习和组织绩效之间具有显著正向关系。⑥因此，组织学习关系到组织绩效的改善。

另外，对组织学习的研究还关注了组织学习与组织创新之间的关系。García-Morales 等通过对西班牙 239 家中小企业的实证分析发现，组织学习能够增强组织的创新能力和竞争能力。⑦ 林锦锦以宁波 50 家企业的管理者为研究对象，发现组织学习能够提升企业技术创新水平和管理创新水平。⑧另外，学习的积累和知识的更新不仅能够提高组织对知识的有效使用率，而且能够让组织在新产品研发方面产生更加新颖的想法。总之，以往研究结论认为组织学习能够提高组织的创新能力。

---

① F. T. Mavondo et al., "Learning Orientation and Market Orientation," *European Journal of Marketing* 11 (2013): 1235-1263.

② 张鹏：《企业社会资本、组织学习和技术创新绩效研究》，博士学位论文，山东大学，2009。

③ 丁岳枫：《创业组织学习与创业绩效关系研究》，博士学位论文，浙江大学，2006。

④ A. K. Jain, and A. Moreno, "Organizational Learning, Knowledge Management Practices and Firm's Performance," *Learning Organization* 1 (2015): 14-39.

⑤ N. T. Pham, and F. W. Swierczek, "Facilitators of Organizational Learning in Design," *Learning Organization* 2 (2006): 186-201.

⑥ 陈国权、王晓辉：《组织学习与组织绩效：环境动态性的调节作用》，《研究与发展管理》2012 年第 1 期，第 52~59 页。

⑦ V. J. García-Morales et al., "The Influence of CEO Perceptions on the Level of Organizational Learning," *International Journal of Manpower* 6 (2013): 567-590.

⑧ 林锦锦：《组织学习、组织创新与组织绩效关系研究——基于宁波 50 家企业调查》，硕士学位论文，宁波大学，2012。

三　知识共享的内涵与过程

1. 知识共享的内涵

关于知识共享的内涵，不同学者从不同的角度发表了不同的见解。Bostrom 认为团队内部成员间的相互学习、相互尊重和相互理解是有效的知识共享。[①] Tan 和 Margaret 认为这种理解和学习强调了知识共享是双方在进行知识交换的过程。[②] 相应地，国内学者魏奇锋和顾新认为知识共享是知识拥有者以师徒制、演讲、讨论等传播形式将知识传递和转移给知识接收方的沟通过程，知识接收方以反复练习、模仿等形式吸收、理解和内化这些知识。[③] Senge 同样认为知识共享不同于仅存在双方信息互换的信息共享，知识共享同时包含知识提供方有意愿帮助知识接收方了解、内化和学习共享和转移而来的知识。[④] Konstantinou 和 Fincham 则创新性地指出知识共享并不是无条件的拥有，而是建立在给予基础上的持利和索取的创新行为。[⑤] 综观以上研究成果，我们可以从中提取出知识共享的三个构面，分别为知识共享的对象、主体和媒介。知识共享的对象，也就是知识本身，包括显性知识和隐性知识。知识共享的主体，包括知识提供者和知识接收者，可以是个人、团队或组织等。知识共享的媒介，即知识传播手段，可以为演讲、会议、周末沙龙等。为此，我们界定出了知识共享的基本内涵。知识共享是指知识提供者将自身所拥有的知识通过各种传播媒介分享给知识接收者的知识转移和传播的过程。更进一步，因为以显性知识和隐性知识为载体的知识共享的方式和所带来的效用等具有显著差异，所以本

---

① R. P. Bostrom, "Successful Application of Communication Techniques to Improve the Systems Development Process," *Information & Management* 5（1989）：279-295.

② S. W. Tan, and R. J. Margaret, "Specification and Evaluation of Preferences under Uncertainty," *Principles of Knowledge Representation & Reasoning* 3（1994）：530-539.

③ 魏奇锋、顾新：《产学研知识联盟的知识共享研究》，《科学管理研究》2011 年第 3 期，第 91 页。

④ P. M. Senge, "The Fifth Discipline, the Art and Practice of the Learning Organization," *Performance Improvement* 5（2010）：37.

⑤ E. Konstantinou, and R. Fincham, "Not Sharing but Trading：Applying a Maussian Exchange Framework to Knowledge Management," *Human Relations* 6（2011）：823-842.

书又分别界定了显性知识共享和隐性知识共享的内涵。

显性知识共享是指，以文档、报告、手册或公式与图表等客观形式为载体且不以人的意志为转移的正式、易被明确表达和编码的知识进行的知识共享。经过编码的知识、经验和教训总结已不再是为其最初的本体（个人、团队或组织）所私有，而是可以随时被提取和运用于组织内的其他主体，从而实现某一学习层面向其他学习层面的转化。相对于隐性知识共享而言，显性知识共享将组织中的知识、经验和教训总结系统化地存储保留下来，各个主体在进行学习时可以相对容易和方便地提取和识别相关信息，因而可以更加快速地推动组织不同层面学习的转化。常见的显性知识共享形式有组织报纸与杂志、主题墙、职工手册等。

隐性知识共享是指，价值观、信念、经验等潜移默化、主观动态和独具个人特点的无形且难以被明确表达和未编码的知识进行的知识共享。通过隐性知识共享，知识、经验和教训总结可以脱离其最初的本体（个人、团队或组织），并分享给其他主体，从而实现不同学习层面间的相互转化，因隐性知识传播没有系统化的知识库，很难将知识、经验、教训总结固化下来，所以其所产生的推动组织学习跨层级的转化速度相对缓慢。常见的正式隐性知识共享形式有总结会、交流会、反思会等；非正式隐性知识传播形式有定期或不定期的聚会、休闲区休憩谈话、周末沙龙等。

两种知识传播形式的对比详见表 4.2。

表 4.2　显性知识共享和隐性知识共享的比较

指标	显性知识共享	隐性知识共享
划分依据	知识存在形式为"显性"	知识存在形式为"隐性"
传播方式	直接、有效	间接
传播知识类型	明确、编码的知识	难以被明确表达、未编码的知识
主客观性	客观、不以人的意志为转移	主观动态
服务对象	组织日常工作	组织日常工作、组织成员精神生活

2. 知识共享的过程

迄今，学术界对于知识共享过程的研究比较热衷，该研究方向备受国内外学者的推崇。众多学者基于不同的研究视角、研究理论、研究模型对知识共享的过程进行了各具特色的阐释。

国外研究成果方面，最为著名的是 Nonaka 和 Takeuchi 构建的知识螺旋模型。该模型包括发生论和本体论两个维度。发生论解释了不同知识类型（显性知识和隐性知识）间的循环转化，即知识创造的基本过程，包括社会化（Socialization）、外部化（Externalization）、组合（Combination）、内在化（Internalization）这四个子过程。本体论强调的是知识在个人、团队、组织等不同层次上的流动和转化。① Gilbert 和 Cordey-Hayes 进一步构建了四阶段知识模型，即知识获取、知识沟通、知识应用和知识接收四个过程，并且他们通过进一步的实证研究又修正了初始模型，构建了包含"同化"过程的五阶段知识共享模型。② Baalen 等认为知识共享发生在知识提供者与知识接收者两个主体间不断沟通、不断改进、共同纠偏的反馈学习的过程中。③ 还有其他学者构建了包含多方面影响因素的模型，如 Sáenz 等构建了包含规范程序、共享推动者、共享平台、共享观念四个方面因素的知识共享模型。④ Lin 则构建了包含组织结构特征、组织文化、组织单元间相互作用三个方面因素的知识共享模型。⑤ 在此基础上，Safa 和 Solms 构建了包含内在动机、态度、感知行为控制、主观规范、组织支持五个方面因素的知识共享模型。⑥

国内研究成果方面，周晓东和项保华综合以往研究成果归纳出了三种模式的知识共享。其一，基于认识论和本体论两个维度的知识共享模型，即显性知识和隐性知识在知识主体上的循环转化过程。其二，包含知识发送者和知识接收者互动过程的信息传递知识共享模型。其三，基于知识共

---

① I. Nonaka, and H. Takeuchi, *The Knowledge-Creating Company: How Japanese Companies Create the Dynamics of Innovation* (Oxford University Press, 1995).

② M. Gilbert, and M. Cordey-Hayes, "Understanding the Process of Knowledge Transfer to Achieve Successful Technological Innovation," *Technovation* 6 (1996): 301-312.

③ P. V. Baalen et al., "Knowledge Sharing in an Emerging Network of Practice: The Role of a Knowledge Portal," *European Management Journal* 3 (2005): 300-314.

④ J. Sáenz et al., "Knowledge Sharing and Innovation Performance: A Comparison between High-tech and Low-tech Companies," *Journal of Intellectual Capital* 1 (2009): 22-36.

⑤ W. B. Lin, "The Effect of Knowledge Sharing Model," *Expert Systems with Applications* 2 (2008): 1508-1521.

⑥ N. S. Safa, and R. V. Solms, "An Information Security Knowledge Sharing Model in Organizations," *Computers in Human Behavior* 5 (2016): 442-451.

享行动和知识转移结果的知识共享模型。① 李菲菲和赵捧未则基于知识共享的个体-个体模式、个体-组织模式、组织-个体模式、组织-组织模式四种模式，提出了包含知识共享影响要素、知识主体、知识具体角色、知识客体、知识共享过程、技术支撑六大要素的知识共享参考模型。② 在此基础上，杨斌和王学东基于社会网络视角构建了包含知识提供、知识共享平台和知识吸收三个阶段的知识共享模型，且强调了网络结构和网络关系一直嵌入隐含在整个知识共享的过程中。③ 段光创新性地构建了基于团队过程的三阶段知识共享行为结构模型，分别为包含团队激励和团队共享两个维度的提供阶段，包含团队知识贡献强度和差异、团队知识搜集强度和差异四个维度的传递阶段，包含团队共享满意度、团队任务绩效和团队知识创新三个维度的产出阶段。④

以上研究表明，许多学者意识到系统研究知识共享过程的重要性，也构建了各具特色、各具意义的理论模型。然而，不容忽视的是，应用到组织学习领域的知识共享过程模型研究还较少。实际上，组织学习的过程就是组织成员不断进行知识共享和转移相互学习、相互促进的过程。为提高项目研究质量和人才培养质量，更是需要外智引联型创新团队的成员在组织学习过程中不断地进行交流互动、促进知识的共享和转移。为此，研究外智引联型创新团队的组织学习知识共享过程，对于提高引智学习的效果具有重要意义。

第三节　基于元分析的组织学习
影响因素识别

基于上述外智引联型创新团队组织学习的特征分析可知，外智引联型

---

① 周晓东、项保华：《企业知识内部转移：模式、影响因素与机制分析》，《南开管理评论》2003 年第 5 期，第 7~10 页。

② 李菲菲、赵捧未：《知识型企业的知识共享参考模型》，《情报理论与实践》2007 年第 3 期，第 302 页。

③ 杨斌、王学东：《基于社会网络嵌入性视角的虚拟团队中知识共享过程研究》，《情报科学》2009 年第 12 期，第 1768 页。

④ 段光：《基于团队过程的知识共享行为结构研究——前因及有效性》，《现代情报》2015 年第 3 期，第 8~14 页。

创新团队的组织学习是包含多个学习层次不断获取和分享知识的持续动态学习过程，但在实际组织中，组织学习的推进和学习型组织的构建会面临很多难题，且组织学习过程的效率往往较低，这说明了组织学习过程会受到多方面因素的综合影响。为更科学地构建外智引联型创新团队的组织学习机制，对外智引联型创新团队组织学习的影响因素进行解析尤为必要。

对于外智引联型创新团队组织学习影响因素的识别本书采取定量的综述研究方法，具体分析如下。第二节组织学习影响因素的回顾表明，尽管对组织学习的研究和探索起步较早，且关于外智引联型创新团队组织学习影响因素的实证研究也硕果累累，但现有研究仍然存在以下不足。其一，各研究文献针对外智引联型创新团队组织学习影响因素的解析相互独立，且大多基于不同行业背景展开分析，所以得出的结论一般不具有代表性和普遍性。其二，因为大多文献是基于特定情境展开的讨论，所以影响因素作用关系的主次和优劣存在较大差异，这就决定了因素遴选时的取舍和分配不同，导致各独立研究的结果主观性较强、比较片面。其三，因为关于外智引联型创新团队组织学习的测量标准还没有纳入统一框架，所以各研究在外智引联型创新团队组织学习关键测量指标的选取上会有较大差别，最终导致研究结论显著不同。其四，因创新网络理论在外智引联型创新团队组织学习影响因素中的研究起步较晚，所以关于各网络维度对外智引联型创新团队组织学习影响程度的结论可信度受限、说服力较弱。基于上述思考，遂需要元分析方法综合集成独立、片面和分散的研究结论来解决上述问题，以求对外智引联型创新团队组织学习的影响因素得出较科学、全面和普遍的认识。

一 研究设计

1. 研究方法

由于缺乏共同遵守的原则和步骤，且主观性较强，所以传统的文献综述方法缺乏科学的客观性特征，容易引起误导性的推断和偏差。而元分析是将零散和独立的研究结果进行归纳、总结和综合评价的一种实证研究方法，因其具有明显的客观性、真实性和可靠性优势而被广泛应用于管理学领域，所以本章采用元分析方法来整合和归纳现有关于外智引联型创新团队组织学习影响因素的实证研究。

本节运用元分析方法的具体原因在于：其一，满足元分析方法对于文献数量的要求，外智引联型创新团队组织学习影响因素的实证研究已经有很多；其二，各实证研究间的一些结论存在不一致性，这正是元分析方法擅长解决的问题。因此本书借鉴 Hunter 和 Schmidt 的元分析步骤①，采用 CMA 3.0 软件对外智引联型创新团队组织学习的影响因素进行综合分析。首先用每个研究观察到的相关系数除以相应自变量和因变量信度的平方根得到修正的相关系数，这样可以修正量表信度缺陷所导致的衰减偏差，再用其样本量对修正系数进行加权平均，最终得到样本加权平均相关系数。对于未能对信度做出估计的研究，我们则引入其余具有相同概念研究的平均信度估计值。②

2. 样本和数据

（1）文献搜索和筛选

本书的研究对象是我国外智引联型创新团队组织学习的影响因素，所以仅搜索中文文献。为尽可能地将所有国内关于外智引联型创新团队组织学习影响因素的实证文献纳入元分析的研究样本，本章运用两种方法进行文献收集：其一，在 CNKI（中国知网）数据库、万方数据检索系统、中国科技期刊（维普期刊）数据库，以及在互联网中通过多个关键词、主题词搜索于 2005～2018 年发表的期刊文献和学位论文；其二，整理与本书研究相关的书籍、硕士与博士学位论文的参考文献，并将相关文献纳入样本库。

接着，对初次筛选到的文献依据以下标准进行剔除和再次筛选：①必须为实证研究文献；②研究中必须包含组织学习和其影响因素，抑或是两者的分维度；③文献中必须有自变量与组织学习的相关系数与标准误，或者能通过计算得出相关系数的数据；④剔除描述不清和变量模糊的文献样

---

① J. E. Hunter, and F. L. Schmidt, "Dichotomization of Continuous Variables: The Implications for Meta-Analysis," *Journal of Applied Psychology* 3（1990）: 334-349.

② I. Geykens et al., "Generalizations about Trust in Marketing Channel Relationships Using Meta Analysis," *International Journal of Research in Marketing* 3（1998）: 223-248.

本；⑤为保证样本的独立性，对于期刊论文与学位论文基于同一数据库重复研究的文献，仅保留其中一项研究的效应值。经过筛选，最终得到 105 篇相关的实证研究文献，包含 112 个独立研究样本，从中总共获得了 157 个效应值，所有研究文献的累计样本总量达到 43428 个。

（2）文献编码

在确定纳入元分析研究的相关文献后，需要对数据进行编码，包括研究特征和效应值的编码。研究特征层面的编码包括作者、出版年份、相关变量、文献来源、样本量、组织学习维度及其测量方式。效应值层面的编码包括研究变量间的相关系数及其显著性水平、自变量和因变量的信度 Cronbach's α 值。由于数据提取和统计的工作量较大，为保证编码具有较高的一致性，同时由三名研究生进行独立编码，首次编码完成后进行交叉核对，对于不一致的结果通过回溯原文和讨论达成共识。

二　分析结果

1. 发表偏倚

发表偏倚是元分析中需要重点考虑的问题。一般情况下，存在显著性的研究结果更有可能被发表，所以已被发表的文献可能夸大了研究变量之间的真实相关关系，而未被发表的研究或许可以提供更精确的估计。漏斗图、失安全系数和 Egger 检验方法是用于判断是否存在发表偏倚的三种常用方法。本书采用 Egger 检验方法，该方法的思想是检验截距项和 0 是否存在显著差异，是从定量角度进行检验的一种方法。[①] 因为本章对外智引联型创新团队组织学习影响因素的元分析研究了多种变量间的关系，所以将分别对每个变量关系进行独立的发表偏倚检验，具体结果见表 4.3。依据 Egger 检验的原理，每个变量关系的发表偏倚系数显著性检验 p 值都大于 0.05。这表明截距项和 0 无显著差异，所以本书所选择的文献不存在发表偏倚问题。

---

① 李靖华、常晓然：《基于元分析的知识转移影响因素研究》，《科学学研究》2013 年第 3 期，第 394~406 页。

表 4.3 外智引联型创新团队组织学习影响因素的元分析结果

影响因素		相关变量	K	N	Q检验		合并效应值及95%CI			z检验		发表偏倚	
					Q值	p值	点估计r	上限	下限	z值	p值	系数	p值
前因	个人特征	个人经验	8	1764	157.847	0.000	0.366	0.153	0.546	3.279	0.001	−2.150	0.785
		自我效能感	10	4111	531.713	0.000	0.685	0.534	0.793	6.785	0.000	12.712	0.190
		组织认同	11	4615	629.448	0.000	0.592	0.416	0.726	5.596	0.000	12.103	0.095
	团队特征	知识共享	8	2191	498.048	0.000	0.553	0.256	0.755	3.378	0.001	−14.536	0.271
		团队氛围	10	3647	387.715	0.000	0.729	0.610	0.825	8.350	0.000	4.824	0.611
		信任	9	3303	331.213	0.000	0.586	0.419	0.714	5.851	0.000	6.026	0.529
	组织特征	组织文化	13	2992	587.557	0.000	0.648	0.474	0.774	5.859	0.000	4.023	0.612
		组织结构	5	1032	7.213	0.125	0.487	0.421	0.547	12.560	0.000	−0.324	0.970
	组织间特征	创新网络	11	2486	82.017	0.000	0.457	0.361	0.544	8.393	0.000	−5.637	0.195
		组织环境	17	3589	206.513	0.000	0.423	0.320	0.516	7.403	0.000	−2.705	0.686
结果		组织绩效	32	7496	650.722	0.000	0.626	0.558	0.686	12.665	0.000	1.142	0.745
		组织创新	23	6202	572.427	0.000	0.590	0.499	0.668	10.259	0.000	−2.123	0.607

注：K 表示效应值个数，N 表示样本数。

2. 异质性检验

异质性检验又称同质性检验，用于判定多个研究之间是否同质，并根据检验结果选择合适的统计模型，是合并效应值假设检验的前提。本书采用应用广泛的 Q 检验方法，具体分析结果见表 4.3。由表中数据可以看出，除组织结构与外智引联型创新团队组织学习的 Q 值不显著外，其余所收集的研究数据间都存在一定的异质性（p<0.05），即可能存在一些调节因素影响各研究变量关系的强弱，具体调节作用分析见下文。通常有两种处理方式来处理效应值异质问题：其一，删除极端效应值，直至达到同质再采用固定效应模型进行分析；其二，直接采用考虑研究内和研究间变异的随机效应模型进行分析。因各研究同质时，固定效应模型和随机效应模型的计算结果是一样的，所以本书选用随机效应模型进行分析。

3. 组织学习的前因与结果分析

根据随机效应模型计算的整体元分析结果见表 4.3 中合并效应值及 95%CI 下的数据。由表中数据可知，在个人特征中，个人经验（$r=0.366$；$p<0.01$）与外智引联型创新团队组织学习之间存在显著正相关关系，这种效应值可标记为中等强度[1]，自我效能感（$r=0.685$；$p<0.001$）和组织认同（$r=0.592$；$p<0.001$）与外智引联型创新团队组织学习之间存在较大强度的显著正相关关系。同时，本书结果还显示自我效能感对外智引联型创新团队组织学习的影响要大于组织认同。

在团队特征中，无论是知识共享（$r=0.553$；$p<0.01$）、团队氛围（$r=0.729$；$p<0.001$）还是信任（$r=0.586$；$p<0.001$），与外智引联型创新团队组织学习之间都具有较大强度的显著正相关关系。通过比较分析发现，团队氛围对外智引联型创新团队组织学习的影响在所有影响因素中最大，这显示出良好的团队氛围对组织学习是非常重要的。另外，总体上团队特征对外智引联型创新团队组织学习的影响要大于个人特征和组织特征，这表明团队学习是外智引联型创新团队组织学习的基本单元和关键环节。

在组织特征中，组织文化（$K=13$；$N=2992$）与外智引联型创新团队组织学习的关系被广泛研究，本书证实了组织文化（$r=0.648$；$p<0.001$）

---

① R. S. White, "Working Knowledge: How Organizations Manage What They Know," *The Journal of Technology Transfer* 4（2001）: 396–397.

与外智引联型创新团队组织学习之间具有较大强度的显著正相关关系，这说明组织文化所形成和创造的具有本组织特色的精神理念对外智引联型创新团队组织学习具有促进作用。同时，组织结构（$r = 0.487$；$p < 0.001$）与外智引联型创新团队组织学习之间具有中等偏上强度的显著正相关关系。另外，本书结果还显示组织文化对外智引联型创新团队组织学习的影响要大于组织结构。

在组织间特征中，创新网络（$r = 0.457$；$p < 0.001$）与外智引联型创新团队组织学习之间具有中等强度的显著正相关关系。在所有外智引联型创新团队组织学习的前因研究中，组织环境的研究数较多（$K = 17$；$N = 3589$），可见组织环境对外智引联型创新团队组织学习影响的重要性，而不同实证研究得出的该变量对外智引联型创新团队组织学习影响的强弱程度是不一致的，但本书利用元分析从宏观角度定量证实了组织环境（$r = 0.423$；$p < 0.001$）能积极促进外智引联型创新团队组织学习，这奠定了组织环境在外智引联型创新团队组织学习中的重要地位。另外，本书结果还显示，创新网络比组织环境对外智引联型创新团队组织学习的影响更大。

除了外智引联型创新团队组织学习的前因以外，本书也证实了与外智引联型创新团队组织学习结果相关的假设。本书得出的结论是，外智引联型创新团队组织学习与组织绩效（$r = 0.626$；$p < 0.001$）和组织创新（$r = 0.590$；$p < 0.001$）之间都有着较大强度的显著正相关关系。

4. 调节作用分析

（1）调节变量

表 4.3 中异质性检验的结果表明各研究间存在不同程度的异质性，也就是说外智引联型创新团队组织学习与各影响因素之间的关系受到某些潜在调节变量的影响。元分析的调节变量与一般的来源不同，是从现有文献中编码出来的。[①] 总的来说，这些调节变量可以被分为以下两种类型：其一，测量因素，如外智引联型创新团队组织学习的维度数量等；其二，研究所处的情境因素，如文献发表时间、行业特征等。在对纳入元分析的文献进行仔细整理后，因得到的 105 篇文献中能够应用同一变量进行调节分

---

① 林枫等：《企业创业导向与组织绩效关系的元分析》，《科研管理》2011 年第 8 期，第 81 页。

析的研究较少，我们仅总结出如下两种可能影响外智引联型创新团队组织学习与其各影响因素之间关系的调节变量。

第一，测量因素——组织学习维度数量。关于组织学习的维度数量，大多数研究认为外智引联型创新团队组织学习包含利用式学习和探索式学习两个维度或者学习承诺、共同愿景和开放心智三个维度，也有部分研究认为外智引联型创新团队组织学习还包含其他维度，如知识传递与整合、系统观点等，甚至还有研究认为外智引联型创新团队组织学习是一个不可分割的整体，并未对外智引联型创新团队组织学习进行分维度讨论。换言之，外智引联型创新团队组织学习的维度数量在不同研究中不尽相同，而不同数量的维度可能影响外智引联型创新团队组织学习的强度和方向。

第二，情境因素——数据收集年份。关于外智引联型创新团队组织学习与其各影响因素之间关系的主要争论焦点在于研究方法是否科学、研究数据是否真实等方面。有鉴于此，我们关注到数据收集的年份不仅能够揭示出各变量之间关系的发展趋势，还可以揭示出组织环境的变化。近几年，随着知识竞争的日益激烈和组织变革与发展的迫切需求，组织为提高竞争力和基业永驻比以往任何时候都迫切需要组织学习。

（2）调节作用的分析结果

为进一步分析调节变量的作用，本书采用亚组分析法来检验调节变量的作用，该方法的判定准则是比较合并效应值的95%CI是否重叠，如果不重叠，则说明亚组间效应值具有很大差异，影响关系的潜在调节变量即为此分类变量。[①] 具体结果见表4.4。

由表4.4可知，除了组织学习维度数量明显调节外智引联型创新团队组织学习与组织创新的关系以及数据收集年份明显调节自我效能感对外智引联型创新团队组织学习的影响外，尽管其他因素与外智引联型创新团队组织学习的相关关系也有明显差别，但是其95%CI都有不同程度的重叠，说明这两个调节变量对它们的调节作用都不明显。需要注意的是，不能排除由于纳入元分析的文献数量较少而带来的调节作用不明显这一可能性。

---

① J. E. Hunter, and F. L. Schmidt, "Methods of Meta-Analysis: Correcting Error and Bias in Research Findings," *Evaluation & Program Planning* 3 (2006): 236-237.

表 4.4 调节作用的分析结果

影响因素		相关变量	组织学习维度数量	K	N	合并效应值 95%CI			数据收集年份	K	N	合并效应值 95%CI		
						r	上限	下限				r	上限	下限
前因	个人特征	个人经验	2个及以下	6	1002	0.310	0.010	0.560	2012 年以前	4	1072	0.346	0.089	0.559
			3个及以上	2	762	0.511	0.161	0.747	2012 年及以后	4	692	0.385	−0.037	0.691
		自我效能感	2个及以下	4	1245	0.742	0.533	0.845	2012 年以前	5	2414	0.516	0.446	0.580
			3个及以上	6	2866	0.656	0.415	0.811	2012 年及以后	5	1697	0.800	0.626	0.898
		组织认同	2个及以下	7	1944	0.539	0.392	0.659	2012 年以前	6	2964	0.571	0.239	0.783
			3个及以上	4	2671	0.674	0.265	0.877	2012 年及以后	5	1651	0.617	0.505	0.708
	团队特征	知识共享	2个及以下	3	1120	0.706	0.122	0.927	2012 年以前	2	878	0.747	−0.080	0.965
			3个及以上	5	1071	0.432	0.267	0.572	2012 年及以后	6	1313	0.464	0.303	0.600
		团队氛围	2个及以下	4	1225	0.704	0.526	0.823	2012 年以前	3	787	0.772	0.272	0.944
			3个及以上	6	2422	0.744	0.562	0.858	2012 年及以后	7	2860	0.709	0.598	0.793
		信任	2个及以下	3	1435	0.424	0.355	0.489	2012 年以前	2	1277	0.396	0.349	0.441
			3个及以上	6	1868	0.646	0.430	0.792	2012 年及以后	7	2026	0.631	0.437	0.769

续表

影响因素	相关变量	组织学习维度数量	K	N	合并效应值95%CI			数据收集年份	K	N	合并效应值95%CI		
					r	上限	下限				r	上限	下限
前因 组织特征	组织文化	2个及以下	3	862	0.611	0.336	0.790	2012年以前	9	2347	0.561	0.317	0.736
		3个及以上	10	2130	0.659	0.426	0.810	2012年及以后	4	645	0.795	0.625	0.892
	组织结构	2个及以下	2	262	0.512	0.295	0.753	2012年以前	3	812	0.493	0.423	0.715
		3个及以上	4	770	0.579	0.322	0.817	2012年及以后	2	220	0.732	0.612	0.805
组织间特征	创新网络	2个及以下	6	1116	0.395	0.297	0.485	2012年以前	5	1389	0.458	0.303	0.589
		3个及以上	5	1370	0.521	0.386	0.635	2012年及以后	6	1097	0.456	0.320	0.574
	组织环境	2个及以下	8	1924	0.420	0.244	0.569	2012年以前	9	1747	0.361	0.210	0.495
		3个及以上	9	1665	0.425	0.297	0.537	2012年及以后	8	1842	0.487	0.352	0.602
结果	组织绩效	2个及以下	11	2993	0.598	0.508	0.675	2012年以前	19	4685	0.658	0.567	0.733
		3个及以上	21	4503	0.640	0.543	0.720	2012年及以后	13	2811	0.575	0.471	0.664
	组织创新	2个及以下	11	2638	0.422	0.290	0.539	2012年以前	10	3356	0.614	0.512	0.699
		3个及以上	12	3564	0.706	0.629	0.770	2012年及以后	13	2846	0.571	0.412	0.696

三 结果讨论与拓展

1. 结果讨论

首先，从外智引联型创新团队组织学习的层次来看，个人学习、团队学习、组织学习和组织间学习对外智引联型创新团队组织学习均具有促进作用。出现此结果的原因是，个人学习基于个人对组织愿景认同的以及自我效能感的激发，并结合任务目标和个人经验不断提升个人能力、丰富个人知识储备，进而夯实组织的智力支持，促进外智引联型创新团队的组织学习。个人知识通过知识共享转化为团队集体知识，健康融洽的团队氛围、基于了解等建立的信任关系都有助于团队减少冲突、开发新想法和新创意，积极促进团队学习。为了整个组织都能受益于团队学习和个人学习的成果，必须通过制度将之转化为组织知识，而组织文化有助于个人和团队对组织知识潜移默化地吸收。另外，竞争日益激烈的组织环境、与其他组织的联盟和合作以及组织较高的网络中心度都有利于组织获取更多优势资源和渠道信息，进而促进外智引联型创新团队的组织学习。

其次，从结果的显著性和影响大小来看，个人特征中的个人经验、自我效能感和组织认同都对外智引联型创新团队组织学习具有显著正向影响。同时，我们还发现自我效能感和组织认同对外智引联型创新团队组织学习的影响是很大的，可见自我效能感和组织认同在外智引联型创新团队组织学习中具有重要作用。原因可能在于，自我效能感决定了一个人面对困境时的态度，自我效能感强的人，具备更强的学习意愿和学习动力，会基于个人经验把握时机、发现不足进行有效学习，从而提高自身知识的全面性和不可替代性，在组织中实现个人价值，增强对组织的认同感。而组织认同能使组织成员去个性化，自愿接受组织的使命愿景和核心价值观，与组织保持同呼吸、共命运的感知，将组织目标内化为自身工作目标，遵守组织纪律和章程，即使没有人监督，也会主动去学习和完成任务，从而有利于组织知识的获取和绩效的提升。

在团队特征中，知识共享、团队氛围和信任均对外智引联型创新团队组织学习具有积极显著影响。一方面，我们发现团队特征对外智引联型创新团队组织学习的影响在四个影响层次中最大。这与大多数传统研究结果是一致的，出现此结果的原因是，团队是组织的关键构成单元，承接着个人和组织，团队学习有助于提高组织的整体竞争力、动态适应能力以及组织目标的达成，在很大程度上会直接或者间接地影响组织整体学习。另一方面，团队氛围对外智引联型创新团队组织学习的影响要大于知识共享和信任。原因可能在于，良好的团队氛围有助于增强团队成员的心理安全感，在团队成员心理安全的情况下，团队成员知道自己在学习过程中少有困扰、拒绝或者惩罚，更愿意相互帮助、相互尊敬和信任对方，把自己的知识经验与他人分享，进而促进团队整体学习。[①]

在组织特征中，组织文化和组织结构对外智引联型创新团队组织学习都具有正向影响，但组织文化的影响要大很多，可见优秀组织文化的塑造在外智引联型创新团队组织学习中具有重要作用。组织文化对外智引联型创新团队组织学习影响较大是因为组织文化犹如纽带将组织成员紧紧地联系起来，使各成员产生强烈的归属感和心理安全感，从而塑造、规范和引导员工的态度、意志与行为，强化组织成员间的合作，激发组织内成员工作和学习的积极性，进而促进组织学习的产生和提升。

在组织间特征中，创新网络和组织环境均对外智引联型创新团队组织学习具有积极正向作用。我们还发现，创新网络对外智引联型创新团队组织学习的影响要稍大于组织环境，原因可能在于随着组织环境竞争的日益激烈，知识资源已成为竞争的关键利器，而组织合作的目的就在于学习，通过合作学习组织可以聚集资源，分担风险，实现优势互补，建立关系网络，确立网络地位，进而提高自身的灵活性和适应环境的能力。

在组织学习的结果方面，以前的研究认为外智引联型创新团队的组织学习有利于提高组织的核心竞争力和长远发展能力，因此，外智引联型创新团队组织学习对组织绩效具有重要影响。[②] 我们所做的元分析也证实了这些积极的影响：组织学习不仅能够提升组织绩效，还可以提升组织创新

①　A. Edmondson, "Psychological Safety and Learning Behavior in Work Teams," *Administrative Science Quarterly* 2 (1999): 350-383.

②　P. J. Lane et al., "Absorptive Capacity, Learning, and Performance in International Joint Ventures," *Strategic Management Journal* 12 (2010): 1139-1161.

能力。还需要说明的是，组织创新过程与外智引联型创新团队组织学习过程具有交互对应的内在联系，组织创新的诊断、创新设计、方案实施和创新评价阶段分别与外智引联型创新团队组织学习的发现、发明、执行和反馈阶段相呼应①，可见外智引联型创新团队的组织学习对组织创新能力的提升具有重要作用。

在对外智引联型创新团队组织学习的影响因素进行分析时，我们发现各研究间存在异质性。在分析异质性来源时还发现情境因素——数据收集年份以及测量因素——组织学习维度数量对元分析结果存在一定的调节作用，但作用并不明显，这种结果可能受纳入元分析研究文献数量较少的影响，也说明还有其他调节变量的存在。整体来说，本节利用元分析方法研究外智引联型创新团队组织学习的影响因素，揭示了众多实证研究成果中潜藏的内在规律，对外智引联型创新团队组织学习的实证文献量化总结分析研究起到一定的推动作用。

2. 结果拓展

由于元分析方法针对的是现有文献中被广泛应用并且具有相似一致性概念的影响因素，没有包括全部研究，为更加全面地分析外智引联型创新团队组织学习的影响因素，本书进一步对部分研究进行总结分析②，梳理出如下几方面的影响因素。

（1）包容度

在个人学习方面，个人的包容度也会影响外智引联型创新团队的组织学习。一方面，外智引联型创新团队是由西部高校人才和外部优秀人才凝聚而成的创新研究群体，地域性的差异会引起创新团队中的成员不自觉地

---

① L. Yu et al., "Research on Task Decomposition and State Abstraction in Reinforcement Learning," *Artificial Intelligence Review* 2 (2012): 119-127.

② R. Viljoen, "Inclusive Organizational Transformation," *Office Automation* 3 (2014): 27-34; U. N. Sio et al., "Analyzing the Effect of Team Structure on Team Performance: An Experimental and Computational Approach," *Journal of Microbiology* 5 (2017): 729-740; 王丽平、狄凡莉：《创新开放度、组织学习、制度环境与新创企业绩效》，《科研管理》2017 年第 7 期，第 98 页；H. Stokvik et al., "Tacit Knowledge, Organizational Learning and Innovation in Organizations," *Problems & Perspectives in Management* 3 (2017): 246-255; P. Zappa, and G. Robins, "Organizational Learning across Multi-Level Networks," *Social Networks* 2 (2016): 295-306。

展露出排他心理，影响双方的合作动机和意愿，进而影响其组织学习的质效，而越高的个人包容度则越会降低这种不兼容的状态，加速团队成员间的相互协作与沟通学习。另一方面，在外智引联型创新团队成立之初，团队合作既没有团队文化规范也没有组织制度保障，临时选调的具有不同基础的团队成员对彼此的合作动机、心理预期和能力水平都不甚了解，信任主要是建立在第一印象和过去经验基础上的谋算型信任。[①] 在此种情形下，合作中的团队成员以他人的努力程度、行为方向及自身的能力水平为行动取向，往往等他人采取实质性的努力和付出后才会共享知识、互惠互利，从而进入合作状态[②]，所以此时外智引联型创新团队的互动是边缘化、利益化、松散化的，而个人较高的包容度则有助于降低创新团队成员间的不信任程度、合作风险预期以及自私心理，提高个人的努力程度，促进外智引联型创新团队组织学习的开展。另外，外智引联型创新团队的关键合作要素是知识，而知识的无形性和难以计量性的特点也使得团队成员的合作意愿与合作行为表现之间的矛盾变得尤为突出。而包容的心理则有助于团队成员减少对合作伙伴投入知识多少的关注与质疑，进而投入更多的智力和技能资本进行合作学习与知识创新。

（2）团队结构

在团队学习层面，团队结构亦是影响外智引联型创新团队组织学习的关键因素。外智引联型创新团队内部不仅存在不同明晰程度的上下级结构、师徒间的并行结构以及认知层次并存的主体间结构，而且存在角色形成、交互、转换结构，技能互补、异质、配置结构，任务串行、并行、混合结构，沟通的上行和下行结构等客体间的差异化结构[③]，因此外智引联型创新团队具有明显的结构化属性，结构组合繁杂多样，辨析并匹配外智引联型的团队结构对于组织学习效率的提高具有重要作用。

团队的角色结构是团队结构的重要维度。在外智引联型创新团队中，

---

① 王重鸣、邓靖松：《团队中信任形成的映象决策机制》，《心理学报》2007 年第 2 期，第 326 页。

② M. Bierwerth et al., "Corporate Entrepreneurship and Performance: A Meta-Analysis," *Small Business Economics* 2 (2015): 255-278.

③ 许成磊、段万春：《有层次类型创新团队的关键客体界面识别》，《研究与发展管理》2015 年第 2 期，第 121~128 页。

不同成员扮演着不同的角色，以团队结构合理性为主要考察维度，当缺乏某些角色时，易于出现角色缺失现象；当角色不明确时，易于出现角色模糊现象；当某些成员同时充当两个或者两个以上角色时，易于出现角色冲突、目标相悖现象；当初始角色存在较大调整空间时，易于出现角色错位现象。① 以上都会影响组织学习的有效开展。团队的技能结构也是团队结构的重要维度，是团队成员所具备技能的集体特征。在外智引联型创新团队中，不同的任务属性往往对应了差异化存在的执行子团队，由于任务执行需求存在差异，因此团队层次间的纵向协作较差、联系往往较少，而团队横向以及团队内部的协调性较高。在面临差异化任务情境的条件下，基于成员技能范围、熟练度、创新意识等不同属性而开展的内部协调，能够形成技能互补、技能异质、技能配置等多样化的技能结构，而技能互补状态、技能异质程度、技能配置水平等对外智引联型创新团队的组织协同学习过程能够产生差异化的重要影响。团队的任务结构亦是团队结构的重要维度，团队活动总是为了或基于一定的任务而展开的，团队成员不仅构成了团队功能的基本单位，而且也构成了团队任务的基本单位，而任务的规划与配置则把团队个体通过协作关系聚集为具有管理意义的整体。由于外智引联型创新团队交互关系的结构较为复杂，信息沟通速度较慢，所以在不同的任务情境下，如果团队不能够及时形成以问题为导向的合作框架，则不利于外智引联型创新团队形成协同学习的整体。

（3）组织制度

在组织学习层面，组织制度是指组织机构的各种规章、流程、管理办法等。外智引联型创新团队是各种资源的融合体，通过策略性或战略性选调具有不同技能、不同专业知识和背景的成员，以推动资源共享、建立临时秩序、增进相互协作的形式共同完成任务。由于合作攻关过程中必然存在地位不对等、预期不一致、信息不对称等"非协调"问题，团队成员间普遍存在不平等关系，所以合理的管理办法、适当的激励措施、分明的奖惩措施、相对公平的考评机制、快速流畅的反馈机制等的制定或构建是非

---

① S. Susanne et al., "Uncertainty in the Workplace: Examining Role Ambiguity and Role Conflict, and Their Link to Depression—A Meta-Analysis," *European Journal of Work & Organizational Psychology* 1 (2014): 91-106.

常必要的。这就体现了组织制度对外智引联型创新团队组织整体学习的重要作用。合理组织制度的构建有利于消除成员间的摩擦，降低成员间的不公平感，促进团队氛围和谐进而促进组织学习。具体来说，金钱、荣誉、地位等物质和精神方面的双重激励有助于激发团队成员的学习斗志，提高其自我效能感，让其更好地学习；是非分明的奖惩措施以及公平的考评机制有助于消除团队成员因不公平的对待而带来的消极心理，也为团队成员明辨是非树立明确标杆；对于团队内部及外部出现问题的监督和反馈机制不到位，处理问题的延迟甚至未发觉，只会造成团队成员的不满，团队任务的失败或低质量完成，不利于组织学习；合理的人员轮换制度有助于增加团队成员的感情，降低负面情绪，促进组织和谐。所以，合理的组织制度不论是对于解决团队成员地域等背景的差异带来的问题还是降低团队成员的不平等性，抑或是充分利用团队成员的集成性都有重要作用，同时也是外智引联型创新团队组织学习的过程中应该考虑的重要因素。

（4）知识模糊性

在组织间学习层面，外智引联型创新团队的组织间学习是西部高校与其他科研机构、企业等建立合作关系并从中不断获取和吸收知识的过程，在该知识共享和转移的合作学习过程中，知识的模糊性具有不可忽视的作用。有研究已经表明，该知识模糊性主要包含三个方面：内隐性、可表达性、因果模糊性。[①] 内隐性是指知识内嵌于知识源、管理和工具中致使知识难以被表达或难以被编码和累积的程度。可表达性是指知识可以用文字、语言、传播媒介或者其他方式表达出来的程度。因果模糊性是指知识共享行为和知识转移结果之间因果联系的不确定性，这些不确定性与知识的构成和来源以及两者的交互作用、合作伙伴的保护程度、文化距离等因素相关。知识模糊性产生于要共享和转移的潜在知识的内隐性、默会性、专属性、可表达性和复杂性等的协同效应中。

尽管知识模糊性有助于高校、科研院所等组织核心资源免遭竞争对手的模仿和抄袭，但同时也阻碍了知识在合作组织间的共享和转移。因为知识内隐性、可表达性以及因果模糊性使知识的内嵌性和粘滞性较高，难以被表

---

① B. L. Simonin，"Ambiguity and the Process of Knowledge Transfer in Strategic Alliances," *Strategic Management Journal* 7（2015）：595-623.

达、转移和共享，这就既需要知识提供组织为清晰地传递与表达经验、技能和想法做出努力，也需要知识接收组织反复思考、仔细斟酌，为能够更好地领悟知识倾尽全力。由于解释、传达、接收和了解具体的知识都需要花费时间，这就限制了组织间学习过程中知识的成功传授与分享。所以，组织间学习的知识越是具有因果模糊性、内隐性和复杂性，知识的可表达性就越弱，知识就越难以被编码，高效的组织间学习也就越难。因此，知识模糊性对外智引联型创新团队组织间学习的知识转移具有负面影响。

第四节　组织学习机制设计
与最优机制选择

通过前文讨论，个人学习、团队学习、组织学习和组织间学习彼此间紧密联系是开展组织学习缺一不可的 4 个环节，每一个环节都受到众多因素的影响，共同构成了外智引联型创新团队组织学习活动的全过程。在组织协同学习的过程中，它们共同构成了外智引联型创新团队组织系统学习的协同要素，这些要素内部以及要素间的耦合效应对组织学习效果的提升具有难以估量的作用①，所以对外智引联型创新团队组织学习的协同机制进行研究尤为必要，具有重要的实践研究价值及理论研究意义。基于前文分析，本章提出了一个包含组织跨层级学习的知识共享过程模型（见图4.3）的复合外智引联型创新团队组织协同学习模型（见图4.4）。该模型的前提假设是外智引联型创新团队中存在学习行为，外智引联型创新团队的组织学习是一个过程协同的系统，识别其推动因素以及阻碍因素，并将之与外智引联型创新团队组织学习过程协调匹配，它会运行得更好。从本质上来说，外智引联型创新团队的组织学习是一个过程（动），但该动态过程是要以匹配外智引联型组织学习影响因素为保障（静）的，因此整体上来看，外智引联型创新团队的组织学习是"动"和"静"的整合与协同过程，缺失了"动"的过程，外智引联型创新团队的组织学习就失去了它

---

① K. A. Bruffee, "Collaborative Learning and the Conversation of Mankind," *College English* 46 (2010): 635-652.

本质的含义，缺失了"静"的促进和推进作用，"动"的主体学习过程也会受到限制。

一　组织跨层级学习的知识共享过程模型

由图 4.3 可知，外智引联型创新团队组织学习不同层级间的转化不是简单的点、线、面式的作用关系，而是不同层级间相互重叠、相互循环转化、层次互补和立体动态的知识共享过程。在该知识共享过程中，组织中个人与个人之间相互作用会产生类似于磁场既会叠加又会抵消的影响力，综合团队内部各个人影响力向量聚成了团队对团队外部的影响力。而作为组织学习基本单元的团队，其学习效率又会在很大程度上直接或间接地影响组织整体学习效率。① 基于上述思考，本章构建了外智引联型创新团队组织跨层级学习的知识共享过程模型，具体见图 4.3。在现实的组织内部结构中成员是不定且多样化的，本章仅以 8 名成员为例来探讨外智引联型创新团队组织跨层级学习的知识共享过程模型。其中成员 1、成员 2、成员 3、成员 4 构成了知识提供团队，成员 5、成员 6、成员 7、成员 8 构成了知识接收团队。

首先，从外智引联型创新团队组织学习的主体来看，外智引联型创新团队组织知识共享的过程由个人开始，在团队内部各团队成员间保持着紧密的联系，而理性状态下该联系方式呈网络结构的特点，在该网络结构背景下，外智引联型创新团队内部各成员间进行着显性知识与隐性知识的不断交换、更新和共享，最终影响团队整体知识的构成。随着外智引联型创新团队内部知识流的形成，团队内部各成员间通过相互作用产生对团队外部类似于磁场的无形影响力，该影响力并不是团队中个人影响力的简单加权算术和，而是团队内部个人影响力相互作用下的综合效应，该效应既可能是叠加效应，也可能是削减效应，比如团队内部各成员都具有较强的影响力，但是团队管理机制不完善等问题的存在带来了过大的削减效应，从而使团队的综合效应大幅度降低。团队与团队间的相互影响实现了外智引

---

① Y. Engeström, and H. Kerosuo, "From Workplace Learning to Inter-Organizational Learning and Back: The Contribution of Activity," *Journal of Workplace Learning* 6 (2007): 336-342.

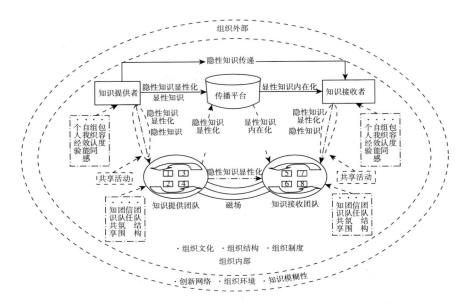

图 4.3 外智引联型创新团队组织跨层级学习的知识共享过程模型

联型创新团队个人学习到团队学习的转化。进一步地，多种形式的团队与团队间复杂的知识转换过程，使组织完成整体知识共享，实现团队学习向组织学习的转化。随着团队间知识流的形成，组织内部会向组织外部折射出组织内各团队间综合影响力的效应值，且组织内部知识流动效率越高，组织对其外部会产生越强的影响力。经过以上过程，外智引联型创新团队组织各学习层级间的知识转化共享得以全面实现。

其次，从外智引联型创新团队知识共享的基本过程来看，基于知识存在形式的不同，可将外智引联型创新团队组织跨层级学习的知识共享过程分为显性知识共享和隐性知识共享两个子过程。显性知识共享过程可从以下三个层面进行描述：其一，由知识提供者（8 名成员中的任意一个个体）即原知识学习主体，通过组织所提供的传播平台将自身所具备的显性知识或者显性化后的隐性知识与知识接收方共享，知识接收者即新学习主体，根据自身的角色定位、技能储备和任务特征对其进行消化、吸收与共享；其二，知识提供者将显性化后的隐性知识通过团队筹划的各类共享活动以可视化的形式与团队中其他成员共享，并通过师徒制、授课、演讲等方式使知识接收者消化、吸收；其三，由知识提供团队或知识接收团队通过传播平台间接或者直接地将可显性化的隐性知识解码后与组织内部的其他团队共享。隐性知识共享过程可从以下两个层面进行描述：其一，由知识提供方即知识原主体出发，通过与知识接收方面对面的交流将自身所储备的隐性知识与知识接收方共享；其二，知识提供者将自身所具备的隐性知识通过团队组织和筹划的各类共享活动以实践的方式带动与团队其他成员进行共享学习。

最后，从外智引联型创新团队组织学习影响因素的作用关联来看，主要有以下方面。第一，知识提供、知识传递、知识接收以及组织环境的影响共同构成了外智引联型创新团队组织跨层级学习知识转化的全过程。第二，知识提供阶段，知识提供者或知识提供团队在内部整体团队氛围、组织认同激励等背景的带动下，基于自身的包容度将自己所具备的技能和知识经验等在一定程度上与其他成员或者其他团队共享。第三，知识传递阶段，作为知识提供方与知识接收方的连接桥梁，知识内隐性、可表达性以及因果模糊性阻碍了组织不同学习层级间的转化和传递，是外智引联型创新团队组织学习过程中应该尽量避免的要素。第四，知识接收阶段，知识接收者或者知识接收团队在组织整体文化的熏陶下潜移默化地产生通过学习实现个人成就的自我效能感，进一步会基于对知识提供者或知识提供团队的信任，团队的角色分工和任务分配等对知识传递阶段传播而来的新知识进行不同程度的消化和吸收。第五，组织环境的不确定性以及创新网络的复杂性有助于激发、改进和反馈外智引联型创新团队的组织内部学习，不断获取新鲜血液，紧跟时代发展步伐，提高组织整体的动态适应能力和持续竞争力。

二　外智引联型创新团队组织学习机制的设计方案

基于上文分析可知，外智引联型创新团队的组织学习系统可以被刻画为多层面进行动态转化和集体互动学习的整体协同系统。其中个人学习、团队学习、组织学习以及组织间学习共同构成了该协同系统结构的全部子系统，结合上文构建的外智引联型创新团队跨层级学习的知识共享过程模型，本节构建了如图 4.4 所示的连续、动态、完整的复合组织协同学习模型。

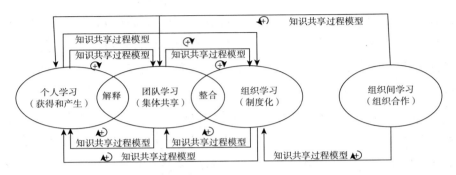

图 4.4　外智引联型创新团队的组织协同学习模型

1. 外智引联型创新团队组织协同学习的层次

从组织协同学习的层次来看，个人学习、团队学习、组织学习和组织间学习共同构成了外智引联型创新团队的组织协同学习系统。个人协同学习是指外智引联型创新团队中的个人在相互交流、相互包容和工作攻关中发现自身存在的缺点与不足，催化和提升自我效能感，进而通过各种学习方法和手段进行获取和产生新知识、新技能，以降低组织智力资本，提升学习效果的协同过程。外智引联型创新团队中包括博导、硕导、博士研究生、硕士研究生、高级工程师等高知识群体，团队具有很高的知识素养，很多团队成员在其熏陶和感染下受益良多，比如正确的学习方法、持久的学习精神等，外智引联这一属性为该组织协同学习系统中的个人学习提供很好的契机、条件。个人学习是组织学习发生的基础，即只有个人学习上升到组织学习，并传播于组织供团队其他成员吸收和共享才能称之为组织学习，而个人学习获得和产生的个人经验和能力在团队合作完成科研项目的过程中得以有效展现和发挥，又可以通过上文阐释的跨层级转化过程提升团队学习和组织学习。但由于该类群体中的成员存在地域性差异且成员关系较灵活，个人协同学习时组织应注意培养具有包容性、接纳能力的组织文化，同时营造良好的团队氛围，以降低团队成员间的排斥力，协同团队中多类主体间的关系。

外智引联型创新团队的团队协同学习是指团队成员基于团队信任和集体共享达成共识，采取合作行动利用团队能力合理配置团队的角色结构、技能结构、任务结构等完成科研任务和提高人才培养质量的协同过程，即团队能力与团队结构协同的过程。外智引联型创新团队具有不同于一般意义上包括常规正式组织中存在的人员、职能、业务等具体管理模块的团队结构，其团队结构同时在结构完备性及边界可融合性方面具备差异内涵。其中，结构完备性是指，组织为承担或实现一定管理功能、绩效应具备的全部相关人员、职能和业务内容，表现为结构维度、要素种类、要素数量与关联等方面的系统性；边界可融合性是指，反映团队结构内涵要求的各类要素集合间所具有的功能、绩效与影响的可交互属性。这种差异内涵具体表现为外智引联型创新团队人员角色关联复杂、职能杂合程度高、知识创新要求高。由于外智引联型创新团队在人员、职能、业务等方面呈现突出的"缺口"、"交互"与"融合"特性，因此外智引联型创新团队的团队学习协同度集中体现为创新能力和知识资源的融合水平，即协同视角下"能力本体与能力功能的统一"，其中能力本体即由团队成员、角色结构、成员异质性、共同任务目标、团队信任、团队氛围等资源组成的系统，能力功能即由团队融合运用知识资源系统完成某些任务以实现团队科研目标的能力。① 该团队协同学习过程是外智引联型创新团队组织学习的重要载体，通过团队结构的优化配置，全面提升个人学习能力，降低组织智力资本和管理成本，为优秀团队的打造奠定坚实的基础。同时，开展团队学习、合理配置团队结构、充分利用团队能力亦可塑造良好的团队氛围，又可以通过组织学习的跨层级转化过程进一步提升个人学习和组织学习的效果。所以，团队学习是外智引联型创新团队提升整体学习效果、获得持久竞争优势、提高科研水平和人才培养质量的核心环节，构建团队学习在团队结构与团队能力方面的协同和谐机制以充分发挥团队合作攻关力量是提升其整体组织学习效果的良好策略。

外智引联型创新团队的组织协同学习是指使个人学习和团队学习更加

① X. Y. Xie et al., "It Is Not What We Have, but How We Use It: Reexploring the Relationship between Task Conflict and Team Innovation from the Resource-Based View," *Group Processes & Intergroup Relations* 2 (2014): 240−251.

匹配的协同过程，即在既定环境下的协同整合以及在组织结构、组织文化中的渗透耦合。组织学习为组织间的学习、合作奠定基础，同时以组织文化等形式渗透到团队学习和个人学习之中，形成团队凝聚力，潜移默化地提升团队学习和个人学习。外智引联型创新团队是排除层次等级、组织边界和地区局限，依据项目研究的角色、技能与任务需要，打破地区封锁，克服专业技能的局限，通过引入外部人才，而保障既定研究目标实现的创新型研究群体。由于具有机动性强、灵活性高的特征，该类团队能够灵活地融合不同技能、专业知识与背景项目成员的优势资源，易于发生知识与信息的网状交流，因此可以透过技能互补、协同合作、信任沟通、组织文化、组织认同等长效组织学习机制的建立完善，激发团队成员间的创新思想，降低不同合作子团队或成员间的联合诉求、基础与可控性等显著差异，通过跨层级转化过程提高、协同和耦合个人学习和团队学习，有效降低内外合作成本，控制潜在收益，同时对外映射出组织的有序内部机制和良好形象，增加组织间学习的合作机会。

外智引联型创新团队的组织间协同学习是在网络环境中，西部高校与其他组织通过一定的知识共享和传播机制以实现各自目标为愿景而采取的双边或多边的协同学习过程。在西部大开发的战略背景下，教学科研实力单薄、办学理念相对落后、发展资源匮乏等问题导致了西部高校人才严重匮乏，而"软引进"的组织间学习是一种立竿见影的有效选择。从本质上来说，组织间学习是通过共享的"知识基"进行各取所需的多边学习过程。因为仅仅依靠自身的力量和知识来实现发展是一件既价格昂贵又困难重重的过程。外智引联型创新团队的组织间学习通过与外部企业、科研机构等进行多主体的互动学习和交流，加速知识和技术的交流与碰撞，促进所需知识向西部高校的流动、转移和传播，既可以分散知识创新风险，缓解区域承载力的硬约束，引入外部优势资源，又有益于西部高校低成本地从高势能合作方获取溢出知识，提高科研能力和知识创新效率，降低获取资源的成本和创新的不确定性。另外，组织间学习带来的新思想、新知识和新经验又可以通过跨层级转化过程很好地促进、推动和激发个人学习、团队学习和组织学习。

因此，外智引联型创新团队的组织协同学习系统各层面间是相互重叠和相互促进的，某一层面的缺陷都会影响组织整体协同学习效果。

2. 外智引联型创新团队组织协同学习的互动过程

从组织协同学习的互动过程来看，首先，外智引联型创新团队组织协同学习包括 5 个互动过程：获得和产生、解释、集体共享、整合、制度化。获得和产生是指，外智引联型创新团队中的个人从外界、经验、团队中的博导、硕导等高知识群体或凭借直觉获得和产生新知识和能力的协同过程；解释是指，外智引联型创新团队在完成科研项目的过程中为攻克难关、取经学习或发生意见分歧时通过交流互动或实际行动向自己或他人阐释自己的见解，达成共识的协同过程；集体共享是指，外智引联型创新团队中具有地域、能力等背景差异的成员将个人知识、经验和技能通过团队互动、信任与他人共享的相互帮助、优势互补、全面提升的协同过程；整合是指，外智引联型创新团队在合作攻关的过程中个体间通过相互调节和整合集体智慧结晶，并达成共识采取合作共同完成科研项目目标的协同过程；制度化是指，外智引联型创新团队中的个人或团队的经验、知识和技能通过交流互动融入整个组织的制度、流程、文化和管理之中，进而规范和影响团队成员学习行为和认同程度的协同过程。其中，解释协同的过程既可以是个体的自我解惑也可以是团队成员间的相互解惑；而整合协同在组织学习和团队学习中都存在。因此，以上 5 个过程是对组织学习过程中人的主导和核心地位的生动契合，表明外智引联型创新团队的组织学习是在个人学习基础上的整体协同学习过程。此外，外智引联型创新团队的组织协同学习还包括各学习子系统间的跨层级知识共享的动态立体过程。该部分内容是本书复合构建模型的嵌套部分，考虑到其逻辑性、重点性和全面性，已在前文中进行详细解析，在此不做过多阐述。

3. 外智引联型创新团队组织协同学习的反馈机制

从组织协同学习的反馈机制来看，外智引联型创新团队的个人学习通过人际互动、交流解惑、打破相互独立、地域界线进而转变自身角色促进团队学习；外智引联型创新团队的团队学习通过团队互动营造良好的学习氛围、建立信任关系，促进团队中每位成员改变心智模式，提高自我效能感，为创造自我价值和完成科研任务努力进行个人学习和修炼。由此形成了外智引联型创新团队的个人学习和团队学习间的正反馈环。在个人学习和团队学习有保障的基础上，通过团队互动搭建集体共享平台，以团队能力为载体，合理配置团队结构，充分利用该类团队的集成和灵活优势进行合作攻关，以提升组织学习，由此形成团队学习和组织学习的协同正反馈环和个人学习到团队学习再到组织学习的协同正反馈环。针对西部高校存在的交流空间相对有限、外援合作机会较少、教学科研实力单薄等迫切的问题，外智引联的"软引进"组织间学习越来越备受关注。借助信息网络、科研项目合作及其他学习平台的搭建，组织间学习对整个组织学习系统的整体推动作用越发凸显，最终形成了组织间学习和组织学习的协同正反馈环以及组织协同学习4个子系统间的协同正反馈环。

综上可知，外智引联型创新团队的组织协同学习系统具有复杂系统的一般特点，各子系统之间及其内部要素间具有复杂作用关系，若能兼顾和把握外智引联型创新团队组织协同学习模型中各个层面的特征、各个环节的作用机制、各影响因素的推动作用，以解决西部人才匮乏、提高西部高校科研能力、培养复合型人才以及创造竞争优势为共同愿景，持续、系统和全面地展开组织协同学习，充分发挥各反馈环的效能，进而提升组织学习各层面的学习和转化效果，那么外智引联型创新团队组织学习的整体效果也将得到显著提高。同时，若能进一步促使外智引联型创新团队组织学习的各子系统耦合协同，倍增效应的产生可显著提升组织整体学习效果，进一步提高西部高校的自主创新能力和知识竞争力，带动西部地区的科技发展和人才队伍建设，促进区域经济和社会可持续发展。因此，明确各层级间的复杂呈递关系以及系统性、结构性和包容性地评价外智引联型创新团队的组织学习系统协同度，对于检验和探究组织协同学习模型的内部因果关系具有重要的理论意义，对于外智引联型创新团队组织整体学习效果的提升具有重要实践作用，这也是下文要解决的主要问题。

三 基于 ANP 方法的最优机制选择

1. 组织协同学习系统的分析结构

复杂系统理论指出，虽然系统内部要素结构与各要素状态涌现出系统功能，但系统功能的涌现过程具有循序渐进性，即先需要子系统内部要素间相互作用形成的结构与状态涌现出各子系统的功能，再由子系统间相互影响形成的功能状态与结构涌现出整个系统的功能。上述渐进性的涌现过程外智引联型创新团队组织协同学习系统同样要经历，但是不同之处在于，只有系统中各子系统内部及子系统间朝着某一方向有序即该系统结构整体相对有序时，系统才具有某些特定的功能。为此，我们认为外智引联型创新团队各组织学习子系统内部及子系统间的状态和结构有序程度决定着其组织学习整体效果。值得注意的是，各组织学习子系统之间存在复杂的作用关联，主要表现在外智引联型创新团队组织学习跨层级转化的知识转移过程中。上述相互影响关系同样也存在于各学习层面的影响因素之间，如个人经验会影响知识共享，而知识共享又会影响组织文化等。另外，外智引联型创新团队中各个任务与分工的差异也可能会导致它们包含的组织学习子系统内部以及子系统间作用关系的差异。

鉴于上述原因，外智引联型创新团队组织协同学习系统的分析结构可以从控制层、网络层、方案层三个层次进行构建。其中，控制层为外智引联型创新团队组织学习系统的协同度，用于反映组织协同学习系统评价的目标和方向。网络层包含外智引联型创新团队组织学习网络中的所有元素，用于反映各组织学习子系统之间或者影响要素之间复杂的依存与反馈影响关系。方案层包括外智引联型创新团队组织协同学习系统中所有可能的要素配置关系组合，用于反映系统整合和优化的决策评价对象。

2. 组织协同学习系统的整合优化步骤

基于上述分析，外智引联型创新团队组织学习系统的协同度是指，外智引联型创新团队组织学习子系统及其内部影响要素间相互作用、相互配合使系统逐渐达到均衡稳定状态后的反映组织学习整体效果的有序协同程度。① 因此外智引联型创新团队组织学习系统的协同度是组织学习的 4 个子系统之间及其内部影响要素间复杂作用关联的结果，这种复杂性主要表现在以下三个方面：其一，外智引联型创新团队组织学习系统包含的子系统和其内部影响要素数量众多；其二，外智引联型创新团队组织学习系统要素间的交互影响关联种类多样（正反馈、负反馈等）；其三，不同审视

---

① V. Faust et al., "Exploring Relationships among Organizational Capacity, Collaboration, and Network Change," *Psychosocial Intervention* 3（2015）：125-131.

视角下外智引联型创新团队组织学习系统要素间的交互影响关联呈现不同机制特征。有鉴于此，我们采用能够有效辨析要素间复杂作用关联处理系统内部复杂结构的网络分析法（ANP 方法）。[①] 运用 ANP 方法评价外智引联型创新团队组织学习系统的协同度具有以下三方面的优势：其一，在协同要素数量众多及要素关联耦合作用复杂的情形下，应用 ANP 方法特有的两两比较判断模式为决策者实施有效决策提供可能性；其二，外智引联型创新团队组织协同学习系统内部结构的复杂关联应用 ANP 方法的加权超矩阵及其极限影响能够科学有效地反映；其三，外智引联型创新团队组织学习系统内部要素间的复杂呈递关系应用 ANP 方法控制层与网络层的分离，可以使决策者从不同视角审视并且能够以全方位的视角对组织协同学习整体效果进行综合判定与评价。结合外智引联型创新团队组织协同学习模型并应用 ANP 方法、构建组织学习效果测度的整合优化方法，具体步骤如下。

步骤 1：分析问题并构建协同系统分析结构。

首先，基于对外智引联型创新团队组织协同学习系统决策问题的分析，将系统分析结构划分为三个层次（控制层、网络层和方案层）；其次，依据每个层次的特征和性质确定其层次内部蕴含的元素（集）；最后，根据控制层与网络层、网络层与方案层之间可能存在的影响关联（依存和反馈）建立相应的系统分析结构。

步骤 2：根据协同系统分析结构构造超矩阵。

首先邀请经过评选的专家根据外智引联型创新团队组织协同学习系统分析结构中有影响关联的元素或元素集按照两两比较的判定模式构造判断矩阵；然后在运用特征根法求出相应的元素权重基础上综合所有元素权重向量得到超矩阵。设控制层的决策目标为 G，决策准则为元素组 Q_1，Q_2，$\cdots$，Q_N；在控制层下，网络层中外智引联型创新团队组织协同学习子系统为元素组 C_1，C_2，$\cdots$，C_N，其中 C_i 中有元素 k_{i1}，k_{i2}，$\cdots$，k_{iN}（$i = 1$，2，$\cdots$，N）；方案层的协同要素配置关系可能组合为元素组 A_1，

---

① T. L. Saaty, "Time Dependent Decision – Making Dynamic Priorities in the AHP/ANP: Generalizing from Points to Functions and from Real to Complex Variables," *Mathematical & Computer Modelling* 8（2007）：860–891.

A_2，$\cdots$，A_N。以控制层元素 $Q_s(s=1,\cdots,N)$ 为准则，以 C_j 中元素 $k_{jl}(l=1,2,\cdots,n_j)$ 为次准则，元素组 C_j 中元素按其对 k_{jl} 的影响力大小进行间接优势度比较，并运用特征根法得到排序向量：$\left[w_{i1}^{(jl)},w_{i2}^{(jl)},\cdots,w_{in_i}^{(jl)}\right]^{\mathrm{T}}$。组合外智引联型创新团队组织协同学习中所有网络层元素的影响程度排序向量矩阵，可构建在 Q_N 准则下的外智引联型创新团队组织学习系统协同度的超矩阵，记为 W：

$$W=\begin{bmatrix} w_{11} & w_{12} & \cdots & w_{1N} \\ w_{21} & w_{22} & \cdots & w_{2N} \\ \vdots & \vdots & & \vdots \\ w_{N1} & w_{N2} & \cdots & w_{NN} \end{bmatrix}$$

步骤 3：构造外智引联型创新团队组织学习系统协同度的加权超矩阵。

这样的非负超矩阵共有 n 个且超矩阵的子块 w_{ij} 是列归一化的，而 W 却不是归一化矩阵。因此，以 Q_N 为准则比较各元素集对 $C_j(j=1,2,\cdots,N)$ 的重要性，如若一个元素集与 C_j 无关则其对应的排序向量分量为零，由此可以得到相应的加权矩阵 B。W 与 B 分块相乘之后即可得到列归一化的加权超矩阵 $\overline{W}$。

步骤 4：求解极限超矩阵评价外智引联型创新团队组织学习系统的协同度。

极限超矩阵是对超矩阵的极限运算，涵盖了外智引联型创新团队组织学习子系统和其内部影响要素间的作用关联和涌现机制，可通过 $\overline{W}^{\infty}=\lim_{t\to\infty}W^t$ 计算得出。外智引联型创新团队组织学习系统协同度的综合评价值即为 $\overline{W}^{\infty}$ 中与方案层 A 对应的综合权重值。

3. 组织协同学习系统的网络层要素

通过上文分析可知，外智引联型创新团队组织协同学习系统的评价具有复杂决策系统的一般特性，其中关于个人学习、团队学习和组织学习三个层次间复杂作用关系的研究已相对成熟，但对于组织间学习和其他各组织层次学习间关系探讨的文献则尚不多见，而以组织学习主体为切入视角构建定量模型方法探究外智引联型创新团队各组织学习层面间协同效果的研究则更少。结合前文第三章对外智引联型创新团队组织学习影响因素的解析以及本章对外智引联型创新团队组织学习机制的阐述，本书构建了由外智引联型创新团队组织协同学习系统的 4 个子系统及其相应影响因素构成的网络层要素指标体系，为下文实证检验的有效开展奠定了基础，具体如表 4.5 所示。

表 4.5 外智引联型创新团队组织协同学习系统的网络层要素

元素集	内部要素	主要评价内容
个人学习（C_1）	个人经验 k_1	外智引联型创新团队成员的以往知识储备、个人素养等
	自我效能感 k_2	外智引联型创新团队成员能否利用自身技能完成任务的自信程度
	组织认同 k_3	外智引联型创新团队成员对组织目标的认同与支持程度等
	包容度 k_4	外智引联型创新团队成员对具有背景差异合作成员的接纳程度
团队学习（C_2）	知识共享 k_5	外智引联型创新团队成员间通过集体交流愿意进行知识转移的程度
	团队氛围 k_6	外智引联型创新团队成员对团队行为规范、工作方式等感到的舒适程度
	信任 k_7	外智引联型创新团队成员间的坦诚沟通和相信程度
	团队结构 k_8	外智引联型创新团队的角色结构、技能结构、任务结构等
组织学习（C_3）	组织文化 k_9	外智引联型创新团队的组织凝聚力、组织形象等
	组织结构 k_{10}	外智引联型创新团队的组织内部分工、组织结构形式等
	组织制度 k_{11}	外智引联型创新团队的组织激励机制、人员轮换制度等
组织间学习（C_4）	创新网络 k_{12}	外智引联型创新团队的网络地位、网络关系等
	组织环境 k_{13}	外智引联型创新团队能否适应环境的动态变化等
	知识模糊性 k_{14}	外智引联型创新团队从组织间吸收知识的难易程度

第五节 以云南省院省校项目
为例的案例分析

一 云南省院省校项目背景

为了推动西部大开发战略、科教兴滇战略和人才战略的实施，促进经济社会的全面发展，云南省自 1998 年开始同国内外著名高校、中科院组织开展了以科技、教育、人才培养等为主要内容的"省院省校"合作项目，目前省内涉及 10 个地、州、市，省外涉及若干国际知名大学、数十个中科院研究所以及近百所高等学校。截至目前，在近 20 年的时间里，云南省依托与国内外著名高校以及中科院进行的柔性引智，巧借外力，在经济和社会方面都获得了较好的成效。然而，不容忽视的是，云南省因人才在总量、结构、分布上的缺陷，特别是高层次人才的匮乏，在发展质量、结构和速度上与先进发达地区相比仍有较大差距。

单打独斗、单枪匹马模式已不能适应时代的需求，大课题、大项目、大战略的完成呼吁新模式的产生。多学科、多领域的交叉和融合是顺应现代科学技术发展以及提高竞争力和创新力的重要产物。正是意识到外智引联型创新团队和高层次人才对云南省经济、社会和科技发展的巨大推动效应，云南省推行了一系列人才引进和培养的活动与计划。2006年，"兴滇人才奖"首次设立；2007 年，高技能人才培育计划开始施行；2008 年，施行《云南省高端科技人才引进计划实施办法》；2009 年，施行《关于做好海外高层次人才引进工作的实施意见》，并举办"推动云南生物产业发展——百名留学博士云南行"活动；2010 年，施行《云南省中长期人才发展规划纲要（2010—2020 年）》；2011 年，国务院把云南省的对外开放上升为国家战略，印发了《关于支持云南省加快建设面向西南开放重要桥头堡的意见》；2012 年，签订了与国家外国专家局有效期 5 年的合作框架协议，借助其支持和帮助持续引进不同种类的人才、技术、管理等外部智力资源，并开展了第一届科技入滇对接活动；2013年，正式启动了昆明高新区人才特区建设"三年提升攻坚行动计划"；2014 年，制定了《云南省依托招商引资加强人才引进工作的实施办法》，开展了第二届科技入滇对接活动；2015 年，云南省属企业全面实施人才强企战略；2016 年，施行《云南省柔性引进人才办法（试行）》，开展了第一届"云南国际人才交流会"，引进近百名海外高层次人才，推进百余项智力项目驻扎云南；2017 年，签署了《引进外国人才和智力支持云南辐射中心建设合作框架协议》、开展了第二届"云南国际人才交流会"、建立了云南柔性引进高层次人才基地、制定了《云南省引进高层次人才绿色通道服务证》、举办了"一带一路"与人才发展战略为主题的论坛。

综上，云南省一直在大力贯彻和实施人才战略、科技兴滇战略，依托省院省校项目的人才柔性引进，即"外智引联"已然是攻克重大科技项目难题、培养复合型高端人才、推进协同创新的重要模式和举措，对于云南省整体科技实力的提升、经济社会的可持续发展具有重要支撑作用。

二　案例分析

1. 案例团队选取与概况

鉴于云南省外智引联型创新团队数量众多，所属领域多元，组织学习思路与组织学习风格多样，对所有外智引联型创新团队进行分析未尝不是一种选择，但是这样容易造成分析的系统性和针对性不足，并且需要相当巨大的统计工作量，不利于后期调研工作的展开，因此，为系统、全面地应用和验证上文构建的外智引联型创新团队组织学习系统的协同度评价方法，并提出有针对性的团队组织学习建设完善对策，本书基于示范效应及组织学习代表性强、组织学习系统相对成熟、组织实地调研及获取决策信息可靠便利三个方面的原则，选取了同一行业背景下的四个云南省院省校项目中的外智引联型创新团队（$A_1 \sim A_4$）为例，运用本章构建方法对这些团队的组织学习机制进行评价优选。为更好地揭示外智引联型创新团队组织学习机制和可靠测度组织学习的整体效果，为提供用于案例深度、多维探讨的充分分析素材，为下文开展专家评价、收集与处理数据提供科学依据，本节充分利用团队所具有的关系和资源进行了基础调研。具体为：到重点样本团队采取多人次实地调研和参观、多次调研、交互式访谈、查阅企业提供的资料等多种方法进行调研获取数据。进一步地，笔者仔细归纳、整理和思考通过调研获取的文件和资料，总结出四个样本外智引联型创新团队的综合状况（为简明起见，本章采取十分制），具体如表 4.6所示。

表 4.6　样本企业基本信息

团队	C_1				C_2				C_3			C_4			组织学习特点
	k_1	k_2	k_3	k_4	k_5	k_6	k_7	k_8	k_9	k_{10}	k_{11}	k_{12}	k_{13}	k_{14}	
A_1	3	8	2	7	2	3	2	4	4	5	5	4	5	3	强调个人绩效、个人能力
A_2	7	8	6	7	5	7	7	6	6	8	6	7	6	5	强调组织创新、科学管理
A_3	8	9	8	9	8	7	9	8	9	8	8	8	9	9	强调团队协作和创新、知识共享
A_4	6	7	5	6	5	5	6	6	6	5	6	7	6	6	强调组织间合作、个人绩效

通过访谈发现，案例团队的组织学习主要存在过分关注某一层面的学习、对组织学习影响因素的认识不足、高素质科研人员匮乏三方面的问题，具体分析如下。

第一，通过调研发现，案例团队往往过分关注某一层面的学习，而忽视了其他层面的学习。比如团队 A_1 强调个人学习，注重个人绩效的高低、个人经验和个人能力的培养，实施岗位绩效管理，而在团队学习、组织学习和组织间学习方面相对关注和投入较少。团队 A_2 注重组织学习，关注组织文化、组织制度和组织结构的借鉴学习和反馈建设，但忽视了低级学习层面比如个人学习和团队学习的合理规划和管理，导致高级层面学习的开展较乏力。团队 A_3 注重组织间学习，也较注重个人学习和组织学习，但是在资金、精力、人员等方面的投入还是相对较少。团队 A_4 注重组织间学习，经常寻求与其他组织的合作以弥补自身不足，但是时常会出现合作质量不高、深度合作少、内部矛盾多等问题，究其原因主要在于团队内部个人能力的培养和指导较少，对团队协作能力的培养和投入匮乏，组织激励制度不完善，等等。此外，案例团队都存在忽视了不同学习层面间的相互转化问题，没有考虑到组织学习的动态立体循环特质，而在竞争日益激烈的知识经济时代，建立一个成长生态、动态循环的组织学习系统是非常必要的。

第二，通过调研发现，案例团队在组织学习的过程中对组织学习影响因素的认识不足，导致团队缺乏有效管理。比如，在团队学习方面，各案例团队并未充分认识到外智引联型创新团队具有的"人员角色缺口"、"技能内涵交互"与"任务边界融合"等团队特征与其"角色倾向、技能匹配、任务协作"等学习特征，而在团队组建期、发展期、平台期、转型期或衰退期等动态阶段内，外智引联型创新团队所具有的角色结构、技能结构和任务结构特性，共同对团队整体学习绩效质量和效率水平产生复杂影响。再比如，在组织学习方面，虽然各案例团队也都认识到了培育组织文化的重要性，但是在建设的过程中忽略了外智引联型创新团队的自身属性。由于外智引联型创新团队是由内部人才和外部人才凝聚而成的创新群体，在团队运行过程中，因地域、技能等背景的差异团队内部成员间会不可避免地产生碰撞和摩擦，甚至冲突，两种不同团队文化的交互和融合给团队带来了诸多管理难题，各案例团队在文化建设方面的融合性和包容性不足，且对组织环境的适应能力也有待提升。

第三，通过调研分析发现，虽然外智引联型创新团队在人才总数量上较为充足，人才总体层次较高，但是外智引联型创新团队最为稀缺的资源便是高素质科研人员，学术带头人的匮乏直接制约了外智引联型创新团队的合理组建和有效运转以及协同学习效果。虽然多数外智引联型创新团队的带头人在相关学科研究领域具有很高的学术造诣，但是该类专家学者往往在团队管理和组织协调等方面的能力有所欠缺。这就导致了外智引联型创新团队在内部学习制度的构建、内部人员的选拔和培训、协作能力的培养等方面存在短板，进而影响了整个团队的运行效率。此外，外智引联型创新团队内部成员关系较为灵活，存在师徒关系和上下级关系等，团队带头人多是内部成员的导师，而团队合作带头人也多是内部某骨干的学位攻读导师，这就容易造成外智引联型创新团队在学缘结构上的单一、知识原始创新水平的低下，因为出自同一师门的科研人员，学术思想和思维方式具有诸多相似之处，缺少了多学科的碰撞、交叉和融合，降低了团队内部整体学习的活力。

2. 案例验证

由于要素间复杂呈递关系的辨析需要具有与外智引联型创新团队组织协同学习相关的背景、经验、知识、信息和技能，因此我们邀请在创新团队理论、组织学习理论和协同理论方面具有丰富经验且已经过遴选的 5 位专家以问题研讨的形式共同给出相关决策信息。具体研讨问题如下：①外智引联型创新团队组织协同学习系统元素集（本章中的个人学习、团队学习、组织学习和组织间学习）间的交互影响关系；②外智引联型创新团队组织协同学习系统元素集内部要素间的交互影响关联；③外智引联型创新团队组织协同学习系统元素集以及元素间的相互重要程度。需要说明的是，对于问题③的研讨是基于问题①和问题②展开的，具体过程为，首先根据问题①和问题②得到的结果构建如图 4.5 所示的外智引联型创新团队组织协同学习系统分析结构，然后基于此按照前文步骤 2 中的两两比较判断模式展开对问题③的研究和讨论。基于上述决策信息，按照前文的求解方法能够得到外智引联型创新团队组织协同学习系统的未加权超矩阵、加权超矩阵、极限超矩阵信息，具体如表 4.7~表 4.9 所示。

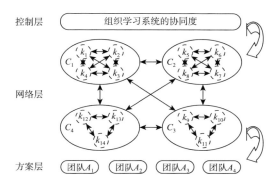

图 4.5 外智引联型创新团队组织协同学习系统分析结构

按照前文步骤 4 中的外智引联型创新团队极限超矩阵求解方法并依据表 4.8 中加权超矩阵，可得到与样本外智引联型创新团队相对应的综合权重值（见表 4.9），即样本外智引联型创新团队组织学习系统协同度的综合评价值。由于样本外智引联型创新团队 A_1~A_4 的综合评价值分别为 0.011、0.043、0.102、0.023，也就是说样本外智引联型创新团队间的优劣排序为 $A_3 > A_2 > A_4 > A_1$，因此样本外智引联型创新团队 A_3 的总体协同度最高，组织跨层级协同学习效果最好。结合表 4.6 可分析具体原因：云南省省院省校项目具有需要团队较高程度的合作，才能完成科技攻关以及知识创新的组织特点，虽然样本 A_3、A_2 与 A_4 外智引联型创新团队都注重内部的科学管理和规范建设，但是外智引联型创新团队 A_3 更加注重组织间层面的学习、创新和合作共享，总体协同度最高；外智引联型创新团队 A_2 虽然注重组织创新但忽略

表 4.7 外智引联型创新团队组织协同学习系统的未加权超矩阵

	W	方案层				C_1				C_2				C_3			C_4		
		A_1	A_2	A_3	A_4	k_1	k_2	k_3	k_4	k_5	k_6	k_7	k_8	k_9	k_{10}	k_{11}	k_{12}	k_{13}	k_{14}
方案层	A_1	0.000	0.000	0.000	0.000	0.054	0.062	0.087	0.060	0.075	0.050	0.054	0.075	0.072	0.074	0.065	0.048	0.086	0.055
	A_2	0.000	0.000	0.000	0.000	0.238	0.250	0.198	0.288	0.222	0.228	0.246	0.244	0.248	0.238	0.239	0.260	0.228	0.204
	A_3	0.000	0.000	0.000	0.000	0.595	0.582	0.459	0.491	0.560	0.617	0.584	0.568	0.561	0.582	0.549	0.598	0.571	0.614
	A_4	0.000	0.000	0.000	0.000	0.113	0.106	0.256	0.162	0.143	0.105	0.117	0.112	0.119	0.106	0.147	0.094	0.116	0.127
C_1	k_1	0.000	0.000	0.000	0.000	0.508	0.232	0.086	0.185	0.088	0.467	0.106	0.142	0.165	0.098	0.104	0.222	0.212	0.201
	k_2	0.000	0.000	0.000	0.000	0.235	0.089	0.143	0.345	0.157	0.095	0.283	0.348	0.213	0.159	0.311	0.107	0.101	0.066
	k_3	0.000	0.000	0.000	0.000	0.186	0.190	0.507	0.100	0.272	0.160	0.164	0.128	0.190	0.300	0.146	0.214	0.135	0.103
	k_4	0.000	0.000	0.000	0.000	0.072	0.489	0.264	0.370	0.483	0.277	0.448	0.383	0.432	0.443	0.439	0.456	0.553	0.630
C_2	k_5	0.000	0.000	0.000	0.000	0.121	0.272	0.157	0.526	0.141	0.476	0.226	0.187	0.514	0.554	0.185	0.182	0.173	0.158
	k_6	0.000	0.000	0.000	0.000	0.220	0.157	0.272	0.112	0.263	0.155	0.104	0.381	0.149	0.092	0.240	0.398	0.520	0.414
	k_7	0.000	0.000	0.000	0.000	0.538	0.483	0.088	0.101	0.141	0.117	0.510	0.335	0.223	0.202	0.116	0.332	0.245	0.309
	k_8	0.000	0.000	0.000	0.000	0.121	0.088	0.483	0.262	0.455	0.252	0.159	0.097	0.114	0.151	0.458	0.088	0.061	0.119
C_3	k_9	0.000	0.000	0.000	0.000	0.637	0.691	0.625	0.701	0.540	0.540	0.558	0.634	0.637	0.137	0.238	0.558	0.550	0.683
	k_{10}	0.000	0.000	0.000	0.000	0.105	0.091	0.137	0.106	0.163	0.163	0.122	0.174	0.105	0.625	0.137	0.122	0.210	0.117
	k_{11}	0.000	0.000	0.000	0.000	0.258	0.218	0.238	0.193	0.297	0.297	0.320	0.192	0.258	0.238	0.625	0.320	0.240	0.200
C_4	k_{12}	0.000	0.000	0.000	0.000	0.571	0.333	0.187	0.309	0.200	0.256	0.200	0.218	0.258	0.263	0.271	0.648	0.137	0.192
	k_{13}	0.000	0.000	0.000	0.000	0.143	0.097	0.715	0.109	0.117	0.073	0.683	0.691	0.637	0.079	0.085	0.122	0.625	0.174
	k_{14}	0.000	0.000	0.000	0.000	0.286	0.570	0.098	0.582	0.683	0.671	0.117	0.091	0.105	0.659	0.644	0.230	0.238	0.634

表 4.8　外智引联型创新团队组织协同学习系统的加权超矩阵

$\overline{W}$		方案层				C_1				C_2				C_3			C_4		
		A_1	A_2	A_3	A_4	k_1	k_2	k_3	k_4	k_5	k_6	k_7	k_8	k_9	k_{10}	k_{11}	k_{12}	k_{13}	k_{14}
方案层	A_1	0.000	0.000	0.000	0.000	0.009	0.010	0.014	0.010	0.017	0.011	0.012	0.017	0.008	0.008	0.007	0.006	0.011	0.007
	A_2	0.000	0.000	0.000	0.000	0.040	0.042	0.033	0.048	0.050	0.052	0.055	0.055	0.028	0.027	0.027	0.035	0.030	0.027
	A_3	0.000	0.000	0.000	0.000	0.099	0.097	0.077	0.082	0.126	0.139	0.132	0.128	0.064	0.066	0.063	0.080	0.076	0.082
	A_4	0.000	0.000	0.000	0.000	0.019	0.018	0.043	0.027	0.032	0.024	0.026	0.025	0.014	0.012	0.017	0.013	0.016	0.017
C_1	k_1	0.000	0.000	0.000	0.000	0.132	0.060	0.022	0.048	0.009	0.047	0.011	0.014	0.035	0.021	0.022	0.020	0.019	0.018
	k_2	0.000	0.000	0.000	0.000	0.061	0.023	0.037	0.090	0.016	0.010	0.028	0.035	0.045	0.034	0.066	0.010	0.009	0.006
	k_3	0.000	0.000	0.000	0.000	0.048	0.049	0.132	0.026	0.027	0.016	0.016	0.013	0.041	0.064	0.031	0.020	0.012	0.009
	k_4	0.000	0.000	0.000	0.000	0.019	0.127	0.069	0.096	0.048	0.028	0.045	0.038	0.092	0.094	0.094	0.042	0.051	0.058
C_2	k_5	0.000	0.000	0.000	0.000	0.049	0.109	0.063	0.211	0.065	0.218	0.104	0.086	0.047	0.051	0.017	0.084	0.080	0.073
	k_6	0.000	0.000	0.000	0.000	0.088	0.063	0.109	0.045	0.120	0.071	0.048	0.174	0.014	0.009	0.022	0.183	0.239	0.190
	k_7	0.000	0.000	0.000	0.000	0.216	0.194	0.035	0.041	0.065	0.054	0.234	0.154	0.021	0.019	0.011	0.152	0.113	0.142
	k_8	0.000	0.000	0.000	0.000	0.049	0.035	0.194	0.105	0.209	0.116	0.073	0.044	0.010	0.014	0.042	0.040	0.028	0.054
C_3	k_9	0.000	0.000	0.000	0.000	0.056	0.061	0.055	0.061	0.082	0.082	0.085	0.096	0.110	0.024	0.041	0.110	0.108	0.135
	k_{10}	0.000	0.000	0.000	0.000	0.009	0.008	0.012	0.009	0.025	0.025	0.018	0.026	0.018	0.108	0.024	0.024	0.041	0.023
	k_{11}	0.000	0.000	0.000	0.000	0.023	0.019	0.021	0.017	0.045	0.045	0.048	0.029	0.045	0.041	0.108	0.063	0.047	0.039
C_4	k_{12}	0.000	0.000	0.000	0.000	0.048	0.028	0.016	0.026	0.013	0.017	0.013	0.014	0.106	0.107	0.111	0.077	0.016	0.023
	k_{13}	0.000	0.000	0.000	0.000	0.012	0.008	0.060	0.009	0.008	0.005	0.044	0.045	0.260	0.032	0.035	0.014	0.074	0.021
	k_{14}	0.000	0.000	0.000	0.000	0.024	0.048	0.008	0.049	0.044	0.044	0.008	0.006	0.043	0.269	0.263	0.027	0.028	0.075

表 4.9　外智引联型创新团队组织协同学习系统的极限超矩阵

	$\overline{W}^{\infty}$	方案层				C_1				C_2				C_3			C_4		
		A_1	A_2	A_3	A_4	k_1	k_2	k_3	k_4	k_5	k_6	k_7	k_8	k_9	k_{10}	k_{11}	k_{12}	k_{13}	k_{14}
方案层	A_1	0.000	0.000	0.000	0.000	0.011	0.011	0.011	0.011	0.011	0.011	0.011	0.011	0.011	0.011	0.011	0.011	0.011	0.011
	A_2	0.000	0.000	0.000	0.000	0.043	0.043	0.043	0.043	0.043	0.043	0.043	0.043	0.043	0.043	0.043	0.043	0.043	0.043
	A_3	0.000	0.000	0.000	0.000	0.102	0.102	0.102	0.102	0.102	0.102	0.102	0.102	0.102	0.102	0.102	0.102	0.102	0.102
	A_4	0.000	0.000	0.000	0.000	0.023	0.023	0.023	0.023	0.023	0.023	0.023	0.023	0.023	0.023	0.023	0.023	0.023	0.023
C_1	k_1	0.000	0.000	0.000	0.000	0.029	0.029	0.029	0.029	0.029	0.029	0.029	0.029	0.029	0.029	0.029	0.029	0.029	0.029
	k_2	0.000	0.000	0.000	0.000	0.031	0.031	0.031	0.031	0.031	0.031	0.031	0.031	0.031	0.031	0.031	0.031	0.031	0.031
	k_3	0.000	0.000	0.000	0.000	0.028	0.028	0.028	0.028	0.028	0.028	0.028	0.028	0.028	0.028	0.028	0.028	0.028	0.028
	k_4	0.000	0.000	0.000	0.000	0.059	0.059	0.059	0.059	0.059	0.059	0.059	0.059	0.059	0.059	0.059	0.059	0.059	0.059
C_2	k_5	0.000	0.000	0.000	0.000	0.099	0.099	0.099	0.099	0.099	0.099	0.099	0.099	0.099	0.099	0.099	0.099	0.099	0.099
	k_6	0.000	0.000	0.000	0.000	0.097	0.097	0.097	0.097	0.097	0.097	0.097	0.097	0.097	0.097	0.097	0.097	0.097	0.097
	k_7	0.000	0.000	0.000	0.000	0.104	0.104	0.104	0.104	0.104	0.104	0.104	0.104	0.104	0.104	0.104	0.104	0.104	0.104
	k_8	0.000	0.000	0.000	0.000	0.080	0.080	0.080	0.080	0.080	0.080	0.080	0.080	0.080	0.080	0.080	0.080	0.080	0.080
C_3	k_9	0.000	0.000	0.000	0.000	0.085	0.085	0.085	0.085	0.085	0.085	0.085	0.085	0.085	0.085	0.085	0.085	0.085	0.085
	k_{10}	0.000	0.000	0.000	0.000	0.024	0.024	0.024	0.024	0.024	0.024	0.024	0.024	0.024	0.024	0.024	0.024	0.024	0.024
	k_{11}	0.000	0.000	0.000	0.000	0.043	0.043	0.043	0.043	0.043	0.043	0.043	0.043	0.043	0.043	0.043	0.043	0.043	0.043
C_4	k_{12}	0.000	0.000	0.000	0.000	0.038	0.038	0.038	0.038	0.038	0.038	0.038	0.038	0.038	0.038	0.038	0.038	0.038	0.038
	k_{13}	0.000	0.000	0.000	0.000	0.051	0.051	0.051	0.051	0.051	0.051	0.051	0.051	0.051	0.051	0.051	0.051	0.051	0.051
	k_{14}	0.000	0.000	0.000	0.000	0.052	0.052	0.052	0.052	0.052	0.052	0.052	0.052	0.052	0.052	0.052	0.052	0.052	0.052

了团队协作，总体协同度次之；外智引联型创新团队 A_4 注重组织间学习但是强调个人绩效，且在创新能力和团队协作方面力度不足，总体协同度在前三者中最低；而外智引联型创新团队 A_1 因在实施岗位绩效管理的过程中，过分强调个人业绩，过分关注个人能力，外智引联型创新团队建设力度不足和相关考核不到位，使其组织协同学习效果的提升遭到严重制约，因此导致其总体协同度在四者中最低。参与决策评价的专家表示，上述分析结论对于指导外智引联型创新团队了解自身整体协同状况与关键制约因素，采取相应措施进而提升外智引联型创新团队组织学习能力和效果的管理实践具有积极推动作用。由此可见，本章提出的外智引联型创新团队组织学习机制及整合优化方法有效可行。

3. 对策建议

基于以上分析，外智引联型创新团队 A_2 应在注重组织创新能力的同时加强外智引联型创新团队的建设和知识共享、组织间学习；外智引联型创新团队 A_4 应在加强团队协作的同时鼓励组织学习、个人学习；外智引联型创新团队 A_1 应淡化对个人业绩的考核，实施科学管理和规范化建设，注重团队的创新能力培养和共享协作、组织学习和组织间学习。总的来看，各案例团队都侧重于某一层面的学习，而在其他学习层面以及不同学习层面动态转化的建设上都存在诸多问题和不足，即使是组织学习系统的协同度最高的案例团队 A_3 也存在短板。高素质科研人才的匮乏是各案例团队共同的短板，更有甚者，虽然各案例团队注重某一学习层面，但是在该学习层面的建设上也存在缺陷。因此本书针对各案例团队组织学习存在的多方面且相互交叉的组织学习问题，基于组织协同学习不同主体，依据其影响因素给出较为系统科学且具有一般适用性的对策建议。

（1）个人学习协同策略

外智引联型创新团队的个人学习协同策略是从个人经验的积累、自我效能感的提高、组织认同的提升、包容度的修炼四个方面进行协同完善的策略。该协同策略有助于高素质科研人员的全面培养和整体提升。在个人经验方面，团队成员既要时常对在科技项目合作过程中遇到的问题和难题进行反思和总结，又要不断与团队内部其他成员进行经验交流和解答疑惑，以间接地获取他人经验、增长自身的知识储备。团队领导人既要不断提高个人学术造诣又要不断提升自身管理能力和组织协调能力。在自我效能感方面，既要建立个体化和合作化的奖励结构，引导团队成员利用自身独特的优势技能去完成科技项目，以增强团队成员成功的体验，又要不断培养团队成员的积极性，引导团队成员设定富有挑战性的目标，感染团队成员积极工作的情绪，以增强团队成员的自我效能感。在组织认同方面，既要团队成员积极主动地去适应组织，通过调整自身的思维和行为方式改善与组织的关系。这将有助于改善团队成员的工作态度，提高个人绩效，进一步获得组织的认可和奖励，反过来可以提高团队成员的认同感，又要组织制定公平合理的分配制度和职位变更制度，控制组织内部的恶性竞争，以保持组织内部良好的人际关系氛围，提高组织成员的安全感和归属感。在包容度方面，既要团队内部时常进行交流、联谊和互动，以增加彼此间的感情和了解，进而不断提升自身对外来人员和事务的接纳能力，又要团队成员尤其是团队带头人不断加强自身修养，不断培养自身人格魅力，提高个人修养和自身的亲和力，控制个人情感、树立个人信念、注意个人言行，以身作则，做好模范作用。

（2）团队学习协同策略

外智引联型创新团队的团队学习协同策略是从知识共享机制的建立与实施、良好团队氛围的营造、信任的建立与维护、团队结构的匹配四个方面进行协同完善的策略。在知识共享方面，外智引联型创新团队既可通过文件、报告等形式实现显性知识的互动和共享，也可以将团队成员所掌握和贡献隐性知识的多少直接与个人的薪酬和地位相关联，即通过物质利益的报酬制度来驱动团队成员贡献自己的隐性知识。在团队氛围方面，既要营造一个安全、和谐、开放、自由轻松的团队氛围，以提高团队成员的满意度，激发新创意、新想法的不断产生，又要建立顺畅的沟通渠道，包括良好的上下级沟通方式和渠道以及团队内部人才和外部人才信息沟通的渠道化和制度化，以保障团队内部信息的及时、保质、有效流通，亦要提高团队内部成员对学习重要性的认知，不断保持团队的持续学习能力和学习氛围。在信任方面，既要团队带头人和团队管理层密切关注团队内部人才和外部人才基于合作而建立的动态信任关系和人际关系，又要在不同的团队合作阶段采取具有针对性的措施，促进团队内部成员的交流和感情以增加彼此间的信任和相互协作，进而促进相互帮助和相互学习，完成科研项目的攻关，比如团队定期或不定期的聚餐、沙龙、联欢会和郊游等。在团队结构方面，既要满足外智引联型创新团队组建初期在环境需求、技能体系完整性与任务目标等方面对角色形成结构、技能配置结构和任务串联结构的学习要求，又要迎合发展过程在角色知识、决策支持与任务细分等方面对角色交互结构、技能互补结构和任务并联结构的学习要求，亦要适应转型阶段在角色惯性、技能观点碰撞与合作路径等方面对角色转换结构、技能异质结构和任务混合结构的学习要求。

（3）组织学习协同策略

外智引联型创新团队的组织学习协同策略是从组织文化的合理构建、组织结构的合理设置、组织制度的合理配套三个方面进行协同完善的策略。在组织文化方面，外智引联型创新团队应当致力于构建适应型、融合型、以人为本和学习型的组织文化，既要能够对外部机遇、外部威胁、内部反馈等方面的信息及时做出有效的预测、调整和应对，又要具有容纳和包容不同文化的能力，面对不同背景差异的人才进行统一目标多元化管理，亦要经常关心组织成员的心理变化，尊重成员的创新想法、实行个性化管理，以情感凝聚人，激发成员学习的积极性和主动性。在组织结构方面，外智引联型创新团队应当致力于构建富有弹性、扁平化和网络化的组织结构，既要运用不同职位职责的灵活化实现组织成员的全面学习和发展、与组织战略愿景的适时匹配、合理对组织任务进行分工、协调和攻关学习，又要模糊组织层级间的边界，降低权威型领导带来的约束和拘谨、培养开放的知识创新氛围、释放组织成员进行知识创新的新想法和新创意，亦要形成造福整体组织学习的知识网络和解决危机问题的应急网络，提高整体组织的联动学习能力。在组织制度方面，外智引联型创新团队应当致力于构建统一、激励和反馈的组织制度。既要保证组织内部权责利的统一、与组织目标的统一，又要设置公平合理的绩效考核方法、赏罚分明的奖惩措施、注重精神鼓舞和奖励，激发组织成员的学习意愿和学习动机，亦要制定合理的修正和反馈制度，定期或不定期地对组织的运行制度、激励制度、人员培训和配备制度、管理规范等出现的问题进行修正和调整，以使其更加匹配组织的愿景和目标、提高组织学习和运行效率、实现组织的持久健康运转。

（4）组织间学习协同策略

外智引联型创新团队的组织间学习协同策略是从创新网络的有效搭建、组织环境的有效应对、知识模糊性的有效控制三个方面进行协同完善的策略。在创新网络方面，一方面西部高校既要与其他高校，也要与科研院所、企业等进行合作，充分扩大西部高校的创新网络规模；另一方面西部高校要建立适当强度的网络关系，增强与合作伙伴间的深度合作与长期合作，提高与合作伙伴间的合作频率，以促进西部高校创新网络内部知识和信息流动的多样性和异质性。另外，西部高校也要在自身擅长的领域为争取处于创新网络的中心位置而不懈努力，以获取更多的优势资源和项目合作机会。在组织环境方面，西部高校既要不断提高自身的应变能力和动态适应能力，敏锐察觉组织环境的微妙变化，不断寻求与其他高校、企业、科研院所等多方位的联合攻关学习的契机，又要对组织内部做出相应的合理调整、对所获取的资源进行优化配置和利用，提高自主创新能力，以在动态的环境中保持竞争优势。在知识模糊性方面，知识模糊性有助于帮助组织核心资源免遭竞争对手的模仿和抄袭，但阻碍了西部高校在与其他组织合作过程中知识的转移与获取，影响了西部地区对优势资源的获取与合作质效，因此西部高校既要加强与其他组织的紧密合作，设置动态合理的利益分配机制，建立相互信赖的组织关系，以增强合作方愿意进行知识转移的动机和积极性，又要在双方合作过程中建立系统明晰且与知识特性相适应的知识转移和交流平台，增加相互间的沟通、讨论和交流，提高西部高校对知识的吸收能力，以降低和控制知识模糊性带来的负面效应。

本章小结

为响应西部高校外智引联型创新团队组织学习如何开展以提升整体组织学习效果的现实需求，本章科学整合、评价和分析外智引联型创新团队组织学习过程的质效，提供针对且系统的外智引联型创新团队组织学习机制建立健全的对策建议。本章系统构建了外智引联型创新团队的组织协同学习模型以及最优机制选择的评价方法，提炼了外智引联型创新团队的组织学习特征，辨识了外智引联型创新团队组织学习的影响要素；构建了外智引联型创新团队的组织协同学习模型，并提出了应对该复杂系统结构的整合优化方法；选定案例研究对象演练相关评价方案与方法，检验了前文研究的可行性并给出了相应的对策建议。本章选取四个来自云南省院省校项目的外智引联型创新团队，依据构建的评价方法，辨析了各案例团队组织学习子系统之间以及子系统内部要素的复杂影响关系，整合优化了各案例团队的组织学习机制。通过对案例团队组织学习系统的协同度进行分析与评价，不仅基于实际团队组织学习情境检验了前文研究所构建外智引联型创新团队组织学习机制评价方法的可行性，而且进一步结合案例团队所面临的组织学习问题，为外智引联型创新团队构建组织学习机制、提升团队组织学习系统的协同度提供了科学的对策建议。

第五章

外智引联型创新团队任务协调机制研究

本章内容提要

为探索并解决西部高校中高端人才匮乏、科研整体水平低下、人才持续外流等导致的西部地区经济增长缓慢、持续增长乏力的问题，本章创新性地提出了外智引联型创新团队的新型跨区域、多主体合作模式。针对外智引联型创新团队在合作过程中凸显出的重结果、轻过程，短期团队多、长期团队少，名义合作多、实质合作少等问题，对外智引联型创新团队合作过程中最关键的任务因素进行探析，从任务管理视角探究外智引联型创新团队合作过程中的任务分解、任务分配与冲突以及任务协调等管理难点问题。

首先，通过系统梳理国内外学术界关于创新团队以及任务分解、任务分配、任务协调等相关研究成果，对研究对象在理论深度上形成较为全面的认识，明晰本书研究的目的及意义，确定理论基础与研究方法；其次，从项目申请、项目运作以及项目完成三个阶段对外智引联型创新团队的任务进行初步分解，在综合考虑任务粒度、任务耦合度、任务均衡度影响因素的基础上，构建了适用于外智引联型创新团队任务分解的基本框架，并提出相应的任务分解方法，这有利于提升团队任务分解的科学性，可以有效解决因任务分解不科学而导致的任务分配不合理和任务冲突频繁等问题；再次，在考虑任务执行主体、任务自身属性以及任务主体与项目任务交互关系的基础上，构建了适用于外智引联型创新团队的任务分配模型，并采用匈牙利算法进行了求解，这有利于克服在创新团队中传统任务分配多为组织领导主观硬性指派的隐性弊端，使任务分配更加合理、执行更加有效；从次，通过辨析任务执行过程中可能出现的多种类型冲突及原因，分析了任务协调的相关影响因素，将任务协调问题转化为多属性群决策问题，在考虑任务冲突阈值的基础上提出了一种任务协调的方法，明晰构建外智引联型创新团队任务协调的内在机制及保障措施；最后，运用云南省院省校项目的具体案例对书中提出的相关模型与方法进行了运用，并分别从政府、高校以及科研团队三个维度提出了促进西部高校"政产学研用"协同创新的对策，以期提升研究结果的适用性和可行性，为政府部门及相关企事业单位制定决策提供重要的参考。

第一节　问题的提出

在知识经济时代，知识融合、交叉与共享的渠道和方式日新月异，"单打独斗"的传统科研方式已不能适应现代社会的多元化需求，传统学科之间的显性界限已被打破，重大现实问题的解决更多依赖学科间的交叉与融合，而创新团队被公认为学科交叉融合协同创新的最有效形式。创新团队协同创新作为整合创新资源、提高创新效率的有效途径，成为当今世界科技创新活动的新趋势和创新理论研究的新焦点，受到世界各国和地区的高度重视。国家前主席胡锦涛在清华大学建校100周年大会上的讲话中强调，高校应在积极提升原始创新、集成创新和引进消化吸收再创新能力的同时，积极推动协同创新。教育部联合多部委制定并出台了促进协同创新理论研究和高校协同创新能力提升的相关政策，旨在推进产学研各方创建协同创新体，建立协同创新机制，然而，尽管国家各级政府高度重视创新团队的建设，相关科研成果亦层出不穷，但创新团队在合作过程中也暴露出了短期团队多、长期团队少，名义合作多、实质合作少，重结果、轻过程等问题。我们认为，创新团队生命周期普遍短暂且合作不够深入的问题归根结底还是因为在合作过程中缺乏成熟规范的良性合作管理机制，合作双方的权利与义务不够明确，存在任务随意指派、任务分配不均导致的合作主体能力与项目任务需求不匹配的问题。一方面，成员的专长技能得不到有效发挥，严重挫伤团队成员的工作积极性，未能有效激发团队成员的责任意识与奉献精神。另一方面，也忽略了外智引联型创新团队成员自身所拥有的资源要素与任务之间的动态协调，使得任务不能如期完成或者完成质量较差，从而很难产出高水平科研成果，削弱了团队凝聚力，最终影响创新团队的生命周期。基于此，研究如何有效地对外智引联型创新团队任务进行科学分解、合理分配，并针对任务执行过程中已经出现或可能出现的多种冲突类型进行有效的协调，以提升任务执行效率和任务完成质量，对提升外智引联型创新团队合作效果以及西部地区经济发展水平具有重要的理论与现实意义。

第二节　相关研究基础

一　组织协调的基本内容

组织是由不同专业技能、性格特征、文化背景以及思维方式的成员所组成的群体，根据组织目标或形成原因可以分为正式组织或非正式组织。正式组织具有明确的规章制度、行为规范以及职责层次等，不同职位的成员担负着不同的职责，履行相应的义务。而非正式组织则是由组织成员自发形成的，并没有特定的规章制度予以约束，因相同或相近的情感、信念或思维方式等而自发形成的非正式组织对正式组织的良性发展具有重要的促进作用，非正式组织成员的多元性和灵活性决定了对其管理需要采用弹性化、人性化的方式。另外，组织内部任务的多样性决定了不同层级的成员承担着不同的职责，而任务自身因重要性的差异而具有主次之分，任务完成质量以及任务完成效果是单个主体在组织内部的地位以及重要性的体现。考虑到不同主体在知识背景、专长能力、文化认知以及资源要素等方面的差异，在与其他主体合作过程中也会出现多种多样的冲突，其中频繁出现的冲突类型主要包括关系型冲突、任务型冲突、过程型冲突。同时，组织是处于不同发展阶段的，组织任务的阶段性特征决定了需要不同的任务主体承担不同阶段的项目任务，且组织需要不断调整组织结构、更新组织文化以适应不断变化的内外部环境，而组织变革可能会触发现有阶层某些成员的既得利益，引发组织变革与组织维持间的冲突，此时就需要强有力的组织领导者进行有效的协调与合理的管控，以维护组织的正常运行及良性发展。

另外，组织要想持续提升其竞争力，就需要认识任务的动态性以及内外部环境的复杂性，需要组织领导者以发展的眼光看问题。组织的协调在某个阶段是必要的，而在另一个阶段是不必要的，这就需要综合考量组织协调成本与冲突成本之间的偏差程度，只有在合适的时间采取合适的方法对组织成员实施有效的管理，才可能激发组织成员的工作积极性以及提升组织成员的工作效率。为此，组织的发展在很大程度上依赖组织管理者的领导艺术，需要其具备优秀的领导能力与战略发展眼光，准确洞悉发展过程中存在的诸多矛盾，制定适合组织长远发展的战略决策。

二　组织协调的主要形式

组织协调因其对象的不同而具有不同的表现形式，结合学界关于组织协调的主要成果，将组织协调的形式分为程序化协调与非程序化协调。

1. 程序化协调

程序化协调主要是依据组织建立的规章制度、行为规范或业务标准等可预先设计的管理制度，在明确组织各成员具体责权利基础上，针对任务执行过程中出现的各种冲突、任务完成后的利益分配、日常责任与义务划分等问题，采取按照既定规章制度予以程序化协调的方案。这种协调方式的优点是协调效率高、节省协调成本、信服力强，缺点是不能有效应对复杂情境下出现的多种不确定性任务，无法较为有效地应对动态环境，灵活性不够，协调效果不佳。

2. 非程序化协调

非程序化协调主要是通过除正式规章制度以外的方式协调各种类型的冲突。该种模式主要是运用沟通、交流等方式处理组织中出现的各种冲突，由于没有明确、成熟的组织制度和行为规范予以参考，协调的标准并未明确化，需要协调方法能从对方的角度进行思考，否则协调的难度很大，因此，该方法具有一定的妥协意识。但正因为该种协调方式提供了相应的弹性化空间，组织领导可以采取相对灵活、多样化的协调方式解决冲突。该协调方式的优点是灵活、多变，协调效果较好，没有组织规章制度的束缚；缺点是影响因素多变，操作难度相对较大，协调效率较低。

由于组织具有主体多样性、成员关系灵活性、任务复杂性以及内外部环境不确定性等特征，组织成员间对价值感知、关系认同以及团队利益等方面的认知呈现明显的多样性特征。为此，在组织的实际协调过程中，单方面的程序化协调或非程序化协调可能并不能完美地解决组织内部的复杂性协调问题，因此需要将两种协调方法综合地予以使用，不断提升任务协调机制的有效性。

三 组织协调的影响因素

组织内部因任务分配而出现各种各样的冲突，为使项目中的子任务有序地执行，必须采用有效的协调方式解决冲突，因而需要找出组织协调的影响因素。

1. 组织制度

组织协调是因为组织内部出现了不和谐因素而影响组织的正常运作，所以需要采取科学的方法予以协调，使组织系统活动从无序、混乱的状态向有序、规则的稳定状态演化发展。而根据组织冲突的不同类型，可以采取不同的冲突协调方法。其中，学者们普遍将组织协调分为程序化协调和非程序化协调。非程序化协调主要应对具有不确定性、动态性以及复杂性的冲突，这种冲突在组织内部出现的频率较高，对组织绩效、组织氛围以及组织的长远发展都具有重要的影响，需要运用领导艺术、组织文化等内涵性方法进行解决。而对于常规性冲突，组织制度的规范性和完善性则在很大程度上影响冲突的解决，规范和完善的组织制度可以减少或避免不必要的任务协调成本。

2. 任务性质

不同的任务冲突需要运用不同的协调方法，对于简单、次要的组织任务，不需要组织领导者花费大量的时间与精力进行协调；而对于复杂、重要的任务，则需要组织领导者集中主要资源、协调多方利益主体予以解决。为此，任务性质在很大程度上影响组织的协调成本与协调方法。

3. 组织文化

组织文化是组织在长期发展过程中对经验的提炼、总结而形成的一种意识形态。优秀的组织文化可以提升组织成员的凝聚力，激励组织成员为实现组织目标而发挥自己的全部能力，并以此激发自己的潜力。同样，和谐、包容性强的组织文化可以减少或避免冲突的产生，降低组织的协调成本和减少资源浪费。而激进、势利以及冷漠的组织文化则会使组织成员只顾个人利益而罔顾集体利益，将个人利益凌驾于组织整体利益之上，对组织的长远发展具有严重的破坏性。

4. 领导艺术

组织管理者的领导艺术是指领导者在处理组织成员之间以及成员与组织之间关系时表现出的高超领导技能。管理者的领导艺术影响力广泛渗透于组织工作或生活中。具有高超领导艺术的领导者能通过与任务冲突主体进行深度沟通与交流，寻找矛盾点，以其人格魅力获得双方的信任与认同，并采用合适的方法解决矛盾。

5. 价值认知

在组织内部，组织成员的知识背景、文化传统以及思维方式等方面的差异使得他们对组织活动的重要程度的认知以及完成任务的分工与协调有一定的分歧。对组织活动价值认可程度高的成员会努力发挥自己的全部能力并充分利用内外部资源优势完成组织任务，实现组织目标，促进组织的长远发展；而对组织活动价值认可程度低的成员则会消极怠工，出工不出力，严重影响组织任务的进度以及任务完成的效果，对组织的长远发展具有严重的阻碍作用。

四　组织协调的一般过程

为使解决冲突的方式常态化，需要采取相应的机制对具体的协调方法予以制度化，明确对各种类型的冲突采取差异化的应对之策，以提升任务协调效率。通过采取动态化协调与常规化机制相结合的方法，有针对性地解决冲突问题，使日常冲突处理程序化，突发冲突处理动态化，提升组织协调的灵活性和适应性。

1. 明确协调目标

组织协调的目的是完成组织制定的各种目标，具有明确的目标导向。有些与组织目标无关的活动不仅耗时费力，浪费组织大量资源，而且对组织目标的实现以及组织的长远发展并无实质性的贡献。同时，并不是所有的组织冲突都会对组织的发展造成负面影响，德尔菲法或头脑风暴法的广泛应用从侧面证明，知识型团队在合作过程中的适度冲突可以激发不同群体的创新思维，有利于提升决策效率与决策效果。为此，在对组织中的冲突进行协调时，需要辨析任务冲突是否会对组织现有秩序造成冲击而影响组织的长远发展，是否有利于组织目标的实现。

2. 厘清协调原因

在对组织目标进行全面认知的基础上，分析特定冲突产生的原因，厘清是冲突主体的主观原因还是内外部环境变化的客观原因引发群体间的冲突。对于主观性冲突，通过采用深度沟通、创新沟通、塑造包容性的组织文化等方式进行协调；而对于因内外部环境变化而产生的群体性冲突，则需要进一步完善组织的规章制度，加强体制机制建设，提升制度弹性，实行人性化管理。

3. 确定协调内容

在确定组织目标以及冲突原因的基础上，明晰冲突的主要矛盾点，了解不同主体的利益诉求，针对主客观方面不同原因产生的冲突，确定具体的协调内容，并分别制定几套不同的冲突解决方案。

4. 选择协调方案

对提出的几套不同方案在组织内部进行试运行，针对可能的盲区及未注意事项，结合组织成员的利益诉求，通过匿名形式对提出的各方案进行改进，对最终的方案进行民主协商，最后予以规范化和制度化，构建组织冲突的常规处理机制。

5. 评价协调效果

组织在选择具体的协调方案后，需要针对不同的情境给出具体方案优劣性的评价，并针对不同方案采取不同的协调措施，对协调前后的任务执行情况、任务执行效果以及任务执行效率等进行对比分析，以说明组织协调的必要性以及协调效果的有效性。

6. 重新制定目标与规划

通过对组织中协调效果的综合评价，得到关于组织发展或者具体组织管理方面的相关意见及完善策略，辨析组织发展过程中的现实需求与预期目标、规划之间的差距，并重新修订组织的总体目标和阶段性目标，制定弹性化、切实可行的组织各阶段的发展规划，促进组织持续稳健地发展。

第三节　任务分解研究

为克服长期困扰西部高校科研能力整体水平低下、高端科研人才匮乏、西部地区经济持续增长乏力的困难，本章提出了外智引联型创新团队的新型跨区域、多主体合作模式。本书主要针对传统任务分解方法不科学导致的任务随意指派、高端人才流失严重、高水平科研成果稀缺、团队生命周期短等现实管理难题，通过对外智引联型创新团队的任务进行阶段性分解，同时在综合考虑任务粒度、任务耦合度、任务均衡度关系的基础上构建了任务分解的基本框架，并提出了相应的任务分解方法。

一　外智引联型创新团队的任务辨析

外智引联型创新团队是为了解决西部地区现实发展难题，依托项目的形式鼓励西部地区高校与中东部地区高水平科研团队共同开展课题研究，促进人才合理流动，实现知识共享与资源互补的一种新型跨区域、多主体的合作模式。根据外智引联型创新团队在实际发展过程中各阶段任务的不同，下面将分别从项目申请阶段、项目运作阶段以及项目完成阶段三个维度对外智引联型创新团队的任务进行阶段性划分。

1. 项目申请阶段

在外智引联型创新团队的项目申请阶段，要充分考虑研究内容与人才专长相匹配、人才目标与研究目标相匹配、资源拥有与研究内容相匹配，以保证特定的成员可以完成具体的任务，并通过任务的完成实现组织的具体目标与成员的人生价值。为此，该阶段的主要任务是确定团队的研究方向、构建合理的组织结构（学术带头人、学术骨干以及博士与硕士研究生等潜在发展对象）、承担科研项目以筹集创新团队正常的活动经费等。具体而言，主要包括以下几个方面。

（1）明确团队目标

目标按照时间长短的不同可以分为短期目标、中期目标和长期目标。短期目标是指 1 年以内的目标，中期目标是指 1~5 年的具体目标，而长期目标则是指 5 年以上的目标。外智引联型创新团队的中长期目标是提升西部高校科研能力与教学水平，培养高水平、高素质的综合性人才，共同解决西部地区重要现实发展难题。短期目标则主要指团队组建的现实目标，包括发表论文的数量与质量、申请专利的数量、承担科研项目的等级与数量、培养科研人才的数量等。团队目标的制定需要综合考虑长期发展规划与成员的现实需求，既要对内外部人才具有较强的吸引力，又要使其产生归属感与认同感，愿意为实现组织的长期目标而贡献自己的全部力量。

（2）筛选互补人才

外智引联型创新团队组建的目标是解决西部地区发展过程中的现实难题，而环境的多变性以及问题的复杂性决定了团队必须筛选出多样化、互补性的专业型人才，集成多学科、多领域的知识才能以更好地解决不同的问题。同时，在筛选人才时也要注意专业技能、人才结构、年龄层次等方面的层次性与合理性，应构建金字塔形的人才结构，团队领导人最好是年龄稍大、经验丰富、德高望重的学科带头人，团队骨干则为年富力强的青年教师，其他成员则为流动性较为明显的硕士与博士研究生，以此保证团队核心骨干力量稳定的同时又为团队注入新鲜血液，增强团队的创新能力与适应性。

（3）确定研究内容

在明确团队目标以及筛选互补人才之后就要确定外智引联型创新团队

的主要研究方向，即重视理论研究还是偏重实践研究。如果重视理论研究就需要引进高水平科研人才，整合科研资源，为其提供良好的发展平台，激发其工作的积极性，协助其实现自身愿景与职业规划。如果重视实践研究则需要经营好社会人脉资源，多参与企事业横向课题研究与企业咨询工作，积极与不同行业、不同企业的相关人员进行沟通交流，了解市场需求，探寻将相关科学研究成果转化为现实生产力的可能性。

（4）筹集经费资源

这主要包括承担科研项目以寻求科研经费或者寻求社会赞助以获取足够的内外部资金支持。团队开展科学研究需要丰富的物质资源或先进的技术设备予以支撑，在外智引联型创新团队中，经常出现任务执行主体具备完成任务的专业能力，但由于受团队资源要素所限，任务执行效率低，严重阻碍了整体项目的进度甚至不能完成任务。为此，在筛选内外部人才时要考虑到其拥有的人力、物力、财力、信息等各方面的资源是否足够支撑项目的研究。

2. 项目运作阶段

外智引联型创新团队的项目运作阶段各种任务纷繁，主要包括对团队任务按照项目属性以及进度安排进行分解与分配，针对任务执行过程中出现的多种冲突进行协调，并通过对运行流程优化、资源整合、过程监督、组织学习等方式不断提升组织的适应能力与竞争能力，保证团队任务的顺利完成。

（1）任务协调

这一阶段的任务主要是根据团队成员的知识结构、专长技能以及认知偏好，对所承担科研项目进行任务辨析，识别项目的主要研究内容，制订合适的进度计划，并按照一定的规则予以分解。在此基础上，根据地理位置、知识结构、文化背景、研究兴趣、时间空闲程度等方面的不同影响因素进行任务分配，并针对任务分配过程中可能会出现的各种冲突，采取适当的方式对任务冲突进行协调以保障任务的顺利完成和组织的正常运行。

（2）流程优化

外智引联型创新团队由于人员流动性较大，现有的运作流程可能随着时间的变化和人员的流动需要进行动态调整，对流程的科学优化可以提高外智引联型创新团队的协调与运行效率。这个阶段的任务主要是根据项目进展状况以及出现的冲突状况对当前业务流程进行整合优化。进行整合优化首先需要找出当前业务流程的不足之处以及产生的具体原因，然后思考为何要进行优化、如何进行优化以及优化效果评价等主要方面的问题，可以在完善任务分配机制、规范团队运营等方面着手。

（3）资源整合

外智引联型创新团队开展项目研究必须有充足的资源要素做支撑，该方面的任务主要是明确团队现有资源，包括有形资源与无形资源。在任务执行过程中，主体多样性、知识异质性、任务复杂性、环境多变性等特征会导致任务不确定性增强，针对任务实际进展情况中任务主体因资源短缺或资源配置不合理而导致任务执行中断或失败的问题，对团队现有资源进行整合优化以保证任务顺利执行。

（4）过程监督

外智引联型创新团队由于具有跨区域、多主体等特性，在进行项目合作研究过程中因领导风格、成员能力、内外部沟通条件等方面的差异而可能导致执行效率参差不齐，团队主体异质性也决定了不同主体的工作积极性、团队奉献程度存在差异，对于消极完成任务的成员或组织需要进行不定期监督与提醒以保障任务的顺利完成，避免出现"寻租"行为。对项目研究进展进行监督检查可以有效保障项目的执行效率，这一阶段的任务主要是明确监督检查的主客体以及监督范围，对检查结果实施有效奖惩等。

（5）组织学习

外智引联型创新团队主要由高水平的科研人员组成，区别于普通的研发团队，创新团队成员因知识密集型明显而需要不断地对固有知识进行更新与完善，掌握本学科的研究动态和理论前沿，以提升科研成果的价值和组织的持续竞争力。对知识开展组织学习，需要将创新团队建设成学习型组织，主要包括内外部成员如何共同开展学习、单方主体如何独立进行学习等方面。

3. 项目完成阶段

这一阶段主要包括两种情况，即顺利完成任务需要进行奖赏，而项目滞后或者失败则需要项目主体承担各自的责任。

（1）成果分配

项目完成后的成果通常以专利、论文或更实质的经济效益等形式予以表现。对于成果的分配，从宏观层面来看，主要是根据团队成员付出资源的数量、研究难度及对项目的整体贡献等方面予以衡量；从微观层面来看，需要根据研究任务承担主体的能力、实际贡献以及努力程度等方面予以衡量。尽可能地保证公平合理，发挥成果分配的激励作用。

（2）利益分配

外智引联型创新团队一般是以项目为合作载体，在完成项目后会得到一定的经济效益，同时在项目合作过程中也会获得社会地位、名誉等无形利益，利益的分配是该阶段最重要的任务，如何采用科学的方法测度协同合作过程中双方真实或有效的贡献，以科学合理的方式分配利益，需要在结合外智引联型创新团队特殊属性的基础上进一步探索。

（3）责任分配

由于外智引联型创新团队承担的任务一般是具有一定难度的，且合作主体是跨区域、多主体的，能力欠缺、协调不力、名义信任等多方面原因都可能导致项目搁浅。故这一阶段首先需要找出项目失败的原因，比如是主观还是客观方面的原因；其次，需要明确具体的责任人，评估项目失败所造成的经济损失；最后，需要对如何弥补这些损失提出实质性的量化方法。

通过上文的分析，本节构建了外智引联型创新团队三阶段任务分解模型，如图5.1所示。

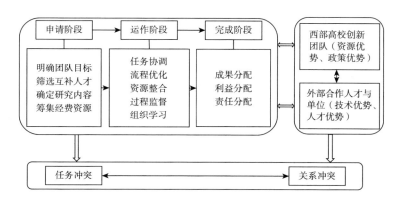

图 5.1　外智引联型创新团队任务分解模型

外智引联型创新团队在合作过程中要充分利用西部高校创新团队的资源优势和政策优势，通过与中东部地区优秀科研单位共同承担项目研究任务，利用合作方的技术优势、人才优势，实现双方人才各方面能力持续提升和地区间经济协同发展。同时，外智引联型创新团队具有跨区域、多主体的独特属性，在合作过程中可能会由于任务分配不合理、任务难度差异大、利益分配不均衡等多方面的原因而产生任务冲突，也可能会由于合作主体欠缺沟通、知识结构差异等而产生关系冲突，而良好的沟通艺术是化解冲突的最重要手段，只有各合作主体在良性沟通的基础上倾听各方意见与内在诉求，寻求共识点，才能促使外智引联型创新团队高效运转、良性发展。

二　任务分解的思路

1. 任务分解原则

任务分解是外智引联型创新团队开展协同合作的关键难点，任务分解的科学性直接决定着任务分配的合理性、任务执行的效率、任务完成的效果。一方面，若团队内部任务分解的子任务数量过少，则表明各子任务粒度较粗，任务内部复杂度较高，可能会在很大程度上影响任务执行的效率和任务完成的效果；另一方面，若任务分解的子任务数量过多，则表明创新团队内部子任务分解过于细化，任务间交互性比较明显，不利于任务执行主体综合能力的提升及对任务执行情况实现有效管控。此外，若任务分解后的子任务间交互性明显、耦合度高，则任务主体在执行任务过程中需要持续加强与其他任务主体的沟通才能保证任务执行方向与进度的一致性，这需要耗费大量的沟通成本与协调成本。同时，团队任务亦有时限性要求，若任务分解后的子任务在规模大小、难度系数及执行时间上不够均衡，则很可能因单个子任务执行时间过长而延误整体项目进度，增加额外成本。基于此，将任务分解为粒度适宜、彼此独立、时间均衡的子任务，是外智引联型创新团队实现有效协同合作的关键难点。

2. 任务类型判定

外智引联型创新团队的任务复杂多变，各任务之间存在错综复杂的交互关系，对外智引联型创新团队任务进行分解的前提是对其任务类型进行判定。为此，侯亮等指出任务之间的关系主要分为四类，如图 5.2 所示。[①]

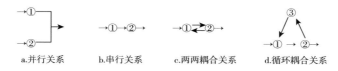

图 5.2　任务间关系类别

通常而言，在以上四种任务间的关系中，在未对整体任务进行初步分解的情况下，最接近外智引联型创新团队协同合作任务的是 c 和 d，外智引联型创新团队因其跨区域、多主体等属性，任务之间错综复杂，呈现高度交互式状态，这在很大程度上增加了对其任务进行科学分解的难度。为更加直观地描述并辨析任务间的复杂关联，在借鉴庞辉和方宗德[②]、包北方等[③]学者研究成果的基础上，提出外智引联型创新团队任务粒度、任务耦合度、任务均衡度的定义及计算方法。

3. 任务相关定义与计算方法

（1）任务粒度的定义与计算方法

定义 1：任务粒度。任务粒度的大小通常用任务粒度系数与任务数量的关系来表示，它是用来衡量团队内部子任务的聚合程度。任务粒度与任务数量密切相关且呈反比例关系，即任务数量越少，则任务粒度越大，任务粒度系数也越大。由此可得：

$$n = k \times \frac{1}{n_t} \tag{5.1}$$

其中，n 为任务粒度，n_t 为任务数量，k 为任务粒度系数，且 $n>0$，$n_t>0$，$k>0$。

① 侯亮等：《跨企业产品协同开发中的设计任务分解与分配》，《浙江大学学报》（工学版）2007 年第 12 期，第 1978 页。
② 庞辉、方宗德：《网络化协作任务分解策略与粒度设计》，《计算机集成制造系统》2008 年第 3 期，第 425~430 页。
③ 包北方等：《产品定制协同开发任务分解模型》，《计算机集成制造系统》2014 年第 7 期，第 1537~1545 页。

任务粒度系数 k 的大小取决于子任务间的内聚关联度，为有效地对团队子任务间的内聚关联度进行量化与测算，通过借助软件工程设计中内聚系数的计算方法，将外智引联型创新团队协同合作项目视为一个软件模块，并基于模块内聚关联度的系统思维方法分析子任务间的交互程度，从而得到外智引联型创新团队内部子任务的任务粒度系数。

定义 2：任务关联内聚系数。任务关联内聚系数是用来衡量外智引联型创新团队任务间的交互程度，可以有效反映任务间的联系紧密程度。在对团队任务间的内聚关联度计算前应先了解任务或活动约束结构及约束控制元的相关概念。

一个活动约束结构通常用一个二元组（D，O）表示，其中 D 代表活动约束结构中的有限个活动单元；$O = \{(p,cs) \in D \times P(D)\}$ 代表由若干约束控制元组成的约束控制集，p 表示输出活动单元，cs 表示由若干输入活动单元组成的集合，（p，cs）代表活动单元构成的约束控制空间的约束控制元。一个约束控制元通常由一组输入、输出活动关系构成，其表现形式如图 5.3 所示。其中，图 5.3（1）为或分支结构；图 5.3（2）为并分支结构，用约束控制元可表示为 $\{(f,\{b\}),(f,\{c,d\})\}$。[①]

图 5.3　基本约束控制结构

对于活动约束结构（D，O）的有效约束子集 t，其关联内聚系数为：

$$\lambda(t) = \begin{cases} \sum_{(p,cs) \in t} |\{\exists (p,cs),(q,ds) \in t \\ | (\{p\} \cup cs) \cap (\{q\} \cup ds) \neq \emptyset \text{ 且} \\ (p \neq q)\}|/(|t| \cdot |t-1|), |t| > 1 \\ 0, |t| \leqslant 1 \end{cases} \tag{5.2}$$

① 包北方等：《产品定制协同开发任务分解模型》，《计算机集成制造系统》2014 年第 7 期，第 1537～1545 页。

其中，$|t|$ 表示活动约束结构中有效约束子集 t 内的约束控制元数量，p 和 q 为输出活动单元，cs 和 ds 为输入活动单元集，$(\{p\} \cup cs) \cap (\{q\} \cup ds) \neq \varnothing$ 表示某一约束控制元中的所有输入、输出活动与其他约束控制元中的输入、输出活动存在交集。

定义3：任务重用内聚系数。任务重用内聚系数反映的是约束控制元中活动单元被重用的量化水平，它等于活动约束结构中被重用的活动与所有活动的数量的比值，对有效约束子集 t，其任务重用内聚系数为：

$$\mu(t) = \begin{cases} |\{\exists (p,cs),(q,ds) \in t \\ | (\{p\} \cup cs) \cap (\{q\} \cup ds) \neq \varnothing 且(p \neq q)\}| / |t|, |t| > 1 \\ 0, |t| \leqslant 1 \end{cases} \quad (5.3)$$

定义4：任务内聚系数。任务内聚系数反映任务关联内聚系数与任务重用内聚系数间的关系，对于活动约束结构 (D, O) 的有效任务，其计算公式如下：

$$k(t) = \lambda(t) \cdot \mu(t) \quad (5.4)$$

定义5：任务粒度系数。任务粒度系数反映任务内聚系数与任务数量的比例关系，对于外智引联型创新团队而言，项目中一般包括若干有效任务，其计算公式如下：

$$k = \frac{\sum_{t \in T} k(t)}{|T|} \quad (5.5)$$

其中，T 为项目分解后的有效任务数量。

（2）任务耦合度的定义与计算方法

任务耦合度反映外智引联型创新团队任务间交互程度的量化水平，在外智引联型创新团队协同合作过程中，任务之间的交互主要体现为成员间的知识共享以及项目执行过程中学科信息的交互与融合，其计算公式如下：

$$R = \begin{cases} \dfrac{\sum_{s,t \in T} cond(s,t)}{|T| \cdot |T-1|}, |T| > 1 \\ 0 \qquad\qquad , |T| \leqslant 1 \end{cases} \quad (5.6)$$

$$cond(t_i, t_j) = \begin{cases} 1, \exists(p, cs) \in t_i, (q, ds) \in t_j; \\ (\{p\} \cup cs) \cap (\{q\} \cup ds) \neq \varnothing \text{ 且 } t_i \neq t_j \\ 0, \text{其他} \end{cases} \quad (5.7)$$

另外，如果 t_i 与 t_j 为外智引联型创新团队内部彼此独立的有效任务，$\sum cond(d_i, d_j)$ 反映团队任务 t_i 和 t_j 之间的信息交互总量，以此可求解外智引联型创新团队任务的信息关联矩阵，而该矩阵是一个 $n \times n$ 阶方阵，n 代表外智引联型创新团队的有效任务数量，矩阵的对角线用 0 表示；矩阵内其他元素用 $cond(s, t)$ 表示，如果任意两个独立有效任务之间有相同的活动单元，则它们之间存在信息交互，$cond(s, t) = 1$，否则为 0。矩阵中每行元素为 1 的数目表示某一活动单元被重用的次数，$\sum cond(d_i, d_j)$ 为该项目中有效任务间信息交互次数，$|T|$ 表示任务总量。

（3）任务均衡度的定义与计算方法

任务均衡度是用于衡量外智引联型创新团队任务数量以及任务工作量上的均衡程度，鉴于团队任务交互明显且主体多样化等特征，本书主要用任务的具体执行时间进行量化测度，为此，运用任务执行时间的标准差对任务均衡度予以量化。对于由 n 个独立的有效子任务组成的任务集 $T = \{T_1, T_2, \cdots, T_n\}$，其任务执行时间分别为 $t = \{t_1, t_2, \cdots, t_n\}$，则其任务均衡度为：

$$D = \sqrt{\frac{1}{n} \cdot \sum_{i=1}^{n} (t_i - \bar{t})^2} \quad (5.8)$$

其中，$\bar{t}$ 为任务执行时间的平均值。

外智引联型创新团队的任务均衡度主要体现在项目任务内部及任务之间在执行进度上的均衡，即各任务在执行时间上不宜相差太长。这一方面会对任务执行主体的心理造成影响，引起不必要的恐慌；另一方面也会影响项目的整体进度与规划。此外，团队任务执行时间与任务间的耦合程度密切相关，且任务类型的不同直接影响任务执行的效率。对于串行关系任务的计算，通常是各子任务执行时间的累加。而对于耦合关系任务，则需计算任务之间的交互系数，本书采用高斯消元算法进行计算。例如，外智引联型创新团队子任务 a 和子任务 b 为耦合重叠关系，其单独执行时间分别为 t_a 和 t_b，则任务的执行时间为：

$$t_{a,b} = t_a + \frac{t_b + t_a \times d_{a,b}}{1 - d_{a,b} \times d_{b,a}} \tag{5.9}$$

其中，$d_{a,b}$、$d_{b,a}$ 分别表示任务 a 对任务 b、任务 b 对任务 a 的交互耦合系数。

三　任务分解方法的实现步骤

任务分解是外智引联型创新团队协同合作的首要难题及关键要点，其目的在于将团队所承接的项目依据特定原则科学分解成粒度大小适宜、彼此独立、执行时间均衡的子任务，以提升任务执行效率和任务完成效果。为此，在对外智引联型创新团队的任务分解过程中，首先需要根据项目需求分析任务类型，然后要思考如何科学地把握团队任务粒度、任务耦合度、任务均衡度之间的关系，基于上文的分析，本节提出外智引联型创新团队任务分解步骤。

步骤 1：任务初步分解。针对外智引联型创新团队所承担项目的具体特征及现实要求，按照项目阶段性任务的差异进行初步分解，得到任务分解集 S_1。

步骤 2：任务类型分析与判定。针对 S_1 中初步分解后的任务进行分析，判定任务类型，若任务彼此独立则停止分解，直接输出至任务最优分解集 S 中；若任务之间交互明显、耦合重叠，则进入步骤 3。

步骤 3：任务粒度分析与判定。针对外智引联型创新团队跨区域、多主体的基础特性，结合团队任务实际执行情况和历史经验而设定相应的任务粒度阈值，对耦合重叠关系任务进行逐层分解，直到所分解的任务粒度小于所设定阈值，得到任务分解集 S_2。

步骤 4：任务耦合度分析与判定。设定针对外智引联型创新团队任务间耦合度的阈值，并测算 S_2 的任务耦合度，若在所设定阈值范围内，则输出任务分解集 S_3，并进入步骤 5；否则，合并任务信息交互程度高的子任务，直到任务耦合度小于所设定阈值，然后返回步骤 3。

步骤 5：任务均衡度分析与判定。设定针对外智引联型创新团队的任务均衡度阈值，计算 S_3 的任务均衡度，如果在所设定的任务均衡度阈值范围内，则确定为最优分解集 S；否则，返回步骤 3。

基于以上分析，本节得出任务分解的基本框架，如图 5.4 所示。

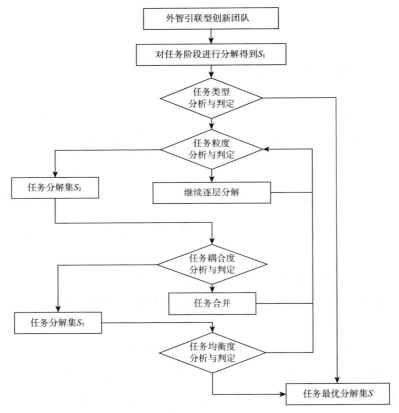

图 5.4 任务分解的基本框架

第四节 任务分配与冲突识别

外智引联型创新团队的任务分配是在任务分解的基础上进行的，外智引联型创新团队的任务分配首先需要明确任务分配的原则，然后在原则的指导下分析任务分配的影响因素。采用科学的任务分配方法，可以显著提升任务执行效率和任务完成效果。

一　任务分配原则与策略

1. 任务分配原则

（1）任务需求与主体能力相匹配

在进行任务分配时，首先需要考虑任务承担主体是否有能力出色、高效地完成任务。通过上文分析可知，外智引联型创新团队的任务呈现明显的交互耦合特征，其任务多为并行执行，项目的完成时间取决于最后任务的完成时间，单个主体的能力与任务需求不匹配不仅会使任务延迟，还会导致项目整体进度滞后，给项目带来巨大的经济损失、资源浪费以及高额的机会成本。为此，考虑任务需求与主体能力的匹配度是任务分配的首要原则。

（2）任务需求与资源要素相匹配

鉴于外智引联型创新团队的任务呈现复杂性、动态性、长期性以及不确定性等特征，这就要求任务主体在执行任务过程中需要综合考虑组织的资源情况以及任务承担主体自身资源的拥有情况。其中，组织资源主要包括人力资源、物质资源、时间资源、技术资源或信息资源等方面，个人资源包括人脉资源、财务资源、名誉资源等方面，组织与个人的资源不能仅仅从显性层次衡量，也要注意隐性层次资源的重要性。某个组织成员可能因家庭条件或社会阅历等方面的不足而并不存在明显的社会资源优势，但其在工作中能独当一面，出色地完成各项任务，其能力也可以被视作一种资源。

另外，在实际执行任务过程中，团队成员可能拥有解决问题的专业能力，但由于不具备任务需求的配套资源而使得任务执行进度缓慢，严重影响项目执行效率。基于此，在任务分配过程中也要考虑项目对任务的要求，以及执行该任务必须具备的资源要素，便于任务执行主体在任务执行过程中集中利用其优势资源，提高任务执行效率和任务完成效果。

（3）任务分配与团队目标相匹配

外智引联型创新团队组建的目的是充分利用外部智力资源解决西部地

区现实发展问题，并在合作过程中不断提升西部地区人才的科研水平、西部高校的教育水平以及区域经济的发展水平。为此，在任务分配过程中要始终坚持以目标为导向，任务分配的目标要服从外智引联型创新团队的组建目标。通过鼓励西部地区科研人才与中东部地区高水平院校的专业人才合作攻关某项科研难题，可以加强中东部科研人才与西部科研成员间的沟通交流与知识共享，促进知识与人才的合理流动与转移，培养本土科研人才，从而实现团队合作的预期目标。

2. 任务分配策略

在确定任务分配方案前，应明确任务分配的策略。第一，对于外智引联型创新团队的任务，首先应界定任务承担主体的主次顺序，对项目进度起决定作用的任务应该优先由西部高校内部成员执行，以实现提升西部高校科研人才水平、培养本土人才的目标。第二，对于不包含关键资源支配的任务，若西部高校和中东部合作单位都可以完成，则在考察西部高校自身可支配资源状况及机会成本的前提下，再判断任务执行主体。第三，任务分配的目标应该做到人尽其才、才尽其用，同时也要具有弹性化的动态调整方案以应对突发状况。

为此，外智引联型创新团队的任务分配过程为：首先，对项目任务进行初步分解，任务执行主体根据专业技能以及历史经验，选择自己感兴趣且有能力执行的任务；其次，针对剩下的任务分析对其分配的影响因素，构建相应的任务分配模型；最后，应用合适的任务分配方法对模型进行求解，指出具体的任务分配方案，并针对任务执行过程中遇到的各种新问题、新情况，制定灵活的配套应对方案，以对任务分配突发情况进行动态调整，提升团队的适应能力。

二　任务分配模型构建及求解算法

外智引联型创新团队因其跨区域、多主体的属性，决定了任务的完成需要高度集成多学科、多专业科研人员的知识力量，充分整合团队内外部资源，以解决西部地区重大的现实发展难题。这也说明了项目任务具有复杂性、动态性、不确定性等特点，需要针对不同阶段的任务采取灵活的组织形式与任务分配策略予以有效应对。为此，本节从任务、成员以及两者之间交互关系三个方面系统梳理外智引联型创新团队任务分配的影响因素，并构建相应的数学模型及求解算法。

1. 任务分配的影响因素

（1）任务方面

通过查阅相关文献以及结合团队管理的实际经验，我们认为，影响外智引联型创新团队任务分配的因素主要包括任务重要度和任务难度。

一是任务重要度。任务重要度主要反映团队某一任务的完成情况对整个项目进度的影响程度。针对任务不同时序的约束，将任务重要度分为高、中、低三个层次，并引入任务的重要度系数 e_j 予以量化，分别对应 3，2，1。

二是任务难度。任务难度反映完成任务所需的专业知识与任务主体能力之间的匹配程度。鉴于任务难度一般很难量化，为此，通过引入模糊集｛无，较小，中等，较大，很大｝对任务难度予以分层，分别对应三角模糊数 0，0.25，0.50，0.75，1.00，对于任意任务 T_j，外智引联型创新团队的成员根据自身的专业技能、历史经验等在 ［0，1］ 区间预估完成该任务的难度系数 S_{ij}，团队内部成员被赋予不同的权重值 η_i，且其和为 1，通过结合任务难度系数和成员之间的权重值综合判定任务难度，为此，任务难度值的计算公式写为：$\bar{S}_j = \sum_{i=1}^{m} \eta_i S_{ij}$。

综上，任务影响因素的评价公式为 $T = k_1 e_j + k_2 \bar{S}_j$，其中 k_1、k_2 分别是相应影响因素的权重系数。

（2）成员方面

影响外智引联型创新团队成员对任务分配的因素主要包括成员可信度以及当前成员的任务负荷度两个方面。

一是成员可信度。成员可信度主要反映任务分配主体对任务承担主体是否具有完成某项任务能力的信任程度。依据任务承担主体的专业能力、历史经验、资源要素等方面的不同，通常可以将成员可信度分为低信度、一般信度、高信度三个层次，用 $b_i = 1，2，3$ 分别对应表示。

二是任务负荷度。外智引联型创新团队的领导者在对任务进行分配时，需要综合考量外智引联型创新团队成员当前任务的承担情况以及其是否有较强的意愿主动承担更多任务。为此，需要综合考虑成员任务负荷度以及心理意愿，引入团队成员现有任务负荷度系数 r_i，$r_i = \{1, 2, 3, 4, 5\}$，分别对应于 $\{$很闲，较闲，中等，较忙，很忙$\}$。

为此，团队成员影响因素的评价公式为 $M = k_3 b_i + k_4 r_i$，其中，k_3、k_4 分别为成员可信度和任务负荷度的加权系数。

（3）成员与任务关系方面

鉴于外智引联型创新团队的跨区域、多主体等属性，主要从地理因素、能力因素以及兴趣因素来评价成员与任务关系对任务分配的影响。

一是地理因素。引入衡量地理位置远近程度的距离系数 $d(i, j)$ 来反映外智引联型创新团队合作伙伴之间的地理位置关系，主要可以分为外地和本地，若 $d(i, j) = 1$ 则表明合作伙伴在外地，若 $d(i, j) = 2$ 则表明合作伙伴在本地。

二是能力因素。通过引入能力矩阵 $B = [b_{ij}]_{m \times n}$ 来对外智引联型创新团队成员和项目任务完成所需要的能力匹配程度进行测评。其中，b_{ij} 表示团队成员 i 对项目任务 j 执行能力的高低情况，而 b_{ij} 的取值用六维向量 $q = [0, 0.2, 0.4, 0.6, 0.8, 1.0]$ 表示，各等级取值的划分与判断主要依据不同成员的专业技术职称、学术成果、历史执行经验等。

三是兴趣因素。外智引联型创新团队成员对任务的兴趣多属于主观层面，通常较难运用具体数值进行科学量化。为此，本书通过借鉴专家打分法的形式，对外智引联型创新团队成员的兴趣系数以某一矢量（I_{i1}, I_{i2}, …, I_{in}）来表示，且矢量和为 1。同时值得注意的是，团队成员对某任务的兴趣可能随着任务难度的提升、内外部环境的变化而发生波动，需要及时对成员的任务兴趣指数进行动态调整以保障任务完成的质量。为此，引入任务兴趣修正系数公式 $\delta_{ij} = \left| I_{ij} - \sum_{i=1}^{m} I_{ij}/m \right|$，反映对于项目任务 T_j，第 i 个成员对任务 j 的兴趣修正系数，由此可建立更为科学、弹性化的成员兴趣矩阵。

通过上述分析，可以得到任务适合度评价公式 $f_{ij} = k_5 d(i, j) + k_6 b_{ij} + k_7 \delta_{ij}$，其中 k_5、k_6、k_7 分别为对应指标的系数。同时结合对任务属性及成员自身因素的分析，构建任务与成员关系的平衡矩阵[①]：

$$Q_{ij} = MT + f_{ij} = [q_{ij}]_{m \times n} \tag{5.10}$$

其中，M 为成员角度的影响因素，T 为任务角度的影响因素，MT 表示任务分配时需同时考虑成员与任务的交互影响程度。

2. 任务分配模型构建及求解

基于以上分析，外智引联型创新团队任务分配的策略是尽量将相对重要的、任务完成难度较大且时间紧迫的任务优先分配给西部高校中可信度较高、任务负荷度小、对任务感兴趣且有强烈意愿的团队成员去执行。这不仅可以培养本土科研人才，而且可以掌握合作中的自主权，避免陷入过于依赖外部合作单位和人才的困境。为此，可以构建外智引联型创新团队任务分配的优化数学模型：

$$\min Z = \sum_{j=1}^{n} \sum_{i=1}^{m} (q_{\max} - q_{ij}) x_{ij}$$

$$\text{s.t.} \sum_{i=1}^{m} x_{ij} = p_j, \sum_{j=1}^{n} x_{ij} = 1 \tag{5.11}$$

其中，$x_{ij} = 0$ 或 1；$i = 1, 2, \cdots, m$；$j = 1, 2, \cdots, n$。

式中，p_j 为第 j 个任务所需的成员数量，$x_{ij} = 1$ 表示成员 i 被分配到任务 j，否则相反，$q_{\max} = \max\{q_{ij}\}$。

对于外智引联型创新团队任务分配的优化数学模型主要有三种求解情况。

第一，当 $m = n$，即任务执行主体数与项目任务数相一致时，该任务分配的优化数学模型求解问题为传统的任务指派，计算相对简单，鉴于该情况较为特殊，在此不一一赘述。

第二，当 $m > n$，即任务执行主体数多于项目任务数时，项目任务需要多个团队成员共同执行。首先初步判定任务难度以及成员的可信度，然后安排 n 个成员执行 n 项任务，剩余的 $m - n$ 个成员根据对已分配任务的兴趣程度或任务执行主体的信赖程度而协同参与 n 项任务中的某一个。为便于

[①] 庞辉等：《面向协同设计的任务调度问题研究》，《系统工程与电子技术》2008 年第 10 期，第 1899~1903 页。

计算，假设团队的各项子任务都有一项与之完全"等价"的"虚拟任务"，且团队成员执行这些任务产生的结果是无差异的，那么当前团队任务数为 $n(m-n+1)>m-n$，即任务数大于成员数。假设还有 $n(m-n+1)-m=(m-n)(n-1)$ 个"虚拟成员"，即团队成员数和团队任务数相等，矩阵 Q 扩展为 $n(m-n+1)$ 阶矩阵 $\overline{Q}$，具体形式如下：

$$\overline{Q} = (q_{ij})_{n(m-n+1)\times n(m-n+1)} = \begin{bmatrix} Q & Q & Q & \cdots & Q \\ 0 & 0 & 0 & \cdots & 0 \end{bmatrix} \tag{5.12}$$

式中，第一行有 $m-n+1$ 个 Q；第二行中的 0 表示 $(m-n)(n-1)\times n$ 阶零矩阵。用匈牙利算法求解，得到最优解 $X=(x_{ij})_{h\times h}$，这里 $h=n(m-n+1)$，对于 $(x_{ij})_{h\times h}$ 中的前 m 行等于 1 的元素，若 $x_{ij}=1$，且 $i\leq m$，此时 $1\leq j\leq h$，令 $j=un+v$（$0\leq u\leq m-n$，$1\leq v\leq n$），则表示任务 v 应分配给成员 i，因为第 j 个任务要么是第 v 个任务（$u=0$），要么是第 v 个任务的一个等价的"虚拟任务"（$1\leq u\leq m-n$）。

第三，当 $m<n$，即任务执行主体数小于项目任务数时，若项目所有任务都要求完全分配，则团队每一成员可同时执行多项任务。首先安排团队 m 名成员执行 m 项任务，那么剩下的 $n-m$ 项任务中，每项任务还可由这 m 个成员中的任何成员去完成，即每个成员最多还可完成 $n-m$ 项任务，此时增加同等的"虚拟成员"，这样成员数就有 $m(n-m+1)$ 个，显然多于任务数，然后进一步假设还有 $m(n-m+1)-n=(n-m)(m-1)$ 项"虚拟任务"，此时，团队成员数和项目任务数相等，矩阵 Q 扩展为 $m(n-m+1)$ 阶矩阵 $\overline{Q}$，具体形式如下：

$$\overline{Q} = (q_{ij})_{m(n-m+1)\times m(n-m+1)} = \begin{bmatrix} Q & \cdots & 0 \\ \vdots & & \vdots \\ Q & \cdots & 0 \end{bmatrix} \tag{5.13}$$

式中，第一列有 $n-m+1$ 个 Q；第二列中的 0 表示 $m\times(n-m)(m-1)$ 的零矩阵。用匈牙利算法求解，得到最优解 $X=(x_{ij})_{h\times h}$，这里 $h=m(n-m+1)$，对于 $(x_{ij})_{h\times h}$ 中的前 n 列等于 1 的元素，若 $x_{ij}=1$，且 $j\leq n$，此时 $1\leq i\leq h$，令 $i=km+t$（$0\leq k\leq n-m$，$1\leq t\leq m$），则表示第 j 项任务应分配给第 t 个成员去做，因为第 i 个成员要么是第 t 个成员（$k=0$），要么是第 t 个

成员的"虚拟成员"（$1 \leq k \leq n-m$）。

三　冲突识别

外智引联型创新团队的任务分配后，内部成员间以及合作团队间可能因价值认同、责任担当等方面的差异而在任务执行过程中产生各种各样的冲突，较为频繁的是团队成员之间、成员与外部合作单位之间以及不同单位之间由于人才争夺、资源获取以及利益分配等原因而产生的各种冲突，主要包括文化冲突、任务冲突、关系冲突、过程冲突、资源冲突等。这就需要团队的领导者对不同冲突类型进行识别与分类，并在考虑冲突与组织目标间、冲突处理成本与机会成本间的复杂关系后做出具体的应对决策。由于外智引联型创新团队的跨区域、多主体属性，团队合作主体普遍具有较高的知识层次、思想与文化素质，且合作单位间具有良好的合作关系。基于此，我们认为，外智引联型创新团队主要存在以下几种类型的冲突。

1. 任务冲突

任务冲突是指因任务分解不科学、任务分配不合理而导致的任务执行难度大，由此使团队成员产生抵抗情绪从而产生冲突，该冲突会导致任务完成效率低、任务完成质量差。任务的完成情况直接与成员发展前景以及组织长期发展密切相关，任务冲突的存在可能导致成员个体既定目标和团队整体目标相差较远。当然，显性层面的冲突可以采用有针对性的方法予以解决，但隐性层面的冲突则对组织的长远发展极为不利。如果团队领导者对任务的协调效率不高或成员对任务协调的结果不满意，成员会质疑领导者的素质与能力，导致团队成员各自为战。

2. 关系冲突

关系冲突是指团队成员在任务执行过程中与其他个体合作、沟通时因观点、认知等方面的不同而产生的不合作、冷漠甚至对峙的状态。关系冲突的产生可能源于对合作方能力的不信任、沟通手段的不合理以及性格与思维方式的差异性等多方面。关系冲突对组织任务的顺利执行与组织的长期发展影响巨大，关系冲突需要组织领导者与不同任务执行主体通过分类沟通以及集体沟通等多样化的沟通方式，了解冲突主体的内在诉求以及矛盾点，并采取有针对性的措施进行有效解决。

3. 过程冲突

任务分工容易、协调难，将任务分配给各任务执行主体后，他们由于专业技能、思维方式、沟通渠道等多方面的不同可能会产生多种多样的冲突，大多数学者通常将组织冲突分为任务冲突和关系冲突。但外智引联型创新团队属于高度知识密集型的群体，团队成员普遍具有较高的知识文化素养，虽然在合作过程中会因意见相左而发生争执，但关系冲突比较少见，更多地体现于任务执行过程中存在的冲突，即过程冲突。过程冲突是指团队成员在共同执行任务过程中，因个体能力、知识结构、处世风格、沟通方式、思维习惯等方面的差异而产生的冲突，该种冲突在任务执行过程中出现频率较高。过程冲突直接影响任务执行进度，通过制订明确的任务进度计划以及弹性化的时间调控制度，协调不同主体的任务内容，提高任务执行效率，提升流程设计的合理性，采用程序化协调的方式可以解决过程冲突。

4. 利益冲突

利益冲突是指在任务执行过程中为争夺有限的资源以及任务完成后的知识产权成果、经济利益而发生的冲突。利益冲突直接关系到团队成员的积极性、组织的合作氛围，对组织的长期发展具有重要的影响。若要协调利益冲突就需要综合考量成员在执行任务过程中资源的投入量、承担任务的重要性、任务的难度等因素。

以上任务冲突都是较为常见的冲突类型，由于任务的复杂性、环境的动态性以及合作主体的多样性，在任务执行过程中执行主体可能会因面对多种不确定性而产生更多新的冲突。这可能会导致团队成员积极性减弱，影响项目的整体进度，甚至会影响团队的生命周期。为此，采取科学合理的方法对外智引联型创新团队的任务进行有效协调，保障任务的顺利执行以及团队成员开展实质性合作与知识共享、转移，对共同解决西部地区现实发展难题具有重要的理论与现实意义。

第五节　任务协调研究

一　协调主体辨析

外智引联型创新团队的主体包括西部高校以及中东部高校或科研院所的团队成员，两者在合作过程中存在内主外协、外主内协、平等合作三种关系，具体内容如下。

1. 内主外协

这种模式是指外智引联型创新团队中的构成主体——西部高校在与中东部高水平院校或科研单位合作过程中，西部高校居于主导地位，负责项目的整体运作与进度规划，负责协调不同合作主体之间的关系，保障项目的顺利完成与团队的稳健发展。而中东部高水平院校或科研单位居于次要地位，扮演协作者的角色，主要任务是协助内部主体单位的工作，贡献自己的力量。

2. 外主内协

这种模式是与内主外协的合作关系相对应的，即中东部高水平院校或科研单位在外智引联型创新团队内部居于主导地位，负责完成主要任务以及团队整体发展规划的制定与执行，而西部高校则扮演协作者的角色，通过提供政策优惠、资源优势等条件，促使外智引联型创新团队任务的顺利完成。

3. 平等合作

这种模式主要是指外智引联型创新团队中的西部高校和中东部高水平院校或科研单位在团队内部属于平等关系，二者地位没有主次之分。这种关系虽然表面上有利于团队协同攻关，但主次不分可能使得团队缺乏明确的发展方向，缺乏核心的领导力量，从而使团队内部成员各自为战，内部矛盾频发，最终影响组织的长远发展。

而由于外智引联型创新团队的主要目的是解决西部地区现实发展难题，中东部高水平院校或科研单位更多的是作为协作者提供智力支持，且西部高校相对于中东部高水平院校或科研单位更为了解当地文化习俗和西部地区现实发展情况，拥有开展科学研究所必需的资源要素与支持政策。为此，综合考虑到外智引联型创新团队合作双方组建之初的目标定位以及现实研究需要，我们认为外智引联型创新团队任务冲突的协调主体应该是西部高校，客体为中东部高水平院校或科研单位，即两者为内主外协的合作关系。

二　任务协调原则

1. 整体性原则

外智引联型创新团队的根本目标是集成双方的优势资源，整合双边优势，共同解决西部地区经济发展过程中面临的重要现实难题，而在对团队任务执行过程中的各种冲突进行协调时要服从外智引联型创新团队组织的整体战略目标规划，任务协调的目标是解决合作过程中出现的不和谐问题，调动合作双方的积极性，共同解决西部地区现实发展难题。为此，任务协调要服从整体目标，采取有针对性的协调方法，保证双边合作持续有效地深入推进。

2. 重要性原则

由于外智引联型创新团队的任务存在动态性、复杂性、不确定性等特征，任务合作主体也存在不同层次的差异性，所以任务冲突在某种程度上可能破坏组织的整体氛围，影响组织的长远发展，也可能激发团队成员的创新活力。而任务执行过程中因资源分配、进度差异等问题而产生的关系冲突则可能使双边合作关系趋向瓦解。为此，对不同类型的冲突要进行主次的判断，集中主要精力和优势资源解决主要冲突，有选择性地协调其他次要冲突。

3. 灵活性原则

外智引联型创新团队具有跨区域、多主体等复杂属性，且团队成员多为知识密集型群体，他们的知识背景、专业技能、性格特点等方面的不同决定了对其进行有效管理更为困难，这就要求团队领导者在任务协调过程中与团队成员进行深层次的沟通与交流，了解不同成员间的差异化利益诉求，采取灵活性的协调策略。

三　任务协调方法

针对外智引联型创新团队的任务进行协调时，首先，应了解任务协调的原因。任务协调不能仅侧重于事后反馈，单纯地解决已经出现的矛盾，也需要制定良好的预防措施以及弹性化的协调方案，针对未来团队发展过程中面临的不确定性，给出多样化的应对策略。

1. 任务协调原因

（1）主体多样性

外智引联型创新团队具有跨区域、多主体等基本属性，团队成员因所解决问题的不同而有所差异。来自不同的学科领域、不同的工作单位，成员的知识结构、性格特征、学习背景、思维方式以及文化习俗不同，导致他们对团队任务属性、任务重要程度、任务解决方案等具有很强的认知差异。因此，成员间可能存在认知偏好冲突。

（2）关系复杂性

外智引联型创新团队的组建往往是为了解决某一项具体任务或者共同研究某一个重要课题，临时性组建的团队使得团队中成员可能出现身兼数职的情况，在实际任务执行过程中可能更多的是承担名义首脑的责任，实际贡献较为有限，这不仅会影响其他成员的工作积极性以及满意度，还可能会影响决策者在任务执行过程中的观点。

（3）信息不对称性

外智引联型创新团队是由西部地区高校以及中东部地区科研院所组成，地域间的跨度使得相关信息的沟通、转移以及共享等可能存在一定的时滞性，而在特定情境或紧急情况下，决策者需要在有限时间内以及模糊认知的情况下迅速做出科学决策，信息不对称可能会影响决策主体的决策正确性和科学决策的效率。

2. 任务协调思路

外智引联型创新团队在不同发展阶段具有不同的任务，对其任务进行协调是一个多阶段循环往复的过程，即任务协调主体需要针对任务执行过程中出现的多样化冲突，引入头脑风暴法，集成专家意见进行群体决策。通过不断沟通交流，形成关于任务协调的相关方案以及预警机制。但并不是每种冲突都需要协调。在团队合作过程中，适度的冲突在某种程度上对拓展群体思维、激发群体创造力具有积极的作用。为此，通过借鉴徐选华等的相关思想及研究成果[①]，结合相关专家的经验分析，初步设定知识密集型团队群体冲突水平的阈值。另外，任务协调需要一定的时间与人力成本，当任务协调成本大于任务冲突产生的破坏性成本时，则没有必要对其进行协调，为此，需要考虑任务协调的成本以及任务协调的次数，提升任务协调效率，避免无效协调以及出现资源浪费的情况，设任务协调约束次数为 T。

基于上述分析，任务协调的必要性需要综合考虑任务冲突的阈值以及将任务协调的成本与任务协调的收益进行比较。另外，任务协调是由团队内部不同的专家借助头脑风暴法进行集体决策的行为，将外智引联型创新团队的任务协调问题转化为群体决策问题，即通过借助专家的丰富实践经验以及多元的知识结构，对任务执行过程中的冲突程度进行判断，并集成不同专家的差异化知识进行冲突协调。

为此，由于外智引联型创新团队是由跨区域的不同主体组成的，团队内部的主体多为具有较高知识水平和综合素质的研究人才，且团队能开展合作也体现出团队间具有较为和谐的合作关系。为此，团队内部的冲突多是主体与任务间的过程冲突，并不具有明显的个人冲突或者团体间的关系冲突，故可以将团队的任务协调转化为多属性群体决策。另外，任务协调也需要大量的成本，要保证冲突的合理解决，需要对任务协调的时间以及次数进行限定，确保下一轮的协调效果优于上一轮，因此，引入专家意见一致性程度的相关概念，通过测度任务协调过程中的专家意见一致性程度，评价任务协调的效果与效率。

3. 决策群体偏好集结

现设由 m 个决策专家成员组成一个决策群体，并记为 $E = \{e_1,$

---

① 徐选华等：《非常规突发事件应急决策冲突消解协调方法》，《控制与决策》2013 年第 8 期，第 1138~1144 页。

e_2，…，e_m}，其中 $m \geqslant 2$，e_i 表示第 i 个决策成员，对外智引联型创新团队的任务协调问题假设有 n 个决策属性，并记属性集为 $X = \{x_1, x_2, \cdots, x_n\}$，其中 x_j 表示第 j 个决策属性。对于第 j 个决策属性，决策群体第 i 个决策成员所提供的偏好可以表示为 r_{ij}（$r_{ij} \geqslant 0$，$i = 1$，2，…，m；$j = 1$，2，…，n），则 m 个决策成员关于 n 个决策属性所给出的方案偏好构成决策群体的方案偏好矩阵，并且表示为 V，其中第 i 个决策成员 e_i 所给出的决策偏好矢量为 $\boldsymbol{V}_i = (v_{i1}, v_{i2}, \cdots, v_{in})$，则有：

$$V = \begin{bmatrix} v_{11} & v_{12} & \cdots & v_{1n} \\ v_{21} & v_{22} & \cdots & v_{2n} \\ \vdots & \vdots & & \vdots \\ v_{m1} & v_{m2} & \cdots & v_{mn} \end{bmatrix} = (\boldsymbol{V}_1, \boldsymbol{V}_2, \cdots, \boldsymbol{V}_n) \tag{5.14}$$

由于外智引联型创新团队的任务主体是复杂大群体，为了较为准确地集结所有决策成员的偏好，首先需要分析群体偏好结构，通过对群体成员偏好向量集 $\Omega = \{V_i\}$ 进行聚类，形成群体偏好聚集结构，在此基础上对群体偏好进行集结，采用聚类方法将 $\Omega = \{V_i\}$ 聚类成 K 个聚集，在 Ω 中形成群体成员偏好聚集结构。第 k 个聚集记为 C^k，第 k 个聚集的偏好向量数记为 n_k，则 $\sum_{k=1}^{K} n_k = m$，其中 K 为正整数，且 $1 \leqslant K \leqslant m$。

由于聚类的标准是两个偏好矢量之间的相聚程度，处于同一聚集内的决策成员给出的偏好较为接近，可以认为属于同一聚集内的决策成员权重相同，按照多数原则，对于容量较大的聚集，它们中的决策成员将赋予较大的权重；而对于容量较小的聚集，它们中的决策成员将赋予较小的权重。于是成员 e_i 的权重为：

$$w_i = w_{n_k} = n_k \Big/ \sum_{k=1}^{K} n_k^2 \tag{5.15}$$

整个群体的偏好矢量 U 集结如下所示：

$$\boldsymbol{U} = \{U_j\} = WV = (w_1, w_1, \cdots, w_m)V = (u_1, u_2, \cdots, u_n) \tag{5.16}$$

4. 决策群体冲突程度测度与协调

决策群体的冲突程度测度主要是用单个专家与整体专家决策结果之间

的偏差程度予以衡量，为此，借鉴徐选华等的相关研究成果①，给出如下定义。

定义 6：冲突程度的测度。单个决策成员（个体）偏好与整个群体偏好之间的冲突程度为：

$$\theta_i = \sum_{j=1}^{n} |v_{ij} - u_j| / v_{ij} \tag{5.17}$$

整个群体冲突程度指标定义为：

$$\theta = \frac{1}{m} \sum_{i=1}^{m} \theta_i \tag{5.18}$$

其中，θ 表示决策群体中冲突程度。θ 越大，决策群体之间冲突程度越大；反之，θ 越小，决策群体之间冲突程度越小。设冲突阈值为 CL，当 $\theta \leqslant CL$ 时，表示决策群体内冲突程度已控制在适当低的水平，无须进行冲突消解协调便可使得最终决策结果的群体冲突程度足够低；当 $\theta > CL$ 时，说明此时的群体冲突程度较高，还未达到满意的群体决策结果。可通过定义 6 找出与群体偏好冲突较大的决策者，然后协调者组织这些决策成员进入相互协商和协调反馈阶段。

定义 7：群体成员决策偏好修正方法。在决策成员第 t 轮的决策偏好及临时性群体偏好基础上，通过式（5.19）对第 $t+1$ 轮决策成员的偏好进一步修正：

$$V_i^{t+1} = P_i^t V_i^t + (1 - P_i^t) U^t \tag{5.19}$$

其中，P_i^t（$P_i^t \in [0, 1]$）为第 i 轮偏好协调时决策成员 e_i 的修正系数，该系数由组织者和决策成员根据决策问题的实际需求进行合理设置。如果加入决策群体中的某专家坚持己见，不愿修改其偏好以降低与群体的偏差程度，则 P_i^t 可以设置为相对较大的数，即 $P_i^t > 0.5$；如果决策群体中的专家愿意根据其他专家的意见修改自己的偏好，则 P_i^t 可以设置为相对较小的数，即 $P_i^t < 0.5$；如果专家的偏好值正好与群体决策偏好值相等，则

---

① 徐选华等：《非常规突发事件应急决策冲突消解协调方法》，《控制与决策》2013 年第 8 期，第 1138~1144 页。

设置 $P_i' = 0.5$。通过式（5.19）中所给出的规范化方法，可以不断对决策群体的偏好进行调整，由此可以相对较好地处理决策成员偏好过于随意性和不确定性等问题。

另外，也要考虑到在对决策群体偏好进行修正的过程中单个专家与决策群体之间的冲突或偏差是逐步收敛的，而徐选华等的研究结论①也证明了这一点。他指出虽然每一次只对一个决策成员的偏好进行调整，但实际上在每一轮次的决策偏好冲突消解协调过程中，可能会有 $M>1$ 个决策成员需要修改其偏好信息，此时可以把本轮次的偏好调整看作 M 次的偏好调整，并且每一轮次只对一个决策成员的偏好进行调整，并通过递推的方法证明了通过式（5.19）的规范化方法对成员的决策偏好进行修正后，便可使得决策群体之间冲突程度逐渐减小，并且收敛到冲突阈值 CL 范围内，从而获得最终的群体冲突程度足够低的决策结果。

为此，对外智引联型创新团队的任务进行协调需要考虑不同专家的相关决策偏好，对专家决策偏好的一致性进行重复检验，并依据不同专家的评价情况对具体的群体决策偏好进行修改，使群体决策的偏好一致性达到阈值水平，由此得出任务协调的最优方案。为此，外智引联型创新团队任务协调方法主要包括以下步骤。

步骤 1：专家初始偏好。针对需要协调的具体问题，邀请专家对问题提出相应的意见或者建议，并根据自身知识结构、历史经验等给出具体的偏好值，初步辨析不同专家的差异化偏好。

步骤 2：专家群体偏好。通过综合集成不同专家的评价意见以及具体的偏好值，形成初步群体决策偏好集合，计算群体的偏好值。

步骤 3：冲突程度测度。群体的冲突程度用不同专家成员的决策偏好值与专家群体决策偏好值的差异程度予以衡量，运用具体的公式进行计算，并将计算的冲突程度与冲突阈值相比较。

步骤 4：任务协调判定。若测度出的决策群体的冲突程度超过预设冲突阈值，则说明团队内不同主体间的冲突比较明显，则要进入冲突协调阶段；若测度出的决策群体冲突程度低于冲突阈值，则无须协调。

---

① 徐选华等：《非常规突发事件应急决策冲突消解协调方法》，《控制与决策》2013 年第 8 期，第 1138~1144 页。

步骤 5：任务协调方案选定。如果需要协调，则通过运用德尔菲法或头脑风暴法等形式，组织中的领导者与群体决策中意见差异明显的专家进行新一轮磋商，邀请各位专家对其偏好值进行补充说明，对不同观点进行广泛讨论和反馈，以调整其偏好值，不断循环往复此过程直至决策成员冲突程度小于预先设置的冲突阈值，最终选出最优协调方案。

基于以上分析，并借鉴相关学者的已有研究成果，考虑到外智引联型创新团队任务协调问题的复杂性，本节构建了如图 5.5 所示的任务协调机制的基本框架。

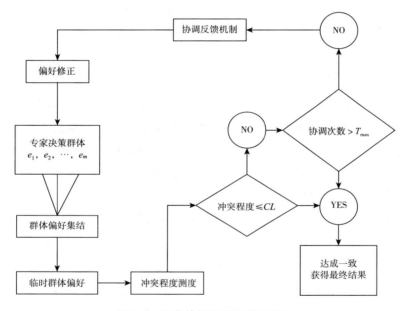

图 5.5 任务协调机制的基本框架

四 任务协调机制的构建

不同的学者因研究内容的差异而对任务协调机制提出了不同的组成内容，其中，井辉和席酉民从工作内容、组织结构、人际关系以及技术职能四个维度提出了任务协调机制的主要内容，具体如图 5.6 所示。①

---

① 井辉、席酉民：《组织协调理论研究回顾与展望》，《管理评论》2006 年第 2 期，第 50~56 页。

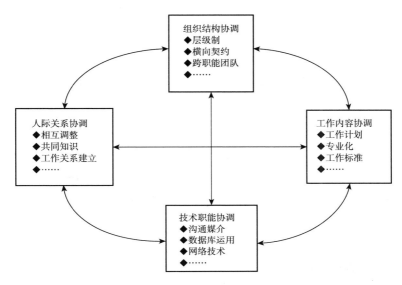

图 5.6　任务协调机制的综合分析框架

而具体到外智引联型创新团队的任务协调机制，可以分为两个维度，即程序化协调和非程序化协调。

在程序化协调方面，外智引联型创新团队的任务协调机制应该包含以下几个方面。

1. 任务分解机制

外智引联型创新团队任务协调产生的原因是，任务自身复杂属性引起的任务冲突或者在任务执行过程中主体间存在的关系冲突与过程冲突。通过摒弃传统关于创新团队任务多为硬性指派且多根据研究进度进行划分而没有考虑团队任务与任务执行主体间匹配度的弊端，构建合理的任务分解机制，采用科学的方法结合历史的经验对创新团队的任务进行分解，可以有效规避因任务分解而产生的各种冲突，减少任务协调成本。

2. 任务分配机制

外智引联型创新团队任务分配的合理性直接决定着任务执行效率和任务完成效果，在综合考虑外智引联型创新团队任务自身属性、任务与主体属性以及任务主体特征的基础上，结合外智引联型创新团队的实际需求和内外部环境的情况，构建实现"任务与目标、任务与资源、任务与主体能力"多维度匹配的动态性的任务分配机制，对任务冲突的解决具有重要的现实价值。

3. 流程监管机制

外智引联型创新团队的成员因跨区域性、多主体性、关系灵活性以及成员异质性等特质，使得其在能力、责任意识以及奉献精神等方面存在很大的差异，不同能力的成员在承担实际工作的过程中对任务的理解、执行以及反馈等都具有差异，存在"能者多劳"的不公平现象以及"寻租""搭便车"等投机行为，这会极大地损害能力强的成员的工作积极性，对团队的长远发展具有显著的负向作用。通过建立流程监管机制，对团队成员参与项目以及任务的实际执行情况和完成效果进行动态化监控，对影响团队整体运行的不良行为实施及时管控，保证任务的顺利执行以及团队的稳健发展。

4. 利益分配机制

外智引联型创新团队的成员虽然普遍具有较高的文化素质，属于知识密集型群体，但根据马斯洛的需求层次理论可知，不同成员因经济基础、社会资源以及价值认知等方面的差异而对不同的事物具有不同的偏好。而不同的研究人员处于不同的需求阶段，也需要金钱或社会资源支撑日常生活或科学研究，不同任务主体研究的积极性都需要一定的物质激励。只有在确保物质生活得到满足之后，才会追求更高层次的精神需求。为此，外智引联型创新团队的领导者需要考虑到利益分配的公平、公开与公正，通过制定明确、客观的绩效考评标准，确保利益分配各环节的透明性，由此可以避免不必要的关系冲突，减少任务冲突和过程冲突。

在非程序化协调方面，外智引联型创新团队的任务协调机制主要包括以下几个方面。

1. 沟通交流机制

外智引联型创新团队的成员一般具有较高的文化素质，任务冲突可能是因知识结构、沟通方式以及价值认知等方面的差异而产生的，通过完善各种社交网络方式（包括微博、微信、易信）等，加强创新团队成员的日常交流，增加相互认知以及文化包容，可以有效减少关系冲突与过程冲突。另外，团队领导者也应该高度重视沟通的重要作用，通过分别与冲突的不同主体进行沟通交流，了解其深层次内在差异化需求，然后集中与矛盾双方进行面对面沟通，发挥好斡旋者的作用，解决团队成员的冲突，促进组织的长远稳健发展。

2. 组织学习机制

外智引联型创新团队的规范运营和持续发展需要强有力的制度予以保障。首先，团队的管理者或领导者需要明确创新团队的目标与使命，制定阶段性的团队规划，让团队成员明确各自职责与义务以及未来的努力方向；其次，通过提升创新团队的执行力，建立合理的激励机制，激发成员的创新动力与学习意识；最后，通过构建组织学习机制，增加组织成员各方面的知识储备，提升成员的核心竞争力和组织的可持续发展能力。

3. 文化内塑机制

通过拓展沟通方式、增加沟通交流频率，组织成员能够互相了解彼此的认知偏好以及思维习惯，提升彼此的认同感和关系的和谐度。但是，组织的长远发展必须塑造独特的组织文化，形成自己的特色。为此，组织领导者需要将组织的长远目标和成员的职业生涯规划紧密结合起来，塑造包容性的组织文化，并不断丰富组织文化。

基于以上分析，本节构建外智引联型创新团队的任务协调机制，如图5.7所示。

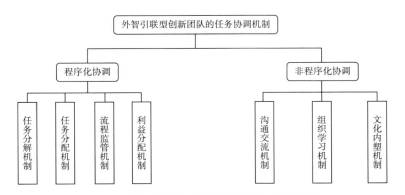

图 5.7　外智引联型创新团队的任务协调机制

外智引联型创新团队任务协调机制不仅仅包括任务分解以及任务分配方面，更应该对任务分配后在实际的任务执行过程中的流程进行实时监控，防止成员关系的不和谐或者任务执行方向的不一致而影响团队整体目标的实现。同时，在任务协调过程中要妥善处理好利益的分配问题，构建公平、合理、公开的绩效评价指标体系，兼顾到不同行业、不同知识层次、不同能力的人才为团队任务执行过程中的差异性贡献，积极加强深度沟通，通过不断鼓励成员加强学习，提升个体的核心竞争力和组织的持续发展能力，打造公平、包容、进取、和谐的组织文化。

第六节　案例分析

一　云南省院省校项目基本概况

1. 项目基本情况

云南省院省校项目是云南省教育厅、云南省科技厅等为鼓励省内高校以及科研院所与省外高水平科研单位进行项目合作研究以提升西部高校科研人才水平、西部地区高校教育水平，为云南省地区经济持续发展注入新鲜血液和不竭动力而发起的，并受到包括云南省财政厅、云南省发改委等众多政府部门或企事业单位的支持。该项目自设立以来为提升云南省内高校科研水平，解决云南省各行各业发展过程中面临的现实问题发挥了重要的促进作用。云南省院省校项目根据合作对象的不同，可以分为高校与高校、高校与企业以及企业间的合作三种模式。其中，云南省院省校科技合作计划旨在支持以云南省内企业为主体、与中科院和国内著名高等学校、科研院所开展科技合作创新，按照市场经济的运行机制，促进云南省重点产业（领域）中共性、关键技术和前沿技术的突破，加速高新技术成果在云南省的转化和产业化，提高云南省创新能力和科技发展水平。

近年来，通过一系列优惠政策，云南省吸引科研平台、科技型企业、科技成果、人才和团队入滇落户（简称"四个落地"），支持云南建成中国面向西南开放的科技创新与技术转移基地的目标正逐步实现。截至 2016 年 12 月，全省共实现"四个落地"914 项（家、个），其中，科研平台 181 个、科技型企业 21 家、科技成果 495 项、人才和团队入滇落户 194 个、其他 23 项。通过与北京大学、清华大学、中国农业大学、中国地质大学、复旦大学、美国犹他大学等多所国内外大学，以及中科院过程工程研究所、中科院海洋研究所、中科院山西煤炭化学研究所等单位的合作，云南企业承担的 92 个省院省校科技合作专项获得立项支持，获科技经费补助 22044 万元，带动项目总投入 284423 万元，突破 42 项核心技术，研发 40 项具有自主知识产权的重大新产品，取得了突出的经济效益和社会效益。①科技入滇，已成为云南对外交流合作的一扇重要窗口。

另外，云南省院省校项目在未来发展趋势中也体现出较强的发展潜力。其中，在云南省《2017 年政府工作报告》中明确指出，要深入实施创新驱动发展战略。支持"政产学研用"紧密结合，整合并加大财政专项投入，推动科技与金融深度融合。赋予科研院所和高校更大的科研自主权，带动社会资本参与创新。实施 4 个重大科技专项和一批重点研发项目，深化"科技入滇"，提高省院省校合作水平，新建院士专家工作站 80 个，新建一批高水平重点实验室和工程技术研究中心。强化企业创新主体地位，加强国有企业技术创新绩效考核，新增科技型中小企业 500 户以上、高新技术企业 100 户以上。加快呈贡大学城等"双创"中心和公共服务平台建设，着力培育"双创"示范基地。启动实施"云岭英才计划"和"技能强省行动计划"，发扬企业家精神和工匠精神。全面深化职称制度改革。落实以增加知识价值为导向的分配政策，鼓励科研人员和技能人才在岗或离岗创业创新，加快成果转化。加强品牌建设，实施重点产业标准提升行动、知识产权强企强县工程和消费品质量提升工程。

2. 项目资助类型

2017 年云南省院省校项目资助范围也比较广泛，主要有以下类别。

第一，有计划地资助中青年教师到省外知名高校和科研院所进修、访学。

第二，有计划地资助硕士、博士学位授予单位的普通高校中青年教师攻读省外知名高校和科研院所的博士学位，资助非硕士、博士学位授予单位的普通高校中青年教师攻读省外知名高校和科研院所的硕士、博士学位。

---

① 相关数据整理自云南省科技厅相关报道。

第三，重点资助高校新型智库、研究中心、研究基地、省级重点学科及创新团队与省外知名高校和科研院所合作开展人文社会科学项目研究。

第四，有计划地资助各类研究中心、研究基地、省级重点学科及创新团队举办国际性的学术会议和高层次的学术活动。

3. 具体案例情况

通过对项目目标以及项目资助类型的介绍，可以看出云南省院省校项目的申请者必须是本地的高校或者科研单位，外地高校更多的是以合作者的形式参与科研项目研究。另外，资助方式的多样化也体现出该项目的多元化与人性化。考虑到本书研究对象属于知识密集型的外智引联型创新团队，为提升数据收集以及研究的便利性，我们的研究对象是以团队形式合作的高校，其主管单位是云南省教育厅。同时，考虑到研究的便利性、数据的可得性，案例采用段万春教授参与的云南省院省校项目"大部制改革后加强云南食品安全管理的对策研究"（项目编号：Sysx201308001），该项目由段万春与吉林大学××教授共同合作承担，通过项目的合作，提升了西部高校科研人才水平，基本实现了培养本土人才的目标，具体情况如表 5.1 所示。

表 5.1   项目主要参与人员情况变化

项目成员	所属学校	参与前职称	完成后职称	参与前学位、职务等情况	完成后学位、职务等情况	获奖情况	备注
X_1	昆明理工大学	副教授、硕导	教授、博导	博士	博士后	教学成果一等奖 省社科三等奖	
X_2	昆明理工大学	副教授、硕导	教授、博导	博士	博士后	省社科三等奖	
X_3	昆明理工大学	讲师		博士	博士		
X_4	昆明理工大学		讲师	博士研究生	博士	云南省博士学术新人奖	留校任教
X_5	昆明理工大学		硕士研究生	硕士研究生	博士研究生	硕士研究生国家奖学金	
X_6	昆明理工大学	副教授、硕导	教授	博士	博士后		
X_7	昆明理工大学		讲师	博士研究生	博士	博士研究生国家奖学金	

资料来源：根据项目材料整理。

二　案例分析过程

1. 任务分解方面

基于该省院省校合作项目在申报之初各阶段任务进度规划，通过上文对外智引联型创新团队任务进行阶段性分解，依据项目规定的时间以及项目前期的进度规划、任务重要性、任务难度对完成项目具体任务的预期所需天数进行了初步预估，见表5.2。

表 5.2　任务名称及预期时间

序号	活动名称	预期所需天数	序号	活动名称	预期所需天数
1	明确团队目标	20	9	内外资源整合	76
2	确定研究内容	36	10	合作流程优化	41
3	筛选互补人才	60	11	加强组织学习	30
4	制定合作方案	30	12	合作制度建设	28
5	筹集经费资源	56	13	科研人才培养	90
6	项目任务分解	18	14	科研成果分配	66
7	项目任务分配	24	15	项目利益分配	45
8	项目任务协调	98	16	项目责任分配	30

步骤1：任务初步分解。根据外智引联型创新团队的基本特征，并基于不同阶段性任务规划，对任务进行初步分解，可细分为团队申请阶段、运作阶段、完成阶段，并按照具体的人才发展、资源整合、任务执行、利益分配等思路进一步细分各阶段任务，具体如下所示：

A：①→②→③→④　　B：④→⑤→⑨　　C：⑦ ⑥→⑩ ⑧

D：④→⑧→⑩→⑫　　E：②→③→⑪→⑬　　F：③→④→⑦ ⑭→⑮ ⑯

$D_A = \{1,2,3,4\}, O_A = \{(2,\{1\}),(3,\{2\}),(4,\{3\})\};$

$D_B = \{4,5,9\}, O_B = \{(5,\{4\}),(9,\{5\})\};$

$D_C = \{6,7,8,10\}, O_C = \{(10,\{6,7,8\})\};$

$D_D = \{4,8,10,12\}, O_D = \{(8,\{4\}),(10,\{8\}),(12,\{10\})\};$

$D_E = \{2,3,11,13\}, O_E = \{(3,\{2\}),(11,\{3\}),(13,\{11\})\};$

$D_F = \{3,4,7,14,15,16\}, O_F = \{(3,\{4\}),(7,\{3\}),(14,\{7\}),(15,\{7\}),(16,\{7\})\};$

$S_1 = \{A,B,C,D,E,F\}$

其中，上述数字均为表 5.2 中的序号。

步骤 2：任务类型分析。外智引联型创新团队的各阶段子任务存在明显的相互依赖、耦合等交互关系，例如任务 A 和任务 E、任务 F 属于耦合重叠关系。因此，进入步骤 3。

步骤 3：任务粒度分析与控制。根据以往团队任务执行情况和完成效率，这里设定任务粒度阈值为 0.04，依据活动约束结构以及任务粒度计算公式就可以得到相应的任务粒度系数，计算结果如表 5.3 所示。

表 5.3　任务粒度系数计算结果

任务序号	任务关联内聚系数 $\lambda(t)$	任务重用内聚系数 $\mu(t)$	任务内聚系数 $k(t)$
A	2/3	1/3	1/3
B	1	1/3	1/3
C	0	0	0
D	2/3	1/2	1/3
E	2/3	1/2	1/3
F	7/10	1/3	7/30

通过计算，由于任务粒度 $n = \dfrac{\sum_{t \in T} k(t)}{n_t} \times \dfrac{1}{n_t} = \dfrac{47}{1080} = 0.0435 > 0.04$，不在任务粒度阈值范围内。此时需对任务 F 进行分解，拆分为 $F_1 = \{3,4,7\}$，$F_2 = \{4,14,15,16\}$，并按照公式计算分解后的任务粒度 $n = \dfrac{\sum_{t \in T} k(t)}{n_t} \times \dfrac{1}{n_t} = \dfrac{5}{147} = 0.034 < 0.04$，在任务粒度阈值范围内，故此时的任

务分解集 $S_2 = \{A, B, C, D, E, F_1, F_2\}$。

步骤4：任务耦合度分析与控制。根据外智引联型创新团队任务明显的复杂交互情况以及跨区域、多主体等复杂属性，结合实际任务执行过程和历史经验而设定任务耦合度阈值为0.6，并根据分解后的活动约束结构式（5.7）可得到项目任务的信息关联矩阵，如表5.4所示。

表5.4 信息关联矩阵

矩阵	A	B	C	D	E	F_1	F_2	合计
A	0	1	0	1	1	1	1	5
B	1	0	0	1	0	1	1	4
C	0	0	0	1	0	1	0	2
D	1	1	1	0	0	1	1	5
E	1	0	0	0	0	1	0	2
F_1	1	1	1	1	1	0	1	6
F_2	1	1	0	1	0	1	0	4
合计	5	4	2	5	2	6	4	28

依据式（5.6）可知，任务耦合度为 $R = \dfrac{\sum_{s,\,t \in T} cond(s,\,t)}{|T| \cdot |T-1|} = \dfrac{2}{3} = 0.667 > 0.6$，不在所设定的任务耦合度阈值范围内，故需将信息交互量多的子任务进行合并，为此，依据任务的信息关联矩阵的计算结果，将任务 A 与任务 F_1 进行合并，得到 $AF_1 = \{1, 2, 3, 4, 7\}$。同时，计算其耦合度 $R' = \dfrac{\sum_{s,\,t \in T'} cond(s,\,t)}{|T'| \cdot |T'-1|} = \dfrac{17}{30} = 0.567 < 0.6$，在所设定的任务耦合度阈值内，无须进行分解重新计算。返回步骤3，重新计算的任务粒度为 $n' = \dfrac{\sum_{t \in T'} k'(t)}{n_t'} \times \dfrac{1}{n_t'} = \dfrac{13}{360} = 0.036 < 0.04$，此时表明它在任务粒度阈值范围内，故任务分解集的最优解为 $S_3 = \{AF_1, B, C, D, E, F_2\}$。

步骤5：任务均衡度分析与控制。根据以往团队在项目任务分配及任务执行进度的经验，设定任务均衡度阈值为30，根据式（5.9）及表5.2和相关活动计划执行顺序，可得分解集中各子任务执行时间，任务间的耦合参数均设定为 0.5，则子任务 C 的预期时间为：

$$t_C = t_a + \frac{t_b + t_a \times d_{a,b}}{1 - d_{a,b} \times d_{b,a}} = 98 + \frac{41 + 98 \times 0.5}{1 - 0.5 \times 0.5} = 218$$

同理，$t_{F_2} = 150$。另外，由于其他任务均为串行，故其任务执行时间为 $t_{AF_1} = 216$，$t_B = 162$，$t_D = 197$，$t_E = 216$。

根据式（5.8）计算项目任务均衡度为 $D = \sqrt{\frac{1}{n} \cdot \sum_{i=1}^{n} (t_i - \bar{t})^2} =$ 26.5932<30，在所设定的任务均衡度阈值范围内，至此得到外智引联型创新团队的最优任务分解集 $AF_1 = \{1, 2, 3, 4, 7\}$，$B = \{4, 5, 9\}$，$C = \{6, 7, 8, 10\}$，$D = \{4, 8, 10, 12\}$，$E = \{2, 3, 11, 13\}$，$F_2 = \{4, 14, 15, 16\}$，并绘制最终任务分解图，如下所示：

AF_1: ①→②→③→④→⑦ B: ④→⑤→⑨ C: ⑦ →⑩（⑥ ⑧）

D: ④→⑧→⑩→⑫ E: ②→③→⑪→⑬ F_2: ④（⑭ ⑮ ⑯）

2. 任务分配方面

外智引联型创新团队的任务可从申请阶段、运作阶段、完成阶段划分，为更加深入地剖析外智引联型创新团队的任务特征，对云南省院省校项目的各阶段任务进一步细化，将其划分为四项主要任务。任务一，申请阶段的任务，主要包括外智引联型创新团队在合作之初首先应明确西部高校与中东部高水平合作单位或人才合作的具体目标，并根据合作目标确定双方合作的领域，进而确定协同攻关的研究内容。在此基础上，积极筛选互补性的科研人才，明确合作方式，确定双方合作的权利与义务，通过积极承担科研项目、寻求社会资助等方式筹集经费资源，为双边合作奠定坚实的基础。此外，考虑到任务执行过程的复杂性和不确定性等因素的影响，将运作阶段的任务分为两个不同子阶段，即执行阶段的任务和完善阶段的任务。任务二，执行阶段的任务，主要指依据项目要求和团队目标对项目进行任务分解、任务分配，并针对任务执行过程中可能出现的各种冲突和新问题进行必要的任务协调，以保证任务高效完成和团队正常运转。任务三，完善阶段的任务，针对任务执行过程中已出现的新问题及未来可能会遇到的各种不确定性情况，对合作流程进行适度改进与优化，主要是通过不断整合内外部资源要素、加强团队组织学习、完善双边合作制度等方式，不断提升合作水平，培养本土高端科研人才，实现互利共赢。任务四，完成阶段的任务，主要指在任务完成后，合作双方根据申请阶段拟定的合作方案，针对双方承担任务的重要性及实际完成情况，进行任务完成后的科研成果、利益分配和任务失败后的责任分配。

基于以上分析，同时考虑到外智引联型创新团队的现实情况，假设 $m=3$，$n=4$，即外智引联型创新团队的任务数多于成员数，设 4 项任务的重要度系数 $e_j=(2,3,2,1)$，3 个成员对 4 项任务评价的难度系数 S_{ij} 形成的矩阵为 $\begin{bmatrix} 0.2 & 0.7 & 0.3 & 0.5 \\ 0.5 & 0.3 & 0.6 & 0.8 \\ 0.3 & 0.7 & 0.4 & 0.6 \end{bmatrix}$，此外，通过专家打分法的形式，得出 3 个成员被赋予的任务难度权重值为 $\eta_i=(0.4,0.3,0.3)$，计算可得项目任务难度值为 $\bar{S}=(0.32,0.58,0.42,0.62)$，用三角模糊数表示为 $\bar{S}=(0.25,0.5,0.5,0.75)$，取 $k_1=0.4$，$k_2=0.6$，则任务影响因素 $T=(0.95,1.5,1.1,0.85)$。另外，设 3 个成员 $b_i=(2,2,3)^T$，$r_i=(2,1,2)^T$，取 $k_3=0.7$，$k_4=0.3$，则对团队成员的影响度 $M=(2,1.7,2.7)^T$。

设由 $d(i,j)$ 形成的矩阵为 $\begin{bmatrix} 1 & 1 & 2 & 1 \\ 2 & 2 & 1 & 2 \\ 1 & 2 & 1 & 2 \end{bmatrix}$，成员能力矩阵 $B=\begin{bmatrix} 0.2 & 0.8 & 0.4 & 0.6 \\ 0.6 & 0.2 & 0.8 & 0.4 \\ 0.4 & 0.8 & 0.6 & 0.2 \end{bmatrix}$，各成员对各项任务的兴趣矩阵为 $\begin{bmatrix} 0.2 & 0.4 & 0.3 & 0.1 \\ 0.3 & 0.2 & 0.1 & 0.4 \\ 0.3 & 0.4 & 0.2 & 0.1 \end{bmatrix}$，则任务兴趣修正矩阵为 $\delta_{ij}=\begin{bmatrix} 0.033 & 0.067 & 0.1 & 0.1 \\ 0.167 & 0.133 & 0.1 & 0.2 \\ 0.167 & 0.167 & 0 & 0.1 \end{bmatrix}$，

并取 $k_5=0.3$，$k_6=0.4$，$k_7=0.3$，则：

$$f_{ij} = \begin{bmatrix} 0.3732 & 0.5668 & 0.76 & 0.52 \\ 0.8468 & 0.7132 & 0.58 & 0.8 \\ 0.4868 & 0.9068 & 0.48 & 0.7 \end{bmatrix}$$

由此，计算任务因素与成员关系的平衡矩阵，可得：

$$Q = \begin{bmatrix} 2.2722 & 3.5668 & 2.96 & 2.22 \\ 2.4618 & 3.2632 & 2.45 & 2.245 \\ 3.0518 & 4.9568 & 3.45 & 2.995 \end{bmatrix}$$

（1）任务不完全分配情况下

由于 $m<n$，增加一个"虚拟成员"，得到如下矩阵：

$$\overline{Q}_1 = \begin{bmatrix} 2.2722 & 3.5668 & 2.96 & 2.220 \\ 2.4618 & 3.2632 & 2.45 & 2.245 \\ 3.0518 & 4.9568 & 3.45 & 2.995 \\ 0 & 0 & 0 & 0 \end{bmatrix}$$

解得 $X_1 = \begin{bmatrix} 0 & 0 & 1 & 0 \\ 1 & 0 & 0 & 0 \\ 0 & 1 & 0 & 0 \\ 0 & 0 & 0 & 1 \end{bmatrix}$，即任务一分配给成员2，任务二分配给成员

3，任务三分配给成员1，任务四则不分配。

（2）任务完全分配情况下

由于 $m<n$，所以建立拓展矩阵，为：

$$\overline{Q}_2 = \begin{bmatrix} 2.2722 & 3.5668 & 2.96 & 2.22 & 0 & 0 \\ 2.4618 & 3.2632 & 2.45 & 2.245 & 0 & 0 \\ 3.0518 & 4.9568 & 3.45 & 2.995 & 0 & 0 \\ 2.2722 & 4.5668 & 2.96 & 2.22 & 0 & 0 \\ 2.4618 & 3.2632 & 2.45 & 2.245 & 0 & 0 \\ 3.0518 & 4.9568 & 3.45 & 2.995 & 0 & 0 \end{bmatrix}$$

将其转化为最小矩阵，使用匈牙利算法求解可得：

$$X_2 = \begin{bmatrix} 0 & 1 & 0 & 0 & 0 & 0 \\ 1 & 0 & 0 & 0 & 0 & 0 \\ 0 & 0 & 1 & 0 & 0 & 0 \\ 0 & 0 & 0 & 0 & 1 & 0 \\ 0 & 0 & 0 & 1 & 0 & 0 \\ 0 & 0 & 0 & 0 & 0 & 1 \end{bmatrix}$$

由于第五位成员与第二位成员属于相同的成员，同时结合上述矩阵的计算结果，应该将任务一和任务四分配给成员 2，将任务二分配给成员 1，将任务三分配给成员 3。

3. 任务协调方面

通过对云南省院省校项目任务进行分解与分配后，在任务实际执行过程中发现中东部地区知名合作单位与西部地区高校由于合作区域的限制，实质性的合作较少，大多是在任务分配后各自为政，尚未对西部地区高校研究重点问题以及潜在难点进行深入沟通交流，与项目申报的初衷相违背。另外，西部地区高校内部由于学术能力、知识结构、性格特征、沟通方式等方面的差异，成员之间也存在一定程度的"站队"现象，通常由项目的重要参与人员各自领导部分成员从事子课题的研究，在任务执行过程中存在过程冲突、关系冲突、任务冲突等。在考虑了各种情况后，现形成了 5 套任务协调方案，如表 5.5 所示。

表 5.5　任务协调的方案及解释

方案序号	方案名称	方案解释
1	调整计划规则	针对任务执行过程中出现的问题重新调整任务合作方案，明确双边义务，约束双边合作行为，以制度约束并解决冲突
2	加强沟通交流	进一步加强团队内部成员之间以及西部高校与中东部高校之间的沟通交流，明确冲突原因，寻求新的共同利益及合作方案
3	角色认知约束	针对角色认知模糊、角色外行为等不利于团队内外部合作的行为，重新界定不同负责人的职责权限或引进第三方新的合作者进行新的人员分配，进行角色行为约束
4	风险预警管控	针对外智引联型创新团队内外部合作过程中出现的临时性冲突或应急事件等进行协调，提升团队的动态调整能力

续表

方案序号	方案名称	方案解释
5	整体反馈协调	主要是对团队发展相关的活动采取整体性视角构建相互调整以及弹性的协调方案

资料来源：改编与整理自刘谋权《科研团队内部协调机制及其实施效果的跨案例比较研究》，硕士学位论文，电子科技大学，2011。

针对上述提出的 5 套任务协调方案，考虑到时间和成本因素，我们邀请到云南省教育厅 2 位负责省院省校项目的部门主管以及云南大学、昆明理工大学以及云南财经大学的 3 位创新团队管理经验丰富的相关专家，由他们组成决策群体，不同专家分别对 5 套决策方案给出各自的初始偏好矢量 $V_i = \{v_{i1}, v_{i2}, v_{i3}, v_{i4}, v_{i5}\}$，相应的数据经过标准化处理后得到偏好矩阵，如表 5.6 所示。

表 5.6　决策成员初始决策偏好矩阵

决策成员	决策方案				
	x_1	x_2	x_3	x_4	x_5
e_1	0.5	0.8	0.7	0.6	0.9
e_2	0.5	0.7	0.6	0.4	0.8
e_3	0.4	0.5	0.7	0.6	0.8
e_4	0.3	0.7	0.8	0.5	0.6
e_5	0.4	0.5	0.8	0.6	0.7

由于所邀请的决策成员都是参与或者负责过省院省校项目的专家学者，对该项目的总体目标、实施情况以及具体要求都较为清晰。尽管专家在知识结构、专长技能、学术水平等方面的差异可能会使他们对不同决策方案的偏好也存在差异，但不同专家关注的侧重点不同以及专长技能的多样性会使相关决策方案更加全面。为此，我们赋予专家相等的权重，即 $w_i = 0.2$（$i = 1, 2, \cdots, 5$），根据上文的计算公式，并结合 5 位专家对提出的 5 套任务协调方案给出的各自的具体偏好值，可以得出初始方案临时偏好矢量 $U = (w_1, w_2, w_3, w_4, w_5)$ $V = (0.42, 0.64, 0.72, 0.54,$

0.76)。另外，通过采用头脑风暴法考虑到专家的初始偏好并结合项目实践过程中积累的历史经验，我们令群体冲突阈值 $CL = 0.42$。同时，考虑到决策时间和决策成本，将群体协商时间限制在至多 10 分钟，专家最大协调轮数 $R = 3$。

根据式（5.17）计算单个专家与群体意见的冲突程度 $\theta_1 = 0.644$，同理可得 $\theta_2 = 0.8457$，$\theta_3 = 0.5086$，$\theta_4 = 0.9324$，$\theta_5 = 0.6175$。

根据式（5.18），可以得出整个群体冲突程度指标 $\theta = 0.7093 > 0.42$。这说明相关专家的决策偏差超过阈值，需要运用德尔菲法的相关思路对专家的意见进行协调并鼓励决策成员修正其决策偏好。由于与群体意见偏差较大的是专家 2 和专家 4，因此进行下一轮专家偏好修正。由于专家 4 的偏好值与群体偏好值相差最大，因此经过第一轮专家偏好修正，可以得到如表 5.7 所示的群体决策偏好矩阵。

表 5.7 第一轮专家偏好调整后的群体决策偏好矩阵

决策成员	决策方案				
	x_1	x_2	x_3	x_4	x_5
e_1	0.5	0.8	0.7	0.6	0.9
e_2	0.5	0.7	0.6	0.4	0.81
e_3	0.4	0.5	0.7	0.6	0.8
e_4	0.45	0.65	0.74	0.62	0.78
e_5	0.4	0.5	0.8	0.6	0.7

经过第一轮专家偏好修正后，可得 $\theta_4 = 0.264$，群体偏好冲突程度 $\theta' = 0.5756 > 0.42$，需要进行第二轮专家偏好修正。由于 θ_2 最大，因此邀请第二位专家对其偏好进行调整，可以得到如表 5.8 所示的群体决策偏好矩阵。

表 5.8 第二轮专家偏好调整后的群体决策偏好矩阵

决策成员	决策方案				
	x_1	x_2	x_3	x_4	x_5
e_1	0.5	0.8	0.7	0.6	0.9
e_2	0.54	0.78	0.58	0.61	0.85

决策成员	决策方案				
	x_1	x_2	x_3	x_4	x_5
e_3	0.4	0.5	0.7	0.6	0.8
e_4	0.38	0.65	0.74	0.78	0.62
e_5	0.4	0.5	0.8	0.6	0.7

经过第二轮专家偏好修正后，计算可得 $\theta_2 = 0.8636$，此时的群体偏好冲突程度 $\theta^2 = 0.579 > \theta^1 = 0.5756 > 0.42$。可以看出，经过第二轮专家偏好修正的结果并未使单个专家的意见与群体决策偏好的一致性缩小，反而有逐渐扩大的趋势，这说明持续进行偏好修正可能并不会使偏差缩小，反而会浪费大量的人力、物力和财力。基于此，考虑到团队的时间成本、协调成本和机会成本，对此种类型的冲突应不予以协调。

同时，通过借鉴徐选华等[1]、汪业凤[2]的相关研究成果，对偏好进行规范性修正。运用规范性调整的方法对专家意见进行重复调整，避免出现专家随意调整偏好的行为。通过德尔菲法的作用，不同专家学者对各自的意见以及专家间的偏差进行了深入沟通，在了解群体意见以及自身认知偏差问题后，专家 2 决定对第一轮偏好修正后的意见进行调整。为此，假设第一轮专家 4 对冲突进行规范性修正的系数 $P_4^1 = 0.3$，则根据式（5.19）可得第一轮规范性调整后的专家偏好矩阵，如表 5.9 所示。

表 5.9　经第一轮规范性调整后的专家偏好矩阵

决策成员	决策方案				
	x_1	x_2	x_3	x_4	x_5
e_1	0.5	0.8	0.7	0.6	0.9
e_2	0.5	0.7	0.6	0.4	0.8
e_3	0.4	0.5	0.7	0.6	0.8
e_4	0.384	0.658	0.744	0.528	0.712
e_5	0.4	0.5	0.8	0.6	0.7

---

[1]　徐选华等：《非常规突发事件应急决策冲突消解协调方法》，《控制与决策》2013 年第 8 期，第 1138~1144 页。

[2]　汪业凤：《突发事件应急决策过程中群体冲突协调机制研究》，硕士学位论文，中南大学，2012。

此时修正偏差后的效用 $U_1 = (0.437，0.632，0.709，0.546，0.782)$，$\theta^1 = 0.5634 > 0.42$，表明个体专家的意见与决策群体的偏好仍有一定差异，需要进行第二轮规范性偏好协调，第二轮规范性调整后的专家偏好矩阵如表 5.10 所示。

表 5.10　经第二轮规范性调整后的专家偏好矩阵

决策成员	决策方案				
	x_1	x_2	x_3	x_4	x_5
e_1	0.5	0.8	0.7	0.6	0.9
e_2	0.456	0.652	0.676	0.502	0.787
e_3	0.4	0.5	0.7	0.6	0.8
e_4	0.384	0.658	0.744	0.528	0.712
e_5	0.4	0.5	0.8	0.6	0.7

此时，调整后的效用 $U_2 = (0.4285，0.622，0.724，0.566，0.780)$，群体偏好冲突程度 $\theta^2 = 0.4386 > 0.42$，可以看出虽然第二轮规范性修正后群体偏好冲突程度依旧超过预先设置的阈值，但是相对于第一次调整已经有了大幅缩小，呈收敛趋势。为此，进行第三轮专家意见修正，设 $P_1^3 = 0.3$，经第三轮规范性调整后的专家偏好矩阵如表 5.11 所示。

表 5.11　经第三轮规范性调整后的专家偏好矩阵

决策成员	决策方案				
	x_1	x_2	x_3	x_4	x_5
e_1	0.45	0.675	0.717	0.702	0.816
e_2	0.456	0.652	0.676	0.502	0.787
e_3	0.4	0.5	0.7	0.6	0.8
e_4	0.384	0.658	0.744	0.528	0.712
e_5	0.4	0.5	0.8	0.6	0.7

此时，调整后的效用值为 $U = (0.4185，0.597，0.727，0.586，0.763)$，而 $\theta_1 = 0.4305$，$\theta_2 = 0.439$，$\theta_3 = 0.347$，$\theta_4 = 0.386$，$\theta_5 = 0.443$，由此可计算出 $\theta^3 = 0.409 < 0.42$，表明决策群体冲突控制在合理的范围之

内，可以接受该决策方案。同时，可以看出方案 5 的效用值最大，所以方案 5 为最优方案。

三　对策建议

外智引联型创新团队任务协调机制的构建是为解决创新团队任务管理问题以提升西部地区高校与中东部地区科研院所的合作质量，为西部地区经济发展和社会和谐注入新鲜血液。通过上文的分析，对任务进行有效协调需要从整体性视角上处理好任务分解、任务分配以及任务协调等不同维度的关系，而且也要注重任务执行过程中的进度，即对实施情况进行监控，通过加强主体间的深度沟通交流，构建学习型组织，营造公平、包容、和谐的团队文化，提升个体的核心竞争力和组织的可持续发展能力。但值得注意的是，对外智引联型创新团队任务协调机制进行研究的最终目的归根结底是要解决西部地区人才流失严重和地区经济社会持续增长乏力的现实发展困境。为此，从宏观战略性视角，为促进西部地区高校实现"政产学研用"协同创新的良性发展局面，提升西部地区高校核心竞争力以及地区经济社会可持续发展能力，应分别从政府、高校以及科研团队三个层面提出相关对策建议。

本章小结

本章首先在对国内外有关创新团队研究动态进行系统归纳与分析的基础上，结合西部地区现实发展情境，提出了一种新型的跨区域、多主体的合作模式——"外智引联"，并将外智引联型创新团队作为本书的研究对象。同时，考虑到创新团队在组建与实际合作过程中对任务视角研究内容的缺失，且有效协调创新团队的任务及各种冲突对成员能力提升与专业技能充分发挥、团队长期发展具有至关重要的作用。为此，本章主要对外智引联型创新团队的任务协调机制构建进行研究。另外，我们认为任务协调机制的构建不能仅仅局限于任务冲突的解决，而需要从整体性视角审视任务协调产生的原因、过程及机制，由此才能提升任务协调的效果，形成长效的任务协调机制。为此，本书分别从任务分解、任务分配以及任务协调三个方面对外智引联型创新团队的任务管理问题进行研究，在识别各种冲突类型的基础上，将任务协调问题转化为多属性群决策问题，并给出了具体的任务协调方法。最后，在综合各小节研究结论的基础上，分别从程序化协调和非程序化协调两个维度构建外智引联型创新团队任务协调机制，并指出应分别从政府层面、高校层面以及科研团队层面三个不同维度提出促进西部高校外智引联型创新团队实现"政产学研用"协同创新的良性合作局面的相关对策建议，以期提升外智引联型创新团队合作效率与合作效果，解决西部地区高校高端人才持续外流的问题，为相关政府部门和企事业单位制定合理的管理决策提供一定的借鉴。

第六章

外智引联型创新团队过程
风险监控机制研究

本章内容提要

由于管理环境的复杂性、主体和目标的多元性、过程的复杂性等特性，外智引联型创新团队在合作过程中出现诸多风险问题，如短期团队多、长期团队少，表面合作多、深度合作少，重视结果多、在意过程少等。传统的只注重产出结果而忽视过程风险的创新团队方式已经无法适应现代社会发展的需要，由此探析适应新时代特征的外智引联型创新团队过程风险监控机制便显得尤为重要。鉴于此，如何有效地识别、分析、评价、预警外智引联型创新团队过程中的风险因素，构建一整套适用于外智引联型创新团队过程风险预警的模型，成为西部高校创新团队所面临的现实课题。为此本书重点开展以下三方面的研究。

首先，界定外智引联型创新团队过程的概念与特征，结合外智引联型创新团队过程复杂性、地区界定性、协同创新性、灵活动态性的特征及合作关系组建期、合作项目运行期、合作后的产出期三个阶段，从参与主体、目标差异、协同合作、技术创新四个维度解析其存在的风险因素，并系统地构建外智引联型创新团队过程风险监控指标体系，具有一定的理论创新性。

其次，构建外智引联型创新团队过程风险评价的 G—ANP 方法，有针对性地构建风险监控的评价模型，具有一定的方法组合创新性和理论创新性。结合外智引联型创新团队的多主体、跨部门、多目标等属性以及未知的、非确知的风险因素具有明显的灰性特征，构建了适合外智引联型创新团队过程风险评价的 G-ANP 方法。通过对风险因素的评价，能够准确地对风险发生概率的高低以及对整个外智引联型创新团队所处的风险等级水平进行界定，进而可以有针对性地构建外智引联型创新团队过程风险预警模型。

最后，面向云南省某高校外智引联型创新团队开展案例应用，提出检验方法与构建评价模型，并提出对策建议，具有一定的实践创新性。基于前文，辨析各风险因素之间的内在关联，确定该外智引联型创新团队所处的风险等级。结果表明：该外智引联型创新团队整体处于中等风险水平，需要建立一套有效预防与控制风险的监控机制，将风险产生的概率降到最低。案例应用验证表明，该方法具有可行性与有效性。

第一节　问题的提出

外智引联型创新团队作为创新团队的一种独特方式，在西部地区部分项目合作中已经有应用并取得了有益的效果。它是针对我国西部地区交流空间相对狭小、科技水平落后、外援合作机会较少等困境，以创新团队科研项目合作为载体，利用外引借助内联的协同创新作用，为西部地区引进并培养更多的人才以及提高西部地区科研能力而产生的一种新型"软引进"的创新团队形式，即双方通过项目合作的方式，以知识和技术转移为途径，借助外引内联的协同作用，达到"不为我所有，但为我所用"的效果，从而持续促进人才发展和科研能力提升。但是，基于其地区界定性（针对西部地区 10 个省份）、过程复杂性（团队成员关系、任务复杂程度、合作伙伴选择、资源利益协调等）、层次性（不平等的合作关系）等固有特征，"外智引联"在创新团队合作过程中也逐渐暴露出了一些问题，如短期团队多、长期团队少，表面合作多、深度合作少，重视结果多、在意过程少，同时复杂协同创新情境中的西部创新团队还面临协同创新进程中有关角色融合、关系结构调整、管理目标协调和重大创新项目管理等多方面因素的复杂影响，这表明该类创新团队在创新管理，特别是协同创新过程风险监控机制构建方面仍然存在诸多待改进之处。鉴于此，如何有效地识别、分析、评价、预警外智引联型创新团队过程中的风险因素，协调差异化的成员诉求，整合创新团队的资源，制定响应各种风险因素的整体竞争优势创新协作策略，构建一整套适用于外智引联型创新团队过程风险预警的模型，从而使西部地区转变为人才高地，促进国家新一轮西部大开发战略的顺利实施，缓解西部地区人才匮乏以及人力资源结构不匹配的困境，以"一带一路"倡议为契机，抓住良好的发展机遇，成为西部高校创新团队所面临的现实课题，是值得广大学者对此问题进行深入辨析与研究的。①

传统的团队管理往往是在风险发生之后，针对风险的损失进行一些补救措施，以评价结果作为最终的评价对象，而不是注重团队发展过程，忽视了团队发展过程中的内外部影响因素，往往具有一定的滞后性，没有充分发挥主观能动性。传统的只注重结果的创新团队生产方式已经不能够满足现在社会发展的需要，过程风险监控就是要在创新团队的发展全过程，对可能危及团队合作所存在或潜在的风险因素进行识别、分析、监控、反馈，并采用科学的方法进行分析进而采取一系列措施的过程。创新团队的过程风险监控应贯彻全面、全过程控制的理念与思想，运用动态监控的思想，进行全过程控制。基于此研究外智引联型创新团队过程风险监控机制具有极其重要的理论意义与实践意义，在此以外智引联型创新团队为研究对象，以过程风险监控为研究内容，系统性、全面性地研究其过程风险监控机制。

党的十八大、党的十九大以来，国家不断深入实施创新驱动发展战略、区域协调发展战略，从"中国制造"到"中国智造"的转变也深刻地体现出我国由科技大国向科技强国转型的决心，科学技术仍是第一生产力。为了有效地统筹我国区域发展不平衡的问题，国家实施新一轮西部大开发战略，通过提供资金、技术、资源等各方面的支持，缩小区域之间的差距，取得了非常明显的效果。但值得注意的是，西部地区不能够一味地依靠政府的政策以及外智，要通过新的合作方式将输血变为造血。外智引

---

① 段万春等：《西部高校外智引联型创新团队风险监控机制研究》，《昆明理工大学学报》（社会科学版）2018 年第 1 期，第 61~69 页。

联型创新团队在合作过程中出现诸多风险问题，如短期团队多、长期团队少，表面合作多、深度合作少，重视结果多、在意过程少等。传统的只注重产出结果而忽视过程风险的创新团队方式已经无法适应现代社会发展的需要。

第二节　相关研究基础

一　外智引联型创新团队过程概念及特征

1. 团队过程理论

国内外学者对于团队的过程划分有着比较相似甚至一致的观点。Tuckman 和 Jensen 将团队过程划分为五个发展阶段：初建期、动荡期、规范期、绩效期和休整期。[①] Cassidy 则将团队过程划分为初建期、动荡期、规范期、执行期以及解散期五个阶段，并指出组织在每个阶段都有个人和组织的目的以及工作关注的重点。[②] 常运琼等以科研团队为研究对象，从资源与绩效两方面分析了高校科研团队所要经历的阶段，包括组建期、成长期、成熟期以及衰退期，并分析、总结了不同阶段的特征。[③] 陈晓红和赵可认为创新团队的形成过程大致会经历四个重要的阶段：集合期、凝聚期、成熟期和变异期。[④] 张海燕等以塔克曼的团队生命周期理论为依据，根据高校科研创新团队的共性将其分为形成期、成长期、继存期三个阶段。[⑤] 易明等按照传统团队生命周期理论，将虚拟团队的过程分为四个阶

[①] B. W. Tuckman, and M. A. Jensen, "Stages of Small-Group Development Revisited," *Group & Organization Studies* 4 (1977): 419-427.

[②] K. Cassidy, "Tuckman Revisited: Proposing a New Model of Group Development for Practitioners," *Journal of Experiential Education* 3 (2007): 413-417.

[③] 常运琼等：《基于生命周期理论的地方高校科研团队管理研究》，《科技管理研究》2010年第 7 期，第 166 页。

[④] 陈晓红、赵可：《团队冲突、冲突管理与绩效关系的实证研究》，《南开管理评论》2010年第 5 期，第 34 页。

[⑤] 张海燕等：《基于生命周期理论的高校科研团队影响因素探析》，《科技管理研究》2006年第 12 期，第 150 页。

段，即形成期、震荡期、执行期和解体期，并对各阶段分别进行阐述。[1]
翟彦彦和董方超以生物进化论为基础，类比产品生命周期，将创新团队生命周期分为组建期、成长期、成熟期与跃迁期。[2]

2. 外智引联型创新团队过程概念

在"大众创业、万众创新"以及国家实施创新驱动发展战略的背景下，创新团队应运而生且发展迅速。创新团队不同于传统的团队，除了具备团队的特征以外，其还具有创新性、依存感、成员关系、目标一致性、创新氛围、合理的研究梯队等一般团队所不具有的特征。[3] 通过对团队过程相关研究的回顾与整理，以及根据合作主体的多元化、差异化，协作交互关系复杂等属性，本书认为外智引联型创新团队过程是指以外智引联型创新团队为研究对象，在多主体、多目标、协作交互关系复杂情境下，对任务进行合理分工、对流程进行科学优化、对资源进行优化配置、对项目进行监督检查的过程，该过程包含合作关系组建期、合作项目运行期和合作后的产出期三个阶段。

3. 外智引联型创新团队特征及其过程特征

外智引联型创新团队隶属于创新团队与团队，其既有团队与创新团队的目的性、成员异质性、整体性、过程性、良好的沟通与分工、成员信任等共有特征外，还有其自身所独有的特征，具体主要表现如下。

（1）地区界定性

外智引联型创新团队是为了解决我国西部地区科研能力较差、理念与观念较落后、合作机会较少、人才引进难度较大、地区人才外流较严重等问题，或为了有效地遏制这种现象而出现的一种新的创新团队合作方式。而我国西部地区主要包括位于西部、西北部、西南部等的 12 个省区市，有着广阔的土地，其中大部分地区是欠发达的。由于历史、地理等诸多因素的影响，其发展较为落后，整体的科研、创新能力与中东部地区有一定的差距。

---

[1] 易明等：《社会网络视角下基于生命周期的虚拟团队知识分布研究》，《情报科学》2010年第 4 期，第 595 页。

[2] 翟彦彦、董方超：《创新团队的生命周期与激励》，《企业管理》2014 年第 2 期，第 33 页。

[3] 谢晖：《基于界面管理的创新团队复杂系统运行机制研究》，博士学位论文，昆明理工大学，2015，第 101 页。

因此，地区界定性是外智引联型创新团队区别于其他创新团队的显著特征，也是其区别于其他创新团队的一个重要特征。

（2）协同创新性

协同创新是当今社会科技创新的新范式，是有效地提高外智引联型创新团队效率的重要途径。充分调动外智与本地创新团队内部成员协调、沟通的积极性，让不同学科背景、不同部门、不同行业的成员聚集在一起，进行不同层次与深度的开放与创新活动，充分发挥外引内联的协同作用，对于外智引联型创新团队的发展尤为重要。外智引联型创新团队任务的复杂性、科研创新的复杂性决定了必须协同创新。外智引联型创新团队协同创新还面临角色融合、关系结构调整、管理目标协调、重大创新项目管理、协同组织方式、协同过程与要素相互交互、协同机制等多方面因素的影响。

（3）过程复杂性

外智引联是针对西部特定的地区而形成的新的团队合作方式，其发展过程不同于一般的创新团队，团队成员之间的关系更加复杂（组织阶段性、目的多元性决定了过程的复杂性），既要考虑合作主体双方所付出的资源的多少、努力程度的大小等因素，还要考虑研究任务的承担主体以及研究任务的难易程度等；既要考虑合作主题的选择，还要考虑项目运行中存在的各种不利条件引发的风险因素；既要跟踪、督促项目的运行，还要在实施阶段实行合理的奖惩；既要保证团队最终任务的实现，还要最大限度地协调个人目标与团队目标。

（4）灵活动态性

扁平化是组织和团队发展的未来趋势，外智引联型创新团队在面对复杂的科研项目时，需要不断地调整团队成员的配置，而非类似于其他团队，在完成一项或几项科研任务后就逐渐解散。外智引联型创新团队则会根据科研项目的不同，适时调整团队的形式，表现出动态平衡的团队形式。而创新团队的主要成员则是由不同层次、不同等级的成员构成的，其中既包括博导、硕导、高级工程师、企业高级管理者，又包括博士研究生、硕士研究生等，参与主体拥有不同的学科知识背景，成员之间的关系也比较灵活。

传统的团队往往只关注结果的产生而忽略了过程的重要性，这种方式已经不能够适应创新团队，尤其是外智引联型创新团队的发展需要，外智引联型创新团队过程有其自身的内在特征，这些特征是由外智引联型创新团队的特征所决定的。地区界定性决定了合作伊始主体的不平等性，协同创新性决定了合作主体的多元化、目标的多元性，过程复杂性决定了风险因素的随机性与不确定性，灵活动态性决定了外智引联型创新团队过程具有一定的灵活性与协调适应性。

二　风险管理理论

广义的风险是指收益或者成本代价的不确定性，既包括损失也包括可能会带来的收益，狭义的风险所指代的不确定性往往会导致损失的产生。风险管理是指组织或者团队在一个相对稳定的风险环境中，通过一系列识别、分析、评价、控制、后评价等过程或手段，将风险发生的概率降低或最小化的过程。

团队风险管理的基础步骤就是进行风险因素的识别，即对团队或项目运行过程中所存在的风险因素进行识别、判断。风险识别的工作程序包括：首先，收集与团队或组织发展过程中有关的所有的风险信息；其次，分析并确定全过程中可能发生的风险因素；最后，根据这些风险因素编制相关的风险识别报告。风险识别的常用方法有专家调查法、故障树分析法、WBS 法（工作分解结构法）、环境扫描法等。在风险识别与分析所存在的风险因素之后，就要对这些风险因素进行评估，即根据现有的材料，运用各种专业的风险分析方法，综合全面信息评价这些风险因素所发生的概率的大小、可能导致的损失多少等，这样就可以进一步确定出该风险因素所处的等级。风险响应是针对团队或组织的风险所采取的相应对策。日常生活中比较常见的包括风险规避、风险利用、风险减轻、风险自留、风险转移等策略，在发生风险的时候，我们可以采取其中的某一种或者几种策略的组合，尽量将风险的损失降低到最小值。[①] 风险预警则是在以上各步骤的基础之上，通过对风

---

① 李计文：《有效开展风险识别和控制探讨》，《中国安全生产科学技术》2010 年第 S1 期，第 93~95 页。

险因素变化趋势的监控，评价其是否达到预警状态，并及时向组织的决策者发出信号，为采取相应的对策做准备，这能够有效地降低风险发生所带来的损失，从而达到风险共担、利益共享的结果。

三　风险评价方法介绍

风险评价的目的是在诸多风险因素的影响下，通过定性与定量相结合的方法对风险因素进行评价，为最终的决策科学性以及团队的效率提升提供支持。外智引联型创新团队的过程风险监控是一个非常复杂的问题，不仅涉及团队成员之间的微观风险因素，还涉及外智之间、外智与团队之间的复杂关系所产生的风险因素。只有根据不同方法的特定适用范围以及精度、科学性等选择合适的评价方法，才能够得到科学合理的评价结果。本书将会用到的方法有以下几种。

1. 层次分析法

层次分析法（Analytic Hierarchy Process，AHP）是由美国的萨蒂（Saaty）教授在20世纪70年代所提出来的一种决策方法，这种方法既将定性与定量方法相结合，又综合考虑了在多目标、多准则情境下对目标的评价与决策。这种方法的特点是对复杂决策问题的性质及其各影响因素之间内在关系进行综合的分析，并构建一种层次结构模型，最后将相对较少的定量信息应用于数学决策的过程，将复杂决策问题的多重标准或无结构化的问题转化为比较简单的决策问题。

在应用层次分析法时，首先要把具体的问题进行层次化，建立起层次结构模型；其次要对各影响因素之间的重要程度进行一定的分析与对比，根据对比结果构造出判断矩阵；再次运用软件可以求出该矩阵的最大特征值和特征向量，并做归一化处理，求出各影响因素权重的大小；最后对其进行一致性检验，得到各层次相对于总目标的重要程度，并最终得到一个新的总排序。其过程具有系统性、简单实用，但是对于各影响因素权重的确定以及定性过多，所求出来的结果具有一定的主观性，令人难以信服。

2. 网络分析法

网络分析法（Analytic Network Process，ANP）同样是由美国的萨蒂教授基于层次分析法所提出的一种改进型方法，该方法不仅引入了超矩阵的概念，同时还考虑了不同因素组和同一因素组中不同因素之间的相互关联关系，适应了能够求解决策权重的更为广泛的情况，能够有效地克服 AHP 方法的单向性、对准则要求独立性等不足，使其能够以网络的形式更好地表现出来。网络分析法正是为了适应于此类需要，在 AHP 方法基础上延伸发展而来的。

ANP 方法将系统的元素分为两层，即控制层和网络层，且该方法综合考虑了同一层次以及不同层次因素之间的相互影响，运用超矩阵的方法求出了混合权重，相对于 AHP 方法更加科学、能够让人信服，一经提出便受到了国内外诸多学者的青睐，已经成为企业或组织在面临复杂决策环境下的一种有效的决策方法。

3. 灰色系统理论

灰色系统理论起源于 20 世纪 80 年代，是由我国的邓聚龙教授所提出的一种新的方法，该方法以灰色系统为基础，具有一部分信息可知而其他信息未知的特点，一经提出就迅速得到了国内外诸多学者的关注和认可，并在工程项目管理、经济管理等诸多领域得到了广泛的应用。灰色介于黑色和白色之间，黑色指代的是完全未知的情况，白色指代的是完全已知的情况，而灰色正是介于两者之间，部分信息已经知道，另一部分信息尚不清楚。

灰色统计评价是一种定性与定量相结合的方法，其一般包括评价的对象、指标、类别和样本等，是一个能够反复调整且不断反馈的过程。灰色统计评价能够有效地克服信息资料较少等情况下评价指标难以量化和统计的问题，在很大程度上能够降低主观因素（人为因素等）的影响，从而提高评价结果的准确性与客观性；而且其计算结果没有那么复杂，通俗易懂，也容易掌握；不需要对数据资料进行归一化处理，可靠性较强。

第三节　过程风险监控指标体系研究

基于外智引联型创新团队的地区界定性、过程复杂性等特征和三个发展过程，开展外智引联型创新团队协同创新过程风险结构的多维度分层次探讨，在此基础上，思考外智引联型创新团队面临的复杂环境特征与多元需求。其跨组织、跨边界、多主体协同交互关系复杂，因此在合作过程中面临诸多的不确定性。结合策略效能的对比分析诉求，田晓明等提出中国背景下企业创业策略包括竞争策略、创新策略、社区策略、服务策略、组织策略、政府策略以及发展策略 7 个维度，这些策略反映了创新团队不同效能维度的差异化创新需求。[1] Nerkar 和 Paruchuri 指出协同创新项目的组织阶段性、目的多元性和过程复杂性使得合作策略的选择与资源配置过程达成一致，对其具有重要的影响。[2] Duin 等以创新网络耦合为研究视角，从主体、氛围、政策、资源、目标等维度提出了协同创新的关键管理内容。[3] 综合前文研究，由于高校创新团队与企业团队或者项目团队在合作过程中存在显著的变革情境差异，且协同创新的区域差异化迹象显著，与西部高校相关或者外智引联型创新团队相关的成果罕见报道，考虑到外智引联型创新团队的独特属性，因而对其过程风险监控研究有助于提升西部地区整体科研能力和整体协作水平。鉴于此，西部高校外智引联型创新团队的协同创新在关注内容、探索范围及管理动机等方面都存在显著的差别，需要据此识别合作主体、促进交流沟通和推动内部协调。

在此基础上，思考外智引联型创新团队面临的复杂环境特征与多元需求，依据外智引联型创新团队的四大特征和四个方面（参与主体、目标差异、协同合作、技术创新）内涵，开展外智引联型创新团队协同创新过程风险结构的多维度、分层次探讨。针对外智引联型创新团队内外部主体间的合作行为复杂性特征，现有研究主要在参与主体意向与行为、合作创新团队关系风险、合作创新过程等方面开展了大量前期探索。本书从参与主体、目标差异、协同合作、技术创新四个维度梳理外智引联型创新团队在过程监控中可能出现的风险类型以及风险因素。

---

①　田晓明等：《创业策略对组织绩效的影响：中介作用的分析》，《科研管理》2013 年第 8 期，第 98~105 页。

②　A. Nerkar, and S. Paruchuri, "Evolution of R&D Capabilities: The Role of Knowledge Networks within a Firm," *Management Science* 5 (2005): 771-785.

③　H. Duin et al., "Towards a Framework for Collaborative Innovation," *International Federation for Information Processing* 277 (2012): 193-204.

一 外智引联型创新团队风险因素成因分析

1. 参与主体风险（R_1）

团队成员意愿达成一致需要外智以及各参与主体间的妥协与协作，团队愿景的实现需要外智与团队成员以及各参与主体间的资源与优势互补，这种群体在心理和行为层面的相互依存及制约关系成为外智引联型创新团队协同的实施基础。结合外智引联型创新团队的特征，归纳提炼现有研究成果，参与主体风险主要包含群体角色融合风险、意向倾向风险、行为选择风险、能力异质风险和范式协调风险。①角色融合风险（R_{11}），是由创新团队各参与主体在协作属性认知基础之上形成的相互角色转换、融合所产生的风险。组织间协同创新的研究多以企业为协同核心，主导搭建以高校和科研院所、公共服务及中介机构、政府为辅助的协同创新模式。由于外智引联型创新团队发展历程不同，随时间转换的角色组合将形成动态角色结构，具体表现为：在团队形成初期，成员角色意识淡薄，由成员角色相互理解、容纳形成的角色结构往往合作效率较低；当团队进入发展阶段后，不仅成员数量扩张后的规模优势能够创造更加广泛的角色交互空间，而且由合作水平、沟通技巧、交流意愿等开创的角色认同也更具有交换属性；团队进入发展平台期或转型期以后，部分成员由于能力出众或集体合作意愿转换等原因，会产生与职位、地位、身份等相适应的角色改变。此时的角色转换结构常因不确定性的内外部合作环境的复杂性而呈现多样化的合作效率水平。①②意向倾向风险（R_{12}），是由创新团队各参与主体合作预期、偏好和导向等形成的反映协同的群体意向倾向所产生的风险。针对合作主体间的整体协作属性，史容等关注了创新团队行为主体间的联盟协同策略，认为参与主体群体意向的形成主要受策略联盟、伙伴关系、市场周期等的影响。②张爽等指出群体意向与团队的绩效

---

① 段万春等：《层式创新团队结构效率评价内涵与方法研究》，《科技进步与对策》2016 年第 19 期，第 110 页。

② 史容等：《创业效能感对创业意向的多重效应——不同创业动机中介作用的比较》，《天津大学学报》（社会科学版）2016 年第 3 期，第 235 页。

呈现正相关的关系。① 意向能够使团队成员集中主要的注意力，并投入大量的时间、精力、资源等，这会对创新团队的绩效产生重要的影响。外智引联型创新团队作为一个特殊的群体意向性团队，是由共享意图、互动关系、意向性三个维度构成的，其体现出团队个体成员根据沟通交流建立一定的互动关系，根据共享意图采取有针对性、目标指向性的行为。③行为选择风险（R_{13}），是由创新团队多主体协同行为判定与选择状态组成的组合所产生的风险。曹仰锋提出了高层管理团队中决策者的领导行为对团队整体绩效的影响模型，并探讨了其作用机制，结果表明团队领导者的行为同团队的过程、团队参与者、团队环境、团队绩效等之间有着复杂的交互影响关系，因此领导者可以通过改变自己的行为来影响团队绩效。② 相对于创新团队成员个体行为偏差来说，如果创新团队整个群体的行为产生了偏差，那么其对组织或团队的危害性将大得多。马粤娴等指出团队群体性组织偏差行为对团队或组织的发展有很大的危害，且较难以发现和管控，非道德领导更容易导致产生团队群体性组织偏差行为。③ ④能力异质风险（R_{14}），是由创新团队不同背景的成员反映出的能力差异所产生的风险。外智引联型创新团队协同将带来直接或间接的能力提升，体现在创新团队活动的具体功能中，这种能力层次的协同包括但不限于运营、管理等层次的直接能力协同，而且包括成本降低以及群体协同能力提升等间接能力协同。外智引联型创新团队的灵活动态性以及协同创新性特征，证明了其能够根据团队的不同发展阶段，建构适合团队发展的组织架构。但是，由于成员能力不同（由其地区界定性特征所决定）而产生主体利益诉求的差异，进而会对外智引联型创新团队发展过程产生诸如目标差异、文化差异、风险态度差异、知识差异等风险，影响外智与本地创新团队的任务绩效。⑤范式协调风险（R_{15}），是指由创新协同能力形成、获取及调整所具备形式、范围与结构形成的界面组合风险。霍亚楼基于对纵向 R&D 合作

① 张爽等：《江苏大学生创业意向、团队价值观对团队绩效的影响研究》，《科技与经济》2015 年第 1 期，第 86~90 页。
② 曹仰锋：《高层管理团队领导行为对团队绩效的影响机制：案例研究》，《管理学报》2011 年第 4 期，第 514 页。
③ 马粤娴等：《团队群体性组织偏差行为的产生机制》，《管理科学》2016 年第 3 期，第 59~70 页。

中跨组织成本管理（IOCM）动因及方法的归纳，表明跨组织合作的协同能力呈现自协调、界面协调、制度化协调以及非正式协调四种范式，这四种范式能够有效地预防跨组织合作中风险发生的概率。[①] 外智引联型创新团队由于受其自身特征的限制，在团队合作时存在不平等的合作关系，因此各方需要寻求一种协调的、平衡的状态，才能保证合作项目的可持续进行。

2. 目标差异风险（R_2）

具有目标差异的创新团队合作关系是多主体协同过程中的重要问题。保质保量地完成任务是外智引联型创新团队各参与主体的共同目标。但是外智与本地创新团队作为独立的经济实体，在研究领域、管理理念、运营方式等方面存在差异，这些差异容易造成隐性目标的差异。由目标多元且不同引起的差异会使团队陷入混乱的状态，从而影响整体团队的合作前景以及任务的完成。结合外智引联型创新团队的特征，归纳提炼现有研究成果，目标差异风险主要包括价值认同风险、任务复杂性风险、信息不对称风险、群体决策风险和目标权衡风险。①价值认同风险（R_{21}），是由创新团队各参与主体在知识、文化背景、合作预期、合作意向、偏好、导向等方面的异质性形成的，反映不同意向所产生的风险。杜元伟等指出重大科技项目在不同的文化背景、学科领域、专业技术背景（这些差异难以避免）下会形成不同的价值观体系，可能在处理合作过程中遇到的问题的时候，会对某些行为产生不理解，甚至产生严重的冲突，影响最终合作目标的实现以及合作效率。[②] 刘晓冰等以异质性为研究背景，指出跨文化团队中文化以及性格的异质性在员工的个人感知和个人产出之间起到调节作用。[③] 外智引联型创新团队的参与主体复杂性以及过程复杂性等特性决定了各参与主体价值认同的异质性，异质性可以有效地补充团队知识、能力等的不足，但是同样也会因为差异而产生重大的分歧，影响创新团队的合

---

① 霍亚楼：《联合研发中的跨组织成本管理及协调》，《企业经济》2008 年第 10 期，第 65~67 页。

② 杜元伟等：《重大科技项目合作界面系统优化概念模型研究》，《科技进步与对策》2012 年第 13 期，第 14 页。

③ 刘晓冰等：《公平感知和团队异质性对跨文化团队成员产出影响的探索性研究》，《管理案例研究与评论》2017 年第 2 期，第 148~161 页。

作效率。②任务复杂性风险（R_{22}），是指创新团队在合作过程中由于会遇到未知的、不确定的路径选择，路径与结果之间的不确定性以及一系列子任务之间可能存在复杂关联等产生的风险。吴国斌等研究发现，任务复杂性在目标差异、信息共享之间起到调节的作用。① 外智引联型创新团队在任务分解过程中存在任务指派随意化、人职与任务不匹配、财力与物力等资源和任务不匹配等诸多问题，并未全面考虑到任务的复杂程度与不确定性，结果导致创新团队的效率较低、资源浪费较严重、团队目标偏移等问题，影响创新团队的任务完成以及最终绩效。③信息不对称风险（R_{23}），是指在创新团队合作过程中，参与主体各方所掌握或者拥有的信息不同，从而造成一种不平等的关系，而信息不对称通常会产生道德风险以及逆向选择风险。信息不对称一般可以分为信息来源不对称、信息质量不对称、信息时间不对称以及信息数量不对称等四个方面。对于外智引联型创新团队来说，地区界定性特征使得这些风险微观上会影响团队的合作效率，宏观上会对处于信息劣势的一方在决策时造成巨大的隐患。④群体决策风险（R_{24}），是指由于各参与主体初期的合作动机并不完全相同，外智引联型创新团队所做的某项决策不能满足这些合作主体的目标要求时所产生的风险。陈刚等指出创业团队的群体性、动态性以及开放性等特征造成了团队决策的复杂性，其复杂性表现在决策内容复杂性、决策过程复杂性以及决策机理复杂性三个方面。② 这些决策的复杂性以及参与主体的多样性会影响各参与主体对团队目标的认知，造成合作目标的差异。⑤目标权衡风险（R_{25}），是指创新团队在面临多目标群体决策时，根据目标紧迫性程度、层次性等的不同，而对各目标进行次序协调时所产生的风险。陈刚等指出在创业团队中，不仅仅要关注团队的长期目标，更需要在短期、中期以及长期目标之间寻求一种平衡的状态，从而最终能够促进短期、中期、长期目标协调、有序地实现。③ 外智引联型创新团队的多目标、多主体性决定

---

① 吴国斌等：《任务复杂性下目标差异对沟通行为和应急合作关系的影响研究》，《中国软科学》2015 年第 5 期，第 158 页。
② 陈刚等：《创业团队结构对决策行为和决策质量的影响》，《软科学》2010 年第 11 期，第 86 页。
③ 陈刚等：《创业团队结构对决策行为和决策质量的影响》，《软科学》2010 年第 11 期，第 86 页。

了各成员，特别是团队的决策者要对目标的重要程度进行权衡，寻求一种最佳的状态。

3. 协同合作风险（R_3）

外智引联型创新团队各参与主体的不完全合作、合作主体不平等的关系、合作主体之间协作不成功等因素会导致协同合作的不确定性，这种不确定性是由其自身固有的特征所决定的，并最终会产生协同合作风险。结合外智引联型创新团队的特征，归纳提炼现有研究成果，协同合作风险主要包含利益分配风险、知识转移风险、退出机制风险、关系结构风险以及协同方式风险。①利益分配风险（R_{31}），是指外智引联型创新团队在分配隐性资源和非隐性资源、划分共同的利益以及需要分配的利益的过程中，多主体在利己主义的心理影响下，通过隐藏行为或者信息的方式来达到自己的心理预期利益而损害他人利益时产生的风险。在外智引联型创新团队发展过程中，风险配置与利益分配是各主体合作博弈的过程，该过程关系到团队的和谐以及团队的整体绩效。公平理论认为，团队成员不仅关心自己所得报酬或者利益的绝对值，还会关注自己所得报酬或者利益的相对值。各主体的利益诉求与自身的努力程度息息相关，这就涉及利益分配的问题，而利益分配的问题实质上就是各参与主体非合作的零和博弈的过程，某些主体可能会因为自身的利益最大化而去损害其他成员的利益，甚至是整个团队的利益，进而产生利益分配风险。②知识转移风险（R_{32}），是外智引联型创新团队在合作过程中，知识合作成果在多主体之间转移时产生的风险。外智引联型创新团队在合作创新过程中，知识的转移涉及隐性知识与显性知识的转移，在隐性知识转移过程中，转移速度慢、时间长等特性可能产生知识被泄露的风险；他人可以通过购买专利、仿制等手段获取团队的核心显性知识，还可以通过模仿、借鉴、跟踪等获取团队的核心隐性知识，进而产生知识被模仿的风险；知识部分遗失或者变异可能产生知识破损的风险；而不同的价值观以及信任等会造成部分心术不正的成员故意盗用或者滥用团队的核心知识，进而产生知识被滥用或者盗用的风险。一旦发生这些风险，知识转移的风险可能就会大大地增加。③退出机制风险（R_{33}），是指外智引联型创新团队在合作过程中，由于利益分配机制不健全、价值认同不一致、信息不对称等诸多因素的影响，合作主体的某一方在合作过程中可能会主动或被动退出合作而产生的风险。完善的退出机制能够使合作各方形成一种担保机制，外智引联型创新团队由于合作伊始，各创新主体就存在不平等性，外智以及核心成员若没有得到想要获得的某种资源时，则会产生逆向选择风险以及中途退出的风险。虽然这种不道德的行为会给退出方带来一定的益处，但是从创新团队的整体协同方面来看，会严重地降低合作的水平、程度与质量，在这种非理性不合作的行为严重的情况下还会导致合作的破裂与中断。④关系结构风险（R_{34}），是指创新团队在合作过程中，合作的参与主体一方或者多方会受到各种关系（利益关系、组织关系、沟通关系等）的影响，这些关系模式的差异性使得外智引联型创新团队常常呈现不同的关系结构风险。外智引联型创新团队是以关系为基础的联盟合作体，影响关系结构风险的主要因素有合作伙伴（外智）的选择、沟通交流等，合作伙伴（外智）的文化差异、知识差异、目标差异以及风险态度等会增加合作创新风险发生的概率。关系作为外智引联型创新团队的一种重要的非显性资源，影响着合作程度的高低，关系的亲密度会使合作主体的感性成分增加而使理性成分降低，外智引联型创新团队合作的开展可能会使合作关系持续地增强或者减弱，由此形成的关系结构则成为合作持续进行的重要影响因素。⑤协同方式风险（R_{35}），是指不同的团队在合作时，可能由于采取竞争、逃避、妥协等方式的不同而产生不同的风险。段万春和刘泽鑫从团队互补、团队技术能力和团队的合作成本三个维度阐述了不同合作模式的选择，会产生不同的团队绩效。① 有效的协同机制能够使外智引联型创新团队各个内部子系统之间形成接通效应，而有效的协同方式则是有效协同机制的前提与基础。

4. 技术创新风险（R_4）

技术创新是一项高风险的活动，会受到创新团队所处的内外部环境、成员创新能力、团队创新过程等因素的影响。由于技术创新具有溢出效应，因此技术创新的成功能够给团队的发展提供强大的动力，但是技术创

---

① 段万春、刘泽鑫：《高校科技创新团队合作模式的选择方法》，《中国商贸》2013年第21期，第175~176页。

新也会由于对创新环境的把握不足或者对环境无法适应、对创新过程难以进行掌控等因素而造成技术创新失败。西部地区自身的科研能力、技术水平等有其先天不足的劣势，因此外智引联型创新团队在合作过程中，可能面临创新失败、创新不能持续的风险。结合外智引联型创新团队的特征，归纳提炼现有研究成果，技术创新风险主要包括创新过程风险、创新环境风险、创新知识风险、创新惰性风险以及创新战略风险。①创新过程风险（R_{41}），是指在团队创新的某一过程或者某一环节中，发生障碍或者困难而导致创新不能够持续的风险。谢科范按照创新的不同过程，将技术创新风险分为决策阶段的风险、技术阶段的风险、市场阶段的风险以及生产阶段的风险。[①] 国内外众多的学者根据不同的阶段对技术创新风险进行了不同类型的划分，但大都是仅仅根据其不同阶段进行划分而忽略了各阶段之间的协调与联系带来的风险，外智引联型创新团队的过程复杂性也决定了其创新过程的复杂性，各参与主体在协同合作过程中不仅要注意各阶段存在的风险，还要关注各个阶段之间的整合与联系，过程与过程之间存在衔接，某一环节或过程的中断会"牵一发而动全身"。②创新环境风险（R_{42}），是指创新团队进行协同合作创新所处的环境状况以及可能面临的风险来源，这些来源主要包括主体的创新能力、政府的政策、市场环境、技术环境、经济环境等。不同的协同合作主体其创新能力也不尽相同，即使是同一合作项目对于不同的主体之间的协同创新能力来说，其风险也不尽相同。在动态创新环境中，各行为主体的利益诉求不同，主体之间的联系与互动存在大量的非线性正负反馈作用，各参与主体共同构成的协同创新策略并非呈现简单线性静态叠加过程，而是复杂动态非线性涌现过程，协同创新的有效性将取决于多方主体的策略行为结构运行状态。例如，通过资源、市场和管理的相互支持，并不一定能实现合作后各方的"1+1+1>>3"协同效应，由于三者在资源位势、统筹地位与协作导向方面存在差异，局部合作也可能引致整体协同紊乱，这时协同效应是负面的。③创新知识风险（R_{43}），是指要识别、分析以及预防创新团队技术创新时所需要的各方面知识或者技能（诸如技术知识、管理知识、财务知识）等产生的

---

① 谢科范：《企业技术创新的风险管理》，《科技进步与对策》1999年第4期，第56~57页。

风险。郭韧和李朝明指出协同知识创新已经成为知识创新的发展方向与趋势，协同知识创新一方面可以降低成本、分担风险；另一方面合作各方既合作又竞争，不可避免地会产生风险。① 当创新团队参与主体在某一方面缺乏创新的知识（知识多样性匮乏）时，便有很大的概率导致创新的失败，而且这些知识也并不是孤立存在的。④创新惰性风险（R_{44}），是指创新团队在协同创新中取得了一定的成果之后就安于现状，进而导致放松警惕，产生的创新不能持续的风险。肖鹏和余少文指出协同创新过程中成员，尤其是团队的领导人由于观念守旧、缺乏创新动力、吸收能力差、创新风险意识以及判断能力较弱、工作惯性较强等会产生创新惰性风险②，因此要防范创新惰性风险给外智引联型创新团队带来的危害。⑤创新战略风险（R_{45}），是指外智引联型创新团队在协同创新时，因为采取的不同类型的战略而产生的风险。Ansoff 研究指出，将创新战略划分为技术领先、技术模仿、技术跟随三种类型。③ 在合作时我们要考虑不同类型战略所适用的条件。不同的战略会给团队带来不同的收益，因此在选择战略时，不能够盲目地追求技术领先而忽视自身的情况，同时也不能够一味地采取技术模仿和技术跟随战略，只有结合自身的实际选择最适合现阶段团队发展的创新战略，才能够有效地预防战略选择不当所带来的风险。

二　外智引联型创新团队风险因素过程分析

复杂性是客观世界的本质，是开放的复杂系统的基本特征，外智引联型创新团队协同系统的复杂性源于系统各元素（行为主体）之间的非线性关系。由前文的分析可知，数量众多、种类多样、作用关联复杂的协同风险因素共同组成了外智引联型创新团队协同创新风险系统，外智引联型创新团队的协同复杂性体现在创新主体多元、创新环境复杂、创新过程（广义上的机会）非独立和创新资源（广义上的能力）部分独占等方面。外智

---

① 郭韧、李朝明：《企业协同知识创新的风险识别与评价》，《运筹与管理》2011 年第 3 期，第 181~185 页。

② 肖鹏、余少文：《企业间协同创新惰性及解决对策》，《科技进步与对策》2013 年第 10 期，第 86 页。

③ H. I. Ansoff, *Strategies for Diversification*（Harvard Business Review, 1957）。

引联型创新团队风险因素是在参与主体、目标差异、技术创新以及协同合作等风险共同作用下产生的，其需要经历合作关系组建期、合作项目运行期、合作后的产出期三个阶段。

1. 合作关系组建期

合作关系组建期主要包括合作项目的选择、合作伙伴的选择、合作契约的签订。由于外智引联型创新团队合作主体的不平等性（地位、技术水平等），虽然成员有合作契约的签订，但是仍然会发生逆向选择风险、道德风险等，因此合作伙伴的选择对于外智引联型创新团队的发展至关重要。合作伙伴的选择在一定程度上决定了创新团队的创新能力以及任务绩效，且各参与主体都是相对理性的个体，都有着自己的目标并尽可能地获取更大的利益，各主体之间都存在双向选择，双方都有自己的优势，且西部地区创新团队有其自身的劣势（由其自身特征所决定），在合作之初就显失公平，两方是否能够形成平衡，有研究称这种情况很少甚至是不可能的。外智引联型创新团队合作伙伴的选择应该是为了共同的团队目标，由能够共担风险、协同合作、共享利益的个人或者群体组成。这一阶段是防范风险的第一步，对于外智引联型创新团队来说，必须严格地选择自己的合作伙伴，既要根据合作的目标、任务来选择，又要根据合作的动机来选择。国内诸多学者认为个体因素（能力、技术水平、价值认同、异质性、互补性等）、关系因素（信任程度、沟通交流、逆向选择等）以及隐性因素（学习能力、知识转移、信息不对称等）等均有可能在创新团队的不同发展阶段产生风险并带来不利的后果，而一般选择互补性、兼容性、信赖性、成长性的合作主体能够有效地防范风险。

在这一阶段，如果合作伙伴的选择失误或者没有达到之前既定的目标，创新团队会由于角色、能力、意向、行为以及范式等不同而产生风险，合作伙伴也会产生逆向选择，将一些素质比较差的成员吸纳到外智引联型创新团队中，一旦产生决策失误，将会造成"木桶效应"，会使外智引联型创新团队的合作达不到预期的结果，进而会对风险的产生埋下隐患。

2. 合作项目运行期

在合作伙伴选择之后，外智引联型创新团队会根据目标以及任务的复杂程度构建合适的组织结构。在合作初期，团队成员之间由于角色混乱或定位不清、能力异质性、价值认同差异而导致其行为选择异质，成员之间由于沟通与交流相对困难、信息不对称等而导致信任风险，特别是整个外智引联型创新团队合作过程中遇到诸如技术创新瓶颈、市场需求压力过大等难题时，成员会担心合作伙伴产生机会主义行为。这时候成员之间的信任水平也相对较低，不利于协同合作创新的开展，也不利于知识的创新与转移。随着合作程度的不断加深，以及整合资源的需要，成员之间的沟通协作越来越频繁，良好的合作基础与合作前景有利于成员之间相互了解，降低信息的不对称性以及沟通协调的成本；高信任感能够有效地防止团队中的不道德行为以及机会主义行为的发生。但这并不是说关系结构风险就不会发生，关系结构风险会伴随创新团队合作发展的全过程。

在这一阶段，随着合作的建立以及合作程度的不断加深团队会涉及各种显性资源以及隐性资源的划分，根据公平理论以及归因理论，成员在涉及自身利益的时候，总是愿意将自己的成果归因于自己的努力，认为应该获得更多的报酬，且当自己认为他人的报酬高于自己且大于他人的付出时，就会产生不公平的心理。这种不公平的心理如果没有被及时发现并采取有效的措施，可能带来关系结构风险以及中途突然退出的结果，不利于合作的继续开展以及任务绩效的完成。此外，创新伴随团队发展的全过程，西部高校创新团队借助外部的智力、科技、理念等优势进行互补性合作，如果一方隐藏知识或者对于知识过于保护，无形中会产生技术垄断的现象，进而会产生信息不对称的风险；在合作创新成果转移阶段，由于受创新过程以及创新环境的影响，知识存在被泄露、被模仿、遗失或者破损等风险，导致知识共享不足，造成合作效率相对较低，甚至会使整体团队的利益受损以及合作破裂。

3. 合作后的产出期

合作后的产出期一般分为创新团队的解散和创新团队的继续合作。在合作后的产出期，如果最终的合作能够满足各方的目标期望，则会大大降低风险发生的概率，创新团队能够继续合作下去。但是如果创新团队的合作由于受到某些不可控因素或者其他因素的影响而导致最终结果与预期目标相差过大时，合作就会难以为继，并会产生较大的关系风险。而且在合作完成后，重要的评价因素就是任务绩效的评估以及利益的分配是否合理，团队的成员总是依据最终的所得来衡量自己的价值，而团队的领导者所采取的利益分配机制并不一定与成员自己的分配相一致，如前文所述，根据公平理论以及归因理论，如果成员或者外智感到不满意就会滋生机会主义行为，最终导致创新团队核心成员或者外部智力的流失，甚至会导致创新团队的解散。

这一阶段，创新团队协同合作过程不仅包含显性资源的分配不均所引起的风险，还包括各种非显性资源（专利、奖励、声誉、荣誉等）的成果划分不均等引起的风险。由于知识产权成果划分不清晰，首先合作的一方可能会未经过另一方的同意，擅自将知识泄露或者转移给第三方，造成知识外溢、知识被模仿、知识泄露等风险；其次在合作过程中技术创新成果可能涉及合作各方的商业秘密，如果没有合理、完善的退出机制，其中某一方也可能违反契约，在不告诉其他合作主体的情况下，私自传播或者使用技术创新合作成果，会影响团队合作的继续进行，甚至会造成合作的中断或终止。

三　外智引联型创新团队过程风险监控指标体系构建

前文结合其自身特征和国内外研究现状，从参与主体、目标差异、协同合作、技术创新四个维度详细阐述并分析了外智引联型创新团队过程风险因素，从而为过程风险监控指标体系的构建提供了理论依据。但并不是所有的指标因素都有效，理论最终需要通过实践来进行检验，因此就需要相关领域的专家学者对所构建的指标体系进行科学、合理的评价，剔除掉那些不太合理的指标因素，从而为构建更加客观、有效、全面的风险评价以及过程风险监控机制奠定基础。

1. 指标体系构建原则

外智引联型创新团队过程风险监控指标体系是对其不同发展阶段中的风险因素进行识别，并将复杂的风险分解为容易被认知的风险因素，找到各风险因素之间的关联，为构建过程风险预警模型奠定基础。本书根据外智引联型创新团队的四大特征以及不同的发展过程特征，得到外智引联型创新团队过程风险监控指标体系的原则。

（1）指标体系的全面性、科学性原则

外智引联型创新团队过程风险监控涵盖创新团队发展的全过程，能详细地分析不同发展阶段的风险因素以及各风险因素之间的关联。只有详细、全面地分析创新团队的过程风险因素，才能够采取有效的监控以及预警措施，为外智引联型创新团队的科学决策以及协同发展奠定基础。

（2）指标体系的系统性、逻辑性原则

创新团队所面临的风险因素不是单一、独立存在的，而是一系列风险因素的组合，也可能是受到其他风险因素的影响而产生的连锁反应，因此必须考虑各因素与团队整体风险之间的关联以及各因素之间的关联。

（3）指标体系的合理性原则

外智引联型创新团队过程风险监控指标的选取应避免重复，减少不必要的歧义或者误解，同时指标的数量设置也要合理，指标的选择要尽可能地体现出外智引联型创新团队不同发展阶段的主要风险因素。

2. 指标的筛选和确定

为了更加科学、合理、有效地对这些风险因素进行筛选，本书采取了问卷调查的方法，调查对象是相关创新团队、与团队风险管理有着相关联研究的学者、不同类型的创新团队成员等。首先，在问卷的设计过程中，通过综合国内外研究现状以及征求有长期团队风险管理、创新团队研究的专家学者的意见，进行反复的修改与确定，以保证问卷的全面性、客观性、合理性。其次，由于人力、物力等限制，在问卷发放时采取网络问卷调查的方式，借助计算机等工具对问卷的结果进行分析，如有明显结果不合理的问卷将进行一定的辨识与筛选。运用 Likert 量表对这些过程风险监控指标的重要程度进行了相关的赋值，从影响很大到基本没影响分为五个等级，分别用9、7、5、3、1来表示。

本次调查一共发放 120 份问卷，一共得到 99 份有效问卷，其有效率为 82.5%。对收回的问卷数据运用 SPSS 22.0 软件进行数据分析，并结合 Cronbach's α 系数进行测量。具体的分析结果如表 6.1 所示。

根据表 6.1 中的结果我们得到 Cronbach's $\alpha = 0.819 > 0.8$，表明本次的调查结果有比较高的可信度。

表 6.1 过程风险监控指标信度统计量表

Cronbach's α	基于标准化项的 Cronbach's α	个数
0.819	0.837	20

然后运用 SPSS 22.0 软件对所调查的 20 个过程风险监控指标进行分析与筛选，其中 R_{11} 到 R_{45} 分别代表角色融合风险、意向倾向风险、行为选择风险、能力异质风险、范式协调风险；价值认同风险、任务复杂性风险、信息不对称风险、群体决策风险、目标权衡风险；利益分配风险、知识转移风险、退出机制风险、关系结构风险、协同方式风险；创新过程风险、创新环境风险、创新知识风险、创新惰性风险、创新战略风险。对其采用主成分分析法，利用最大方差正交旋转法，结合因子数目特征值大于 1 的特征对其进行分析与筛选，因子分析的结果具体如表 6.2 所示。

表 6.2 因子分析得分矩阵

指标	成分			
	1	2	3	4
R_{11}	0.736	0.124	0.247	0.185
R_{12}	0.836	0.345	0.462	0.275
R_{13}	0.683	0.204	0.462	-0.143
R_{14}	0.374	0.592	0.173	-0.261
R_{15}	0.391	0.275	-0.351	0.230
R_{21}	0.356	0.573	0.241	-0.253
R_{22}	-0.045	0.584	0.427	0.263
R_{23}	0.052	-0.316	0.634	0.312
R_{24}	0.224	0.566	0.074	0.225
R_{25}	0.277	-0.354	0.331	0.151
R_{31}	0.674	0.344	0.271	-0.103
R_{32}	0.866	0.420	0.272	0.187

续表

指标	成分			
	1	2	3	4
R_{33}	0.423	0.586	0.354	-0.256
R_{34}	-0.352	0.430	0.646	0.232
R_{35}	0.195	0.264	-0.424	0.203
R_{41}	0.754	0.362	0.642	-0.053
R_{42}	0.434	0.862	-0.255	0.381
R_{43}	0.097	0.646	0.276	-0.085
R_{44}	0.767	0.194	0.573	-0.103
R_{45}	0.204	0.313	-0.215	0.067

根据表6.2所得出的结果，可以看出范式协调风险、目标权衡风险、协同方式风险、创新战略风险的所有因子负荷量均小于0.5，所以将其剔除，进而得出更加科学、客观、合理的指标体系。根据结果可以看出角色融合风险、意向倾向风险、行为选择风险、能力异质风险、价值认同风险、任务复杂性风险、信息不对称风险、群体决策风险、利益分配风险、知识转移风险、退出机制风险、关系结构风险、创新过程风险、创新环境风险、创新知识风险、创新惰性风险均符合要求，而范式协调风险、目标权衡风险、协同方式风险、创新战略风险则要进行相应的剔除，这样就可以客观、全面地构建外智引联型创新团队过程风险监控指标体系。

3. 指标体系构建总体框架

通过对外智引联型创新团队特征和发展过程的界定，结合其过程复杂性、地区界定性、灵活动态性、协同创新性特征，在合作关系组建期、合作项目运行期和合作后的产出期三个阶段对所存在的风险因素的具体表现进行了阐述，从参与主体风险、目标差异风险、协同合作风险、技术创新风险四个维度，详细分析了外智引联型创新团队过程风险监控指标因素，并最终构建了外智引联型创新团队过程风险监控指标体系，具体如图6.1所示。

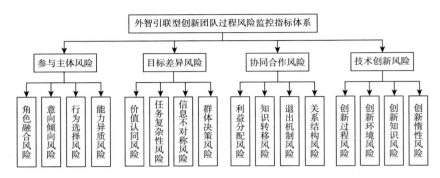

图 6.1 外智引联型创新团队过程风险监控指标体系

第四节 基于 G-ANP 方法的风险预警与机制构建

在风险评价领域，层次分析法与模糊分析法是运用比较广泛的，但是层次分析法要求各指标因素之间是相互独立的关系，而在现实中很多指标因素内部之间有着密不可分的关联，因此就限制了其应用的范围与广度，具有一定的局限性；而模糊分析法虽然计算比较简单、简洁，但是在运算中经常会丢失重要的信息，导致结果并不具有可靠性与说服性。外智引联型创新团队的概念提出相对较晚，与其相关的基础资料很少，所以也不适用于 BP 神经网络等方法。而网络分析法则是在层次分析法的基础上，充分考虑各指标因素之间内部关联的一种方法，其适用范围更加广泛，能够有效地克服层次分析法的不足。

外智引联型创新团队过程风险监控非常复杂，是一个多层次、多主体协同、多目标、多要素的评价问题。在对外智引联型创新团队过程风险进行评价时，不仅会受到诸如知识结构、经验经历、偏好等主观因素的影响，主体多元、目标多元，各评价指标内部之间还存在相互影响的关系；此外，评价方法的选择不合理可能会使评价的结果产生较大的差异，这样就不能够构建有效的过程风险预警模型，所评价的结果也就没有了实际的价值。外智引联型创新团队的未知的、非确知的风险因素具有明显的灰性特征，而且风险因素之间也存在依赖或者相互影响的关系，而运用网络分析法可以充分地考虑同一层次元素之间以及元素内部之间的相互作用。外智引联型创新团队过程风险评价层次、评价动态等都具有灰色特征，而灰色系统理论重点研究的是概率问题不能够解决的小样本、信息不足等类问题，因此对外智引联型创新团队的风险评价具有一定的适用性。

虽然此类方法研究在建筑工程项目管理、物流管理等领域都有相关的应用，但尚未有应用于外智引联型创新团队过程风险评价的研究。鉴于此，本书提出基于灰色网络分析法（G-ANP）的风险评价方法，综合各种方法的不同特征，将其运用于外智引联型创新团队的过程风险评价中，并对风险因素进行求解与评价，充分利用现有的已知白化信息，有效地降低主观误差。首先对各指标因素相互关系的重要程度进行比较，运用网络分析法确定各指标的权重；然后通过相关领域专家学者的打分，计算出各指标的灰色评价矩阵；接着利用各指标的权重以及灰色评价矩阵，计算出各级指标的值，确定其所处的风险等级；最后根据指标因素所处的风险等级对其进行监控与预防，对结果和危机进行评估，使得过程风险预警模型能够有效运行，并有的放矢地预防、监控风险。

一　灰色网络分析法

1. 灰色网络分析法的基本原理

灰色网络分析法（G-ANP）是在综合了层次分析法、网络分析法、基于白化权函数的灰色系统评价方法的基础上产生的一种能够同时处理不确定性以及灰性等特征的定量方法。其基本思想是，首先，根据影响因素的相对重要程度来构造两两判断矩阵，在构造判断矩阵的时候不仅要考虑到主准则的重要性，还要考虑到它与其他元素的相互影响情况。如果这两个元素并没有受到其他元素的影响，那么就只用将这两个元素同主准则进行重要程度的对比，此时的情况就类似于用 AHP 方法来构建判断矩阵。然后，运用灰色统计理论的方法把那些分散开来的风险评价信息转换成不同灰类程度的评价向量。最后，依据决策的思想对这些评价向量进行处理。

2. 基于 G-ANP 综合评价法的详细流程

基于 G-ANP 综合评价法的详细流程如图 6.2 所示。

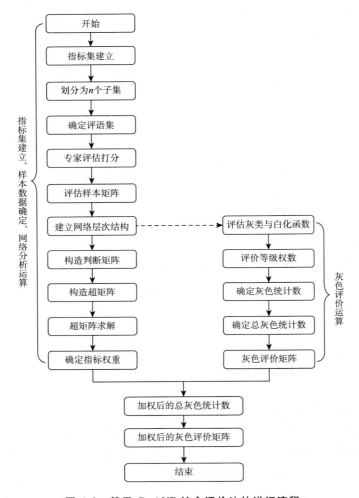

图 6.2　基于 G-ANP 综合评价法的详细流程

二　基于 G-ANP 方法的风险评价

1. 网络分析法步骤简介

（1）层次分析法步骤

首先，要构造递阶层次结构，将复杂的问题化解为细微的影响因素，根据这些因素与因素之间的相互关系，将其划分为不同的层次结构，即方案层、准则层和目标层。其中，方案层是指为了实现该目标所制定的选择方案或者措施，即常说的指标层；准则层是指为了实现目标所涉及的中间关节；目标层一般情况下只有一个因素，就是项目所要达到的最终目标。

其次，根据外智引联型创新团队过程风险因素之间的相互影响程度构造出两两判断矩阵。

第一，确定比例标度，经常采用 1~9 的整数以及它们的倒数来进行标度的计算，具体含义如表 6.3、表 6.4 所示。

表 6.3 判断矩阵重要度定义

标度	重要度定义
1	表示两个因素进行比较，同等重要
3	表示两个因素进行比较，一个因素比另一个稍重要
5	表示两个因素进行比较，一个因素比另一个重要
7	表示两个因素进行比较，一个因素比另一个重要得多
9	表示两个因素进行比较，一个因素比另一个极为重要
2，4，6，8	表示介于两个相邻的判断的中间值

表 6.4 判断矩阵次要度定义

标度	次要度定义
1	表示两个因素进行比较，同等重要
1/3	表示两个因素进行比较，一个因素比另一个稍次要
1/5	表示两个因素进行比较，一个因素比另一个次要
1/7	表示两个因素进行比较，一个因素比另一个次要得多
1/9	表示两个因素进行比较，一个因素比另一个极为次要
1/2，1/4，1/6，1/8	表示介于两个相邻的判断的中间值

第二，根据重要度的不同，进行两两判断矩阵的构造，假设各方案 U_i（$i=1，2，\cdots，n$）在某一准则 P_s 下根据表 6.3、表 6.4 的判断标度的定义，可以得到外智引联型创新团队过程风险因素判断矩阵，如表 6.5 所示。

表 6.5　判断矩阵

P_s	U_1	U_2	U_3	U_4
U_1	a_{11}	a_{12}	a_{13}	a_{14}
U_2	a_{21}	a_{22}	a_{23}	a_{24}
U_3	a_{31}	a_{32}	a_{33}	a_{34}
U_4	a_{41}	a_{42}	a_{43}	a_{44}

其中，判断矩阵 $A = \left[a_{ij} \right]_{n \times n}$ 具有以下性质：

$$0 \leqslant a_{ij} \leqslant 9, a_{ii} = 1, a_{ij} \times a_{ji} = 1$$

第三，计算各个影响因素的相对权重，求出该判断矩阵的最大特征值、特征向量，然后求出各因素的权重，并对其进行平均随机一致性检验。平均随机一致性检验指标 $R.I.$ 可查表得到，具体如表 6.6 所示。

表 6.6　平均随机一致性检验指标

n	1	2	3	4	5	6	7	8	9	10	11	12	13	14
$R.I.$	0	0	0.58	0.89	1.12	1.26	1.36	1.41	1.46	1.49	1.52	1.54	1.56	1.58

由此就可以计算出矩阵的随机一致性比率 $C.R.$，如果 $C.R. = C.I.$[①] $/R.I. < 0.1$，则认为评价者对该多因素的判断保持逻辑一致性，比较判断的结果是合理的。

（2）网络分析法步骤

ANP 将系统的影响元素分为网络层与控制层，它的决策原理与 AHP 相同，主要的不同是 ANP 根据影响元素之间的相互关系将其分为不同的层次结构，进而构建出网络层次结构。

该方法主要包含三个步骤。①将决策问题进行系统的分析、归类，判断因素内部之间的关联关系。②构造 ANP 典型网络层次结构。首先进行控制层的构造，同 AHP 一样，可以先计算出各个影响因素的权重；然后进行网络层的构造，确定网络层各影响因素的相互关系，进而为构造超矩阵奠定基础。③构造 ANP 超矩阵计算综合权重，超矩阵的求解是重中之重，而且求解

---

① $C.I.$ 为判断矩阵一致性指标。

过程非常繁杂,因此一般情况下我们可以借助计算机软件进行求解。

2. 基于 G-ANP 方法的外智引联型创新团队过程风险评价模型

（1）构建外智引联型创新团队过程风险评价指标集

确定外智引联型创新团队过程风险评价一级指标集,可以将其分为 n 个子集,其中第 i（$i = 1, 2, \cdots, n$）个子集 $U_i = \{U_{i1}, U_{i2}, \cdots, U_{in}\}$,$U = \{U_1, U_2, \cdots, U_n\}$。

（2）确定外智引联型创新团队过程风险评价评语集

评价评语集是对不同层次影响因素评价指标的一种语言描述,其是各主体评审专家对不同层次影响因素评价指标的评语集合。评价等级论域 $V = (v_1, v_2, \cdots, v_q)$,其中 q 表示评价等级数,v_t 表示第 t 个评价级别。

（3）构建外智引联型创新团队过程风险评价 ANP 模型

根据前文中的外智引联型创新团队过程风险监控指标体系,建立结构模型,其中控制层为评价目标,网络层为参与主体风险、目标差异风险、协同合作风险和技术创新风险,如图 6.3 所示。

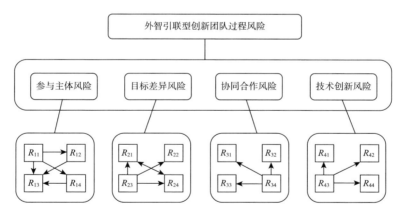

图 6.3　外智引联型创新团队过程风险评价 ANP 模型

同时,组织多位具有创新团队管理、风险管理等领域丰富经验的专家,通过对各风险因素之间的关联情况进行判断,构建外智引联型创新团队过程风险因素影响关系调查表,如表 6.7 所示。

（4）G-ANP 方法确定权重

运用层次分析法中两两因素重要程度互相对比的方法,对各指标子集中的影响因素进行对比与判断，就可以构造出无权重超矩阵，也就是以指标集 U_j 中的 U_{jl}（$l=1，2，\cdots，n_j$）为准则，元素组中的 U_j 相关元素按照其对 U_{jl} 的影响程度的大小来比较其间接的优势度，最终构造出两两判断矩阵，如表 6.8 所示。

表 6.7　外智引联型创新团队过程风险因素影响关系调查表

被影响因素 / 影响因素		参与主体风险				目标差异风险				...
		R_{11}	R_{12}	R_{13}	R_{14}	R_{21}	R_{22}	R_{23}	R_{24}	...
		角色融合风险	意向倾向风险	行为选择风险	能力异质风险	价值认同风险	任务复杂性风险	信息不对称风险	群体决策风险	...
参与主体风险	R_{11} 角色融合风险									
	R_{12} 意向倾向风险									
	R_{13} 行为选择风险									
	R_{14} 能力异质风险									
目标差异风险	R_{21} 价值认同风险									
	R_{22} 任务复杂性风险									
	R_{23} 信息不对称风险									
	R_{24} 群体决策风险									
	$\vdots$									

表 6.8　判断矩阵

U_{jl}	U_{j1}	U_{j2}	...	U_{jl}	归一化特征向量
U_{j1}					$W_{i1}^{(jl)}$
U_{j2}					$W_{i2}^{(jl)}$
$\vdots$					$\vdots$
U_{jl}					$W_{in}^{(jl)}$

并求得归一化特征向量 $[W_{i1}^{(jl)}，W_{i2}^{(jl)}，\cdots，W_{in}^{(jl)}]$，记 W_{ij} 为：

$$W_{ij} = \begin{bmatrix} w_{i1}^{(j1)} & w_{i1}^{(j2)} & \cdots & w_{i1}^{(jn_j)} \\ w_{i2}^{(j1)} & w_{i2}^{(j2)} & \cdots & w_{i2}^{(jn_j)} \\ \vdots & \vdots & & \vdots \\ w_{in}^{(j1)} & w_{in}^{(j2)} & \cdots & w_{in}^{(jn_j)} \end{bmatrix}$$

其中，矩阵 W_{ij} 中的列向量是 U_i 的元素对 U_{j1}，U_{j2}，$\cdots$，U_{jn} 影响程度的排序向量，若 U_j 中的元素不受 U_i 中的元素影响，则 $W_{ij}=0$，由此可以求出超矩阵 W：

$$W = \begin{bmatrix} W_{11} & W_{12} & \cdots & W_{1n} \\ W_{21} & W_{22} & \cdots & W_{2n} \\ \vdots & \vdots & & \vdots \\ W_{n1} & W_{n2} & \cdots & W_{nn} \end{bmatrix}$$

又因为 W 为非负矩阵，所以所求的超矩阵的子矩阵 W_{ij} 是经过列归一化的向量，但是矩阵 W 并不是列归一化的，所以要用指标 U_i 对准则 U_j（$j=1$，2，$\cdots$，n）的重要程度进行比较，如表 6.9 所示。

表 6.9　重要程度比较

U_j	U_1	U_2	$\cdots$	U_n	归一化特征向量（排序向量）
U_1					a_{1j}
U_2					a_{2j}
$\vdots$					$\vdots$
U_n					a_{nj}

其中与 U_j 无关的元素所组成的排序向量为 0 向量，这样就可以求得加权矩阵：

$$A = \begin{bmatrix} a_{11} & a_{12} & \cdots & a_{1n} \\ a_{21} & a_{22} & \cdots & a_{2n} \\ \vdots & \vdots & & \vdots \\ a_{n1} & a_{n2} & \cdots & a_{nn} \end{bmatrix}$$

对超矩阵 W 的元素进行加权，即 $\overline{W}=a_{ij}W_{ij}$（$i=1$，$2$，$\cdots$，$n$；$j=1$，$2$，$\cdots$，$n$），从而得到超矩阵 $\overline{W}=\overline{W_{ij}}$，该超矩阵的列向量之和为 1，其为列随机向量。$\overline{W_{ij}}$ 的大小则反映了元素 i 对元素 j 的优势度。与此同时，通过 $\sum_{k=1}^{n} \overline{W_{ik}}\,\overline{W_{kj}}$ 就能够求得元素 i 对元素 j 的间接优势度。

（5）确定灰色评价矩阵

第一，确定评价样本矩阵。评价样本的确定往往是由有着团队风险管理、创新团队多年研究经验的专家组来完成的，假设有 n 个专家共同参与了外智引联型创新团队过程风险评价，则风险评价的样本矩阵为：

$$C = \begin{bmatrix} C_{11} & C_{12} & \cdots & C_{1n} \\ C_{21} & C_{22} & \cdots & C_{2n} \\ \vdots & \vdots & & \vdots \\ C_{n1} & C_{n2} & \cdots & C_{nn} \end{bmatrix}$$

第二，确定评价白化权函数。首先要确定所要评价的白化值，但是为了确定指标影响因素的具体灰类程度，还应该确定其评价灰类，即不仅要确定出所评价的灰类等级，还要确定白化权函数、灰数等。

假设评价中的评价灰类为 t，那么 f_t 就表示 t 的灰类函数，$f_t(C_{ki})$ 就表示指标 C_{ki} 属于 t 的白化权函数。白化权函数一般可以分为三种形式：上类形态灰数、中类形态灰数、下类形态灰数。

本书选取几种比较常用的形式，如下所示。

一是上类形态灰数，即 $C_{ki} \in (-\infty, +\infty)$。

$$f_1(C_{ki}) = \begin{cases} C_{ki}/C_1 & C_{ki} \in [0, C_1] \\ 1 & C_{ki} \in (C_1, +\infty) \\ 0 & C_{ki} \in (-\infty, 0) \end{cases}$$

二是中类形态灰数，即 $C_{ki} \in [0, +\infty)$。

$$f_2(C_{ki}) = \begin{cases} \dfrac{C_{ki}}{C_1} & C_{ki} \in [0, C_1] \\ 2 - \dfrac{C_{ki}}{C_1} & C_{ki} \in (C_1, 2C_1) \\ 0 & C_{ki} \in [2C_1, +\infty) \end{cases}$$

三是下类形态灰数，即 $C_{ki} \in [0, +\infty)$。

$$f_3(C_{ki}) = \begin{cases} 1 & C_{ki} \in [0, C_1] \\ \dfrac{C_2 - C_{ki}}{C_2 - C_1} & C_{ki} \in (C_1, C_2) \\ 0 & C_{ki} \in [C_2, +\infty) \end{cases}$$

第三，计算各指标元素的灰色评价矩阵。根据以上步骤，确定出其所属的白化权函数，就可以求出 C_{ki} 属于第 t 类评价等级的权 $f_t(C_{ki})$，并计算出评价矩阵的灰色统计数 n_{ij} 和总灰色统计数 n_j。计算公式为：

$$n_{ij} = \sum_{k=1}^{m} f_j(C_{ki})$$

$$n_j = \sum_{j=1}^{q} n_{ij}$$

由此可以计算出灰色评价权值 $m_{ij} = \dfrac{n_{ij}}{n_j}$，灰色评价权值 m_{ij} 表示的是第 m 位专家对第 i 个评价指标给予第 j 等评价级别的程度，然后就可以构成一个灰色评价矩阵：

$$M = \begin{bmatrix} M_1 \\ M_2 \\ \vdots \\ M_n \end{bmatrix} = \begin{bmatrix} m_{11} & m_{12} & \cdots & m_{1q} \\ m_{21} & m_{22} & \cdots & m_{2q} \\ \vdots & \vdots & & \vdots \\ m_{n1} & m_{n2} & \cdots & m_{nq} \end{bmatrix}$$

（6）综合评价

根据所求得权重向量与灰色评价矩阵，利用 $B_i = W_i \times M_i$ 求出灰色评价向量 B_i，然后通过 $Z_i = B_i \times V^{\mathrm{T}}$ 得到该外智引联型创新团队一级指标评价值以及总体风险评价值，进行风险监控与预警。

三　外智引联型创新团队过程风险预警模型构建

如图 6.4 构建外智引联型创新团队过程风险预警模型。首先应该收集所有与团队运行相关的信息，包括团队内外部环境的信息，这是进行风险因素识别与评价的基础，所收集到的信息的真实性、全面性、客观性对最终风险指标的评价以及预警机制的构建会产生重要的影响。此外还要成立专门的风险预警小组，由专人负责对外智引联型创新团队的发展过程中出现的风险因素进行识别与监控，并在明确的预警指标警戒线以及警戒等级的前提下，运用 G-ANP 方法对风险因素进行评价，判断其是否达到风险预警状态。如果其风险状态显示正常，则继续对其发展过程进行监控；如果其风险预警状态显示不正常，则主要分为预警状态与危机状态，并根据其结果判断团队运行状态是否达到了预警线、是否可以发出警报，根据可能发生风险的概率的大小以及损失的多少，预先制定一整套完整的风险危机处理办法与对策建议库，在风险发生的情况下可以将风险的损失降到最低。

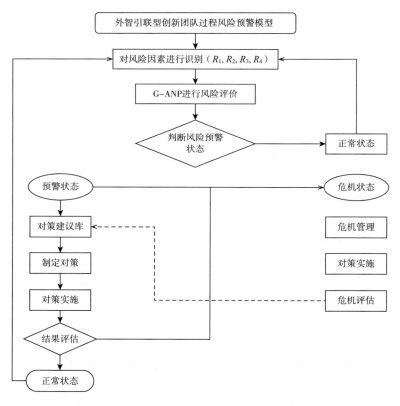

图 6.4　外智引联型创新团队过程风险预警模型

第五节　案例分析

本书以西部某外智引联型创新团队为例，分析其在同外智合作过程中存在的风险因素，并对其进行风险评价与监控，为其存在的风险进行预警。该外智引联型创新团队是面向西部地区云南省矿业支柱产业以及国家有色金属行业的矿产资源战略需求，在理论与实践相结合的基础下，坚持科研合作为经济建设做贡献和在开放中求竞争、在竞争中有协同、在协同中谋发展的理念，经过几年的持续快速发展，先后入选为"校级创新团队""省级创新团队"，并成为该省第二个入选"教育部创新团队"的创新团队，该创新团队由40余人组成，其中教授6人、副教授6人、讲师5人、助教2人、博士后2人、博士研究生5人、硕士研究生13人等。该创新团队先后承担国家高技术项目、"973计划"前期研究专项、国家支撑计划项目、国家自然科学基金项目以及国内外企业委托等项目50余项；获得国家科技奖4项，其中国家技术发明二等奖2项、国家科技进步二等奖1项、国家发明四等奖1项，国家级教学成果一等奖1项，省部级科技奖励6项，其余各级奖励10余项；获发明专利和实用新型专利40余项。通过与北京、上海、武汉等高校开展了深入的长期合作，通过"不为我所有，但为我所用"的合作方式同国内外诸多学者建立了长期的合作关系，它属于典型的外智引联型创新团队。

由于团队成员比较多，虽然团队的核心成员基本上是固定不变的，但是由于其所处的地理位置、社会发展水平等诸多因素的限制，其团队所招收的博士、硕士流动性比较大，很多刚刚培养的学生毕业之后便会向中东部比较发达的地区流动，而新成员的进入往往需要一定的适应时间，成员之间存在角色转换、意向不同等矛盾，会产生一定的风险，对团队的发展非常不利。另外，在合作过程中以及合作完成后知识成果的分配等方面产生矛盾，会导致各主体之间的合作不能够长久地持续下去。没有一个良好的合作机制，给该创新团队的发展埋下了一定的隐患，有必要对其发展过程中可能存在的风险因素进行识别，并进行分析、监控，建立一整套有效的风险预警机制，为该创新团队人才的引进与培养、对内对外合作的长久，以及整体的可持续发展做出贡献。

一　风险评价模型构建与指标权重计算

根据前文的分析，能够得出该外智引联型创新团队发展过程中所存在的风险因素，设计关于该外智引联型创新团队风险因素的调查问卷（在前文已有详细的阐述），根据图 6.1 中的过程风险监控指标体系和第四节中的模型以及评价方法，运用 Super Decision 软件计算风险评价指标的权重。风险评价值 $V = \{$ 很高（9），较高（7），中等（5），较低（3），很低（1）$\}$，邀请专家组基于案例团队的风险因素重要程度进行赋值。

首先，在该软件中构建网络元素组和各级指标元素，根据各影响因素组之间以及自身之间的相互影响与被影响的关系，可以构造出基于 ANP 方法的外智引联型创新团队过程风险评价模型，如图 6.5 所示。

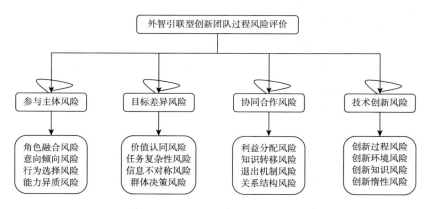

图 6.5　基于 ANP 方法的外智引联型创新团队过程风险评价模型

其次，根据 1~9 的比例标度，对评价指标进行重要程度对比，构造两两判断矩阵，本案例通过问卷调查的方法采集信息，根据 Super Decision 软件构造加权超矩阵、极限超矩阵。由此可以求出各指标元素的权重，如表 6.10 所示。

表 6.10　各风险评价指标元素的权重

$\overline{W}$	网络层				R_1				R_2				R_3				R_4			
	R_1	R_2	R_3	R_4	R_{11}	R_{12}	R_{13}	R_{14}	R_{21}	R_{22}	R_{23}	R_{24}	R_{31}	R_{32}	R_{33}	R_{34}	R_{41}	R_{42}	R_{43}	R_{44}
R_1	0	0	0	0	0	0	0	0	0	0	0	0	0	0	0	0	0	0	0	0
R_2	0	0	0	0	0	0	0	0	0	0	0	0	0	0	0	0	0	0	0	0
R_3	0	0	0	0	0	0	0	0	0	0	0	0	0	0	0	0	0	0	0	0
R_4	0	0	0	0	0	0	0	0	0	0	0	0	0	0	0	0	0	0	0	0
R_{11}	0	0	0	0	0.073	0.073	0.073	0.073	0.073	0.073	0.073	0.073	0.073	0.073	0.073	0.073	0.073	0.073	0.073	0.073
R_{12}	0	0	0	0	0.1	0.1	0.1	0.1	0.1	0.1	0.1	0.1	0.1	0.1	0.1	0.1	0.1	0.1	0.1	0.1
R_{13}	0	0	0	0	0.123	0.123	0.123	0.123	0.123	0.123	0.123	0.123	0.123	0.123	0.123	0.123	0.123	0.123	0.123	0.123
R_{14}	0	0	0	0	0.083	0.083	0.083	0.083	0.083	0.083	0.083	0.083	0.083	0.083	0.083	0.083	0.083	0.083	0.083	0.083
R_{21}	0	0	0	0	0.023	0.023	0.023	0.023	0.023	0.023	0.023	0.023	0.023	0.023	0.023	0.023	0.023	0.023	0.023	0.023
R_{22}	0	0	0	0	0.041	0.041	0.041	0.041	0.041	0.041	0.041	0.041	0.041	0.041	0.041	0.041	0.041	0.041	0.041	0.041
R_{23}	0	0	0	0	0.06	0.06	0.06	0.06	0.06	0.06	0.06	0.06	0.06	0.06	0.06	0.06	0.06	0.06	0.06	0.06
R_{24}	0	0	0	0	0.043	0.043	0.043	0.043	0.043	0.043	0.043	0.043	0.043	0.043	0.043	0.043	0.043	0.043	0.043	0.043
R_{31}	0	0	0	0	0.048	0.048	0.048	0.048	0.048	0.048	0.048	0.048	0.048	0.048	0.048	0.048	0.048	0.048	0.048	0.048
R_{32}	0	0	0	0	0.073	0.073	0.073	0.073	0.073	0.073	0.073	0.073	0.073	0.073	0.073	0.073	0.073	0.073	0.073	0.073
R_{33}	0	0	0	0	0.035	0.035	0.035	0.035	0.035	0.035	0.035	0.035	0.035	0.035	0.035	0.035	0.035	0.035	0.035	0.035
R_{34}	0	0	0	0	0.06	0.06	0.06	0.06	0.06	0.06	0.06	0.06	0.06	0.06	0.06	0.06	0.06	0.06	0.06	0.06
R_{41}	0	0	0	0	0.043	0.043	0.043	0.043	0.043	0.043	0.043	0.043	0.043	0.043	0.043	0.043	0.043	0.043	0.043	0.043
R_{42}	0	0	0	0	0.071	0.071	0.071	0.071	0.071	0.071	0.071	0.071	0.071	0.071	0.071	0.071	0.071	0.071	0.071	0.071
R_{43}	0	0	0	0	0.077	0.077	0.077	0.077	0.077	0.077	0.077	0.077	0.077	0.077	0.077	0.077	0.077	0.077	0.077	0.077
R_{44}	0	0	0	0	0.046	0.046	0.046	0.046	0.046	0.046	0.046	0.046	0.046	0.046	0.046	0.046	0.046	0.046	0.046	0.046

由极限超矩阵可得权重：

$$W = (W_1, W_2, W_3, W_4)^\mathrm{T} = \begin{bmatrix} 0.073 & 0.1 & 0.123 & 0.083 \\ 0.023 & 0.041 & 0.06 & 0.043 \\ 0.048 & 0.073 & 0.035 & 0.06 \\ 0.043 & 0.071 & 0.077 & 0.046 \end{bmatrix}$$

二　计算灰色评价矩阵

先邀请 10 位专家组成专家组（均对该外智引联型创新团队有一定的了解），每人均有 5 年及以上从事创新团队风险评价研究、团队间项目合作风险评价的经验，对风险评价指标的评分结果如表 6.11 所示。

表 6.11　风险评价指标评分

专家	R_{11}	R_{12}	R_{13}	R_{14}	R_{21}	R_{22}	R_{23}	R_{24}	R_{31}	R_{32}	R_{33}	R_{34}	R_{41}	R_{42}	R_{43}	R_{44}
1	2	3	4	5	5	3	8	3	4	7	5	6	3	5	4	3
2	3	4	6	4	6	2	6	4	5	6	2	6	4	4	4	5
3	4	5	8	3	4	3	5	3	3	4	4	7	4	5	3	2
4	5	4	6	4	3	4	6	4	4	5	3	5	3	6	4	4
5	3	3	5	2	6	1	3	3	7	4	7	2	8	3	3	3
6	4	6	6	7	3	5	3	4	7	3	6	5	2	4	2	4
7	3	3	7	6	4	2	6	6	5	6	3	5	3	7	5	2
8	2	2	5	4	2	4	4	4	5	6	4	5	2	5	2	5
9	2	5	2	3	6	5	7	4	6	7	4	2	6	6	5	3
10	3	3	7	4	4	6	6	4	6	5	7	4	7	2	3	3

由表 6.11 确定的风险评价指标评分，可以确定灰色白化权函数 $f_1(\otimes)$、$f_2(\otimes)$、$f_3(\otimes)$、$f_4(\otimes)$、$f_5(\otimes)$，如图 6.6 所示。这 5 个函数分别代表了不同评价指标的灰数以及其所受到的影响的大小。其中 $f_1(\otimes)$ 代表当评价指标的数值接近 9 时，才能有足够的代表程度，此时所存在的风险发生的概率很高；$f_2(\otimes)$ 代表当评价指标的数值接近 7 时，才能有足够的代表程度，此时所存在的风险发生的概率较高；$f_3(\otimes)$ 代表当评价指标

的数值接近 5 时，才能有足够的代表程度，此时所存在的风险发生的概率中等；$f_4(\otimes)$ 代表当评价指标的数值接近 3 时，才能有足够的代表程度，此时所存在的风险发生的概率较低；$f_5(\otimes)$ 代表当评价指标的数值接近 1 时，才能有足够的代表程度，此时所存在的风险发生的概率很低。

按照图 6.4 所述步骤，根据白化权函数（见图 6.6）确定灰色评价矩阵，计算灰色统计数、总灰色统计数、各灰类统计数。

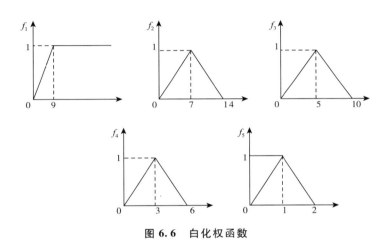

图 6.6　白化权函数

根据外智引联型创新团队风险评价模型构建的步骤，可以确定灰色评价矩阵。以角色融合风险 R_{11} 作为例子，首先求出其灰色统计数：

$n_{11} = f_1(2) + f_1(3) + f_1(4) + f_1(5) + f_1(3) + f_1(4) + f_1(3) + f_1(2) + f_1(2) + f_1(3) =$ 3.44

$n_{12} = f_2(2) + f_2(3) + f_2(4) + f_2(5) + f_2(3) + f_2(4) + f_2(3) + f_2(2) + f_2(2) + f_2(3) =$ 4.43

$n_{13} = f_3(2) + f_3(3) + f_3(4) + f_3(5) + f_3(3) + f_3(4) + f_3(3) + f_3(2) + f_3(2) + f_3(3) =$ 6.2

$n_{14} = f_4(2) + f_4(3) + f_4(4) + f_4(5) + f_4(3) + f_4(4) + f_4(3) + f_4(2) + f_4(2) + f_4(3) =$ 7.67

$n_{15} = f_5(2) + f_5(3) + f_5(4) + f_5(5) + f_5(3) + f_5(4) + f_5(3) + f_5(2) + f_5(2) + f_5(3) = 0$

总灰色统计数：

$$n_1 = n_{11} + n_{12} + n_{13} + n_{14} + n_{15} = 21.74$$

对于风险评价指标因素 R_{11} 来说，此因素属于各灰类的统计数为：$m_{11} = n_{11}/n_1 = 3.44/21.74 = 0.15823$，$m_{12} = n_{12}/n_1 = 4.43/21.74 = 0.20377$，$m_{13} = n_{13}/n_1 = 6.2/21.74 = 0.28519$，$m_{14} = n_{14}/n_1 = 7.67/21.74 = 0.35281$，$m_{15} = n_{15}/n_1 = 0/21.74 = 0$。同理可以求出其他风险评价指标的总灰色统计数以及各灰类统计数，最终可以求得如下灰色评价矩阵：

$$M = \begin{bmatrix} M_1 \\ M_2 \\ M_3 \\ M_4 \end{bmatrix} = \begin{bmatrix} 0.15823 & 0.20377 & 0.28519 & 0.35281 & 0 \\ 0.19610 & 0.25232 & 0.33457 & 0.21701 & 0 \\ 0.27693 & 0.34328 & 0.32057 & 0.05922 & 0 \\ 0.19671 & 0.25274 & 0.31171 & 0.23884 & 0 \\ 0.20497 & 0.26329 & 0.31732 & 0.21441 & 0 \\ 0.16750 & 0.21498 & 0.28298 & 0.28891 & 0.04564 \\ 0.26069 & 0.32313 & 0.31852 & 0.09765 & 0 \\ 0.18574 & 0.23870 & 0.31772 & 0.25784 & 0 \\ 0.18064 & 0.23237 & 0.30872 & 0.23655 & 0.04172 \\ 0.27197 & 0.34950 & 0.32338 & 0.05514 & 0 \\ 0.01864 & 0.23978 & 0.30133 & 0.22944 & 0.04035 \\ 0.28321 & 0.35213 & 0.30911 & 0.05556 & 0 \\ 0.15970 & 0.20496 & 0.28720 & 0.30461 & 0.04352 \\ 0.24357 & 0.30257 & 0.30257 & 0.07564 & 0 \\ 0.17096 & 0.21981 & 0.30755 & 0.30167 & 0 \\ 0.15970 & 0.20496 & 0.28720 & 0.30461 & 0.04352 \end{bmatrix}$$

三 综合评价

由公式 $B_i = W_i \times M_i$，求得各一级风险评价指标 U_i 的灰色评价向量。$B_1 = (0.8156, 0.1033, 0.1196, 0.0746, 0)$，$B_2 = (0.0352, 0.0445, 0.0517, 0.0337, 0.0019)$，$B_3 = (0.0462, 0.0662, 0.0675, 0.0114, 0.0035)$，$B_4 = (0.0447, 0.0566, 0.0707, 0.0557, 0.0039)$。再通过 $Z_i =$

$B_i \times V^\mathrm{T}$，可以求得外智引联型创新团队一级指标评价值为 $Z =$（2.2789，0.9898，1.2544，1.3230）。由结论可以看出外智引联型创新团队中参与主体风险的评价值最高，技术创新风险的评价值其次，然后是协同合作风险和目标差异风险。同理可以计算出该外智引联型创新团队风险因素二级评价指标值 $Z =$（0.3894，0.5855，0.8211，0.4826；0.1361，0.2189，0.3896，0.2453；0.2663，0.4217，0.1429，0.4036；0.2264，0.4295，0.4250，0.2415）。在参与主体风险中，意向倾向风险和行为选择风险发生的概率比较大；在目标差异风险中，信息不对称风险发生的概率比较大；在协同合作风险中，知识转移风险和关系结构风险发生的概率较大；在技术创新风险中，创新环境风险与创新知识风险发生的概率比较大。

由 $B = W \times M$ 可以求得综合评价向量 $B =$（0.2077，0.2706，0.2748，0.1754，0.0093），再利用 $Z = B \times V^\mathrm{T}$ 进行综合运算，可以求得该创新团队的风险综合评价值 $Z = 5.673$。因为 $5 < 5.673 < 7$，说明该外智引联型创新团队的风险等级处于中等水平，应该重视团队发展过程中的风险问题，应该从全过程识别、防范风险因素的发生，并建立一整套适合自身团队发展的风险预警机制，为可能发生的风险因素构建相应的对策建议库，将该外智引联型创新团队在运行过程中的风险降到最低程度。

四 风险预警及风险监控的对策建议

第一，尽管该团队在合作伙伴（外智）的选择过程中，已经充分考虑主体与团队的知识产权协调机制、双方的实力等因素的匹配性，但是仍然要特别关注各参与主体（团队内部成员和外智）的动机与行为，因为在各类风险因素中，参与主体风险发生的概率最大，其中行为选择风险和意向倾向风险发生的概率较大。对此该团队应成立单独的风险监控与预警工作组，在全过程监控风险因素，在识别到参与主体风险可能发生的情况下，要主动和出现问题的主体进行沟通与协调，将风险发生的可能性降到最低，并且保证合作的长久持续。

第二，在合作初期，目标差异比较明显，双方在合作博弈的基础上形成了合作关系，目标差异风险中信息不对称风险发生的概率最大，在此基础上，各方应该在所收集到的资料、信息、知识等方面实现共享，建立双方的信息共享机制；同时还要在团队发展过程中塑造团队文化，争取使团队的目标同成员的目标相一致，保证团队任务和目标的顺利完成。

第三，在协同合作风险中，知识转移风险与关系结构风险发生的概率较大，因此在合作开始之前应考虑主体之间互补性、异质性，并订立相应的契约或者聘请第三方机构进行鉴定；在合作过程中要尽量将无形的、难以理解的隐性资源转化为显性资源，可以有效地防止核心成员的退出而带来核心知识的泄露问题；此外还要加强团队成员的保密意识，促进合作主体之间的信任、交互等关系，培养和谐的人际关系，营造共赢的氛围。

第四，在技术创新风险中，创新环境风险与创新知识风险发生的概率较大，因此在合作开展前成立的风险监控与预警工作组要收集与创新团队发展相关的环境信息（宏观政策环境、微观创新者的能力与技术等），并对其进行识别与分析，通过创新过程明确所处的阶段，通过相关的知识技能等，防范、克服创新风险。

本章小结

过程风险的识别与监控，不仅影响外智引联型创新团队的合作氛围与效率、成果的分配、主体间的协同程度，还关系着团队协作的绩效、合作的持久性。而外智引联型创新团队多主体、多目标、跨地区、多层次、交互关系复杂等特征加剧了合作过程中风险概率的发生。鉴于此，就如何有效地识别、分析、评价、预警外智引联型创新团队过程中的风险因素，构建一整套适用于外智引联型创新团队过程风险预警的模型，保持外智引联型创新团队合作项目的可持续、健康发展，本书相应的主要研究结论和工作内容如下。

第一，界定了外智引联型创新团队特征及其发展过程，明确了评价对象的基本属性，为外智引联型创新团队过程风险监控指标体系的构建奠定了基础。界定了外智引联型创新团队过程的概念以及特征，在此基础上构建了外智引联型创新团队过程风险监控指标体系。首先，在借鉴创业团队、创新团队、团队过程等理论基础之上，结合外智引联型创新团队多主体、多目标、跨组织、跨边界、交互关系复杂等属性，以过程管理为视角，给出了外智引联型创新团队过程的概念，并将其运行过程分为合作关系组建期、合作项目运行期、合作后的产出期三个阶段。其次，构建了外智引联型创新团队过程风险监控指标体系。通过外智引联型创新团队过程概念与特征，在综合现有关于团队风险管理研究的基础之上，从参与主体风险、目标差异风险、协同合作风险、技术创新风险四个维度考量了外智引联型创新团队的过程风险，并对这些风险因素在不同阶段的表现进行深入的剖析。

第二，构建 G-ANP 方法对外智引联型创新团队全过程风险评价指标体系的风险因素进行评价，构建外智引联型创新团队过程风险预警模型。结合外智引联型创新团队的多主体（偏好差异）、跨部门（交互关系复杂）、多目标等属性以及未知的、非确知的风险因素具有明显的灰性特征，构建了适合外智引联型创新团队风险评价的 G-ANP 方法。通过对风险因素的评价，能够准确地对风险发生概率的高低以及对整个外智引联型团队所处的风险等级进行界定，进而可以有针对性地构建外智引联型团队过程风险预警模型。该方法和模型的构建能够为同类型创新团队以及其他团队的风险管理提供一定的借鉴。

第三，选取云南省某高校外智引联型创新团队为实际研究对象，验证评价方法的可行性，并给出对策建议。将构建的 G-ANP 方法和过程风险预警模型应用于云南省具体的外智引联型创新团队，并有针对性地给出具体的对策措施。根据所构建的方法，对云南省内某外智引联型创新团队的风险因素进行评价，针对该外智引联型创新团队风险的难以度量与指标难以量化、可识别的已知风险信息比较少等特性，引用能够克服复杂情境下多主体、多目标、关系交互复杂的灰色统计方法和网络分析法，充分运用已知的白化信息，通过调查、走访等方式，收集、整理、筛选各种信息，在此基础上运用所构建的 G-ANP 方法对该外智引联型创新团队的过程风险进行评价，并针对结果提出建议与对策。实践表明，该方法和模型对该外智引联型创新团队风险管理有积极的意义。

第七章

云南省众创空间的
外引内联发展对策研究

本章内容提要

从 2014 年的夏季达沃斯论坛、中央经济工作会议及多次国务院常务会议到 2015 年的"两会",我国政府不断释放出鼓励"大众创业、万众创新"的信号。众创空间是顺应网络时代创新创业特点和需求,通过市场化机制、专业化服务和资本化途径构建的低成本、便利化、全要素、开放式的新型创业服务平台的统称。自国家将"大众创业、万众创新"提升到经济转型和保增长的"双引擎"之一的高度以来,推进众创空间建设已成为国家层面推进"大众创业、万众创新"的重大战略举措。在国家一系列"双创"政策的推动下,我国众创空间呈现快速发展的态势,涌现出车库咖啡、创新工场、创客空间、天使汇等各具特色的创新创业服务机构。到 2016 年底,全国已有众创空间 4298 家,呈高速增长态势。自 2015 年以来,云南省科技厅面向全省 16 个州(市)、高等院校、科研院所、国家级及省级科技企业孵化器等有关单位,先后组织了三批众创空间的培育认定工作,共认定省级众创空间 63 家,第三批众创空间在培育中,2016 年底省级众创空间将在 100 家以上。目前,已实现云南省 16 个州(市)全覆盖,并逐步形成国家-省-州(市)3 个层次的众创空间发展格局。截至 2016 年 10 月,云南省共 29 家众创空间获得科技部备案,被纳入国家级科技企业孵化器的管理服务体系,总数居全国第 16 位、西部第 5 位。

迄今，国内与众创空间直接相关的成果主要关注了众创的政策导向、创新服务与创业生态等宏观层面，虽然针对特定区域（特别是中东部不发达地区）的众创空间发展特征、模式与理念完善问题开展了初步政策性研究，但尚未解析跨区域创新创业资源整合对众创空间发展的拉动作用，且难以突出众创空间区别于一般"孵化器"的创新创业交互属性。同时，众创空间在管理方面也面临创业定位模糊、服务基础薄弱、创新生态恶劣等诸多中微观治理问题。特别是在科研实力单薄、交流空间相对有限、管理理念比较落后的西部众创背景下，云南省众创空间建设中同样面临创新动力内生性匮乏的困境，在一定程度上未能摆脱目前创新成果偏少、创新层次不高、创业成功率低的创新创业困境，而这已经成为云南省众创空间建设与管理过程中亟须解决的问题。例如，"云科昆理工众创空间"已入驻企业团队 32 家，但目前突出成果鲜见报道。虽然为解决短期内"硬引进"合作方式难以解决创新资源匮乏的问题，该空间正在打造云南省创新创业服务联盟，但实际收效还无从得知。同时，虽然这种省内创新资源联合可以为充分集聚众创优势提供一定的保证，但同省内外高校共同推动的"2011 计划"（高等学校创新能力提升计划）相比，难以迅速形成近似于复杂有色金属资源综合利用协同创新中心等"外引内联"型创新群体的高层次核心竞争优势。

鉴于此，本书关注"双创交互"与"协同创新"时代背景下云南省众创空间建设的实践热点。考虑到"不为我所有，但为我所用"的"软引进"合作方式可以成为一种立竿见影的有效选择，研究项目将"外引内联"作为"软引进"的重要途径，基于外引内联视角解析众创组织内的多团队协同创新问题，通过梳理众创空间管理的一般理论及省内外经验与对策，探索外引内联有效性影响因素的识别方法，能够在结合云南省实际的前提下快速整合外部智力、资本与管理资源，培育跨区域先进科研机构合作伙伴关系，有效助力云南省众创空间的协同创新能力培育，所形成的研究报告对云南省制定众创空间发展策略与完善相关管理规定将起到一定的借鉴作用。

第一节　问题的提出

通过对云南省多个实际案例的走访调研和资料的收集及整理，并查阅相关文献，总结出云南省众创空间建设存在的问题及原因，其中与全国众创空间发展出现相类似的问题主要是同质化严重、融资难以及盈利模式单一这三方面，而面对云南省经济欠发达、地理位置欠佳等现状，外援合作机会较少、教学科研实力单薄、内部资源得不到充分利用又是其自身的突出问题，具体分析如下。

一　专业化运营程度不高，服务同质化

制约云南省众创空间发展的专业化运营程度低、服务同质化问题主要体现在以下两个方面。

首先，从众创空间运营者的角度来说，大多数人并不具备相关资质或资源整合能力，更毋谈空间的专业化运营。在政策引导，如财政补助、直接奖励、税收减免、房租减免或用房补贴等激励之下，经营众创空间成为一种新的利益驱动或创业形态，不少众创空间运营者为获得政策性优惠补贴而来。但并不是每个人都适合创业，创业需要行业经验、资源积累、资金支持等，技术创业者还需要能带来竞争力的技术优势。缺乏创业服务经验、相关行业资源和资本支持的空间运营者，不具备进入行业的资质。

其次，从运营团队的角度来说，众创空间扩张速度过快，致使众创空间的团队管理水平和专业质量难以匹配支撑，出现服务同质化问题。一方面，除提供物理空间外，大部分众创空间（如综合服务型众创空间）以提供综合基础服务，即工商注册、法务咨询、财务咨询、政策解读、政策申请、培训辅导、人力资源等为主，具有很强的可替代性，缺乏经营上的亮点，容易做成"空架子""杂货铺"。与传统的政府主导下的专业型科技企业孵化器、加速器相比，众创空间服务质量甚至有所下降。另一方面，国家建设众创空间的优惠性政策，吸引了大批地产商等加入，其盈利思维侧

重在盘活地产、"跑马圈地"或项目跑量的房租收益上，专业运营管理和服务都不是重点。

二 投入不足，融资难、融资贵依然存在

投入不足在一定程度上制约了众创空间的建设发展，主要体现在以下五个层面。一是骗补助行为。很多人一拥而上地搞众创空间，但其中部分人只是想先享受政策补贴，是否真正能帮助创业者则不是他们最关心的问题，这样就出现了很多名不副实的众创空间。二是缺少专业化服务。配套服务不到位，办公环境成本高、宽带网速慢，难以获得有效的技术、知识、信息支持，缺乏产业链或产业生态的支持，且创客有普遍的创新创业专业教育和培训需求，而社会现有服务能力不能有效满足该需求。三是好的项目或企业不缺资金，但缺少行政管制。争抢资源、拉拢投资商的现象时有发生，且客观上好项目分布比以前更加分散了，对于投资人来说投资项目的成本也越来越高。另外，孵化平台通过投资与在孵企业进行"利益捆绑"，其长远收益与所投资项目的发展成败相关联。四是财政投入不足。根据《云南省人民政府关于促进全省经济平稳健康发展的意见》（云政发〔2015〕25号），省财政每年安排2000万元经费支持众创空间发展，已认定的63家众创空间分别获得10万元到150万元不等的经费支持，经费为一次性补助，与众创空间持续建设和运营费用（如场地改造费、网络提升费、培训教室改造费、人员费等）存在很大差距。五是社会投入不足，社会资本参与众创建设积极性不高，主要体现在融资难、融资贵方面。省内金融机构创新水平和数量明显落后于其他地区，由于缺少有效的担保，大多数入驻众创空间的创新创业企业和团队很难从银行业金融机构中获得融资；风险投资机构等对企业的创新水平、团队人员等要求较高，在一定程度上限制了大多数企业和团队通过风险投资机构等获得融资。

三 外引不足，人才队伍建设与管理运营水平有待提升

发展资源匮乏、交流空间相对有限、办学理念比较落后等自身条件导

致了云南省众创空间的外援合作机会较少、人才储备不足等问题，具体分析如下。

近年来省内众创空间的数量增长迅速，对人才队伍的需求日益扩大，但受制于云南省的地理区位条件、经济发展与薪资福利水平，人才队伍的引进与建设始终跟不上发展需求。在技术型人才方面，外引不足导致了三方面问题：一是人才匮乏，人才种类、数量远远达不到云南省的发展要求；二是无配套实验室，缺少跨空间的硬件条件支撑，这在一定程度上限制了个人技能的充分发挥和施展；三是缺少匹配的市场运营人员，市场运营团队与科研团队融合不畅。在商业型人才方面，外引不足主要导致人才数量和种类匮乏、成员关系灵活性不够、咨询配套服务不够完善等问题。虽然政府针对高端人才引进制定了一系列关于个税、住房、家属安置、子女读书等方面的优惠政策，以此鼓励优秀人才留下来，但政策依然存在漏洞，例如政府关于人才引进的政策，对高层管理人才有年龄限制，对技术型人才有学历要求，使得真正的人才享受不到政府福利，这在很大程度上造成了人才留不住的问题。

另外，外引不足也导致了各众创空间的管理运营水平相对低下。首先，云科 ITL、云科金鼎文化创意、云科金鼎 VR/AR 等多家众创空间缺少或未提供必要的管理制度；其次，运营创新意识薄弱，多家众创空间的阶段性建设规划基本以扩张经营面积、改造硬件设施为主，而在创新型人才引进、创业投融资渠道拓展、专业化市场服务等薄弱环节所投入的力量却微乎其微。

四　内联不足，合作双方未能形成合力

云南省高校和企业在合作过程中没有建立一套完整的联动机制，虽有联系，但是联系不紧密，相互之间比较独立，合作双方在战略制定上缺乏有效的沟通和衔接机制，缺乏顶层设计，形成各自为战、各自为政的局面，内部联系不强。这一问题主要体现在以下两个层面。一是"动机"不同，缺乏互信，进而影响合作基础。高校和企业间价值取向和社会职责不同，在合作上缺乏"共建、共担、共赢"的意愿和长远考量，各方在合作

中都有意无意地"趋利避害"。高校和科研机构合作的目的是要获得企业的资金、设备和场地等的投入，通过合作实现科研成果的快速转化，取得经济效益，同时实现创新人才培养目标；而一些企业合作的目的是获得高素质的廉价劳动力及有价值的科研成果，为企业发展提供更多的智力资源和经济项目。合作的参与方都因缺乏对于合作内涵的内化性理解和前景的可预期判断，而把更多的精力放在对眼前利益的考量上。二是合作和运行机制不成熟致使成果不能深度转化甚至"中途而废"。当前很多高校、科研院所是以"卖"科研成果的形式与企业合作的，因此，企业在欣然获得成果并进行效益转化的一段时间后，不断发现缺少成果转化、深度开发的技术支撑，而又很难继续获得高校技术人员的后续支持和再投入。这种买卖行为严重影响了合作的深度开展，致使一些优良项目和成果不能"成活"，或者虽然产生了一些社会效益和价值，但后劲不足，不能进行有效的深度开发，既失去了创造更大社会效益的潜在机遇，又造成了不必要的资源浪费。以上问题导致高校不能完全发挥其拥有丰富理论的优势，企业则不能完全发挥其拥有的配套资源的优势，存在资源重复配置现象，合作双方之间尚需形成合力。

五　盈利模式不清晰，可持续发展能力有待提升

云南省众创空间发展的盈利模式单一、可持续发展能力低问题主要体现在以下两个方面。一方面，众创空间在云南省兴起时间较短，在盈利模式上尚处于不断探索阶段，目前收入主要包括政府资助、工位租金、创新创业配套服务费、股权投资等。与传统孵化器相比，众创空间低成本的特点决定其核心价值不在于办公场地的提供，其工位租金收入相对较低，且入驻的创业团队和企业一般处于创业前期，容易出现资金问题，难以为众创空间提供稳定可观的租金收入；创新创业配套服务费则主要包括会员费、课程辅导培训费、广告与活动策划费等，服务费用收入与众创空间掌握的创业资源质量和活动组织水平密切相关，只有少部分优质众创空间具备持续收取服务费用的能力；股权投资具体包括直接投资、与风投合投、用物业使用权或产权来置换创业者股权等，但股权变现难度大、回款周期

长，难以成为众创空间的稳定收入来源。另一方面，目前云南省多数众创空间盈利模式单一，主要为租金、平台服务收费、政府扶持及少数对入驻企业的股权投资分红，处于入不敷出阶段，在政策扶持期勉强维持生存，容易出现资金链断裂风险。如此单一的盈利模式既无法有效满足众创空间自身的运行发展需求，也不符合众创空间在创新2.0时代背景下的市场运行机制与资本化运作要求。然而，众创空间是以营利为目的的，并不是传统意义上的公益机构。这就需要众创空间在商业模式的选择上做出比传统科技企业孵化器更为艰难和务实的选择，只有选择了正确的盈利模式，才能更好地为创业者服务，真正做到创业者与众创空间共赢的可持续发展。否则，就会出现目前存在的，很多众创空间在房租和人力成本的压力下苦苦支撑，只有等待政府无偿补贴和资助才得以维持的不可持续发展困境。

第二节　相关研究基础

一　众创空间的发展背景及内涵

1. 众创空间的发展背景

技术的进步、社会的发展，推动了科技创新模式的嬗变。传统的以技术发展为导向、以科研人员为主体、以实验室为载体的科技创新活动正转向以用户为中心，以社会实践为舞台，以共同创新、开放创新为特点的用户参与的创新2.0模式。为应对信息通信技术发展以及知识社会来临带来的机遇与挑战，不少国家和地区在对以用户参与为中心的创新2.0模式进行探索。

2014年9月10日，李克强总理在夏季达沃斯论坛开幕式上指出，要借助改革的"东风"推动中国经济科学的发展，在960多万平方公里的土地上掀起"大众创业""草根创业"的浪潮，形成"万众创新""人人创新"的新态势。这是首次从政府层面明确了"大众创业、万众创新"的官方表述，开辟了一个众创的空间，引领了一个众创的时代。在国家一系列"双创"政策的推动下，我国众创空间呈现快速发展的态势，涌现出车库咖啡、创新工场、创客空间、天使汇等各具特色的创新创业服务机构。截至 2016 年底，全国已有众创空间 4298 家，呈现以下发展特点。

（1）创业生态日趋完善

截至 2016 年底，全国共有 4298 家众创空间，规模居世界第一，其中民营企业建立的众创空间有 2829 家，占总数的 65.8%，服务的创业团队和创业企业有 27.4 万个，吸纳就业 99.4 万人。我国创客空间发展与全国双创活动一样正迈入新阶段，中国创业企业数量呈几何级数增长。2015 年全国新注册企业数达 444 万家，同比增加了 20%。来自国内外的投资也在增加，2015 年全年风投金额创下新高，而到 2016 年 9 月就将这一纪录刷新，达到了 1939 亿元，仅次于美国，居全球第二位。2016 年，全国每天新登记市场主体达 4.51 万户。与此相应，这一年全球创新指数排名中，中国首次跻身世界最具创新力的经济体前 25 强。2016 年全国 7.9 万家常驻各众创空间的"双创"企业和团队，共获得有效知识产权 7.9 万项，其中制造业相关知识产权 6.6 万项，占比高达 83.5%。同时，这 7.9 万家"双创"企业和团队中直接与全国制造企业进行创意或产品对接的比重高达 92.3%。①

（2）区域特征明显

我国众创空间发展与区域经济发展水平和科教资源分布紧密相关，呈现以"北上广深"等一线城市为龙头，以"宁杭苏汉蓉"等城市为重点，以科技、产业发展较好的城市为基础的阶梯式分布。目前，从空间密度看，上海市众创空间分布密度最高，北京市密度居全国第二位，江苏、山东、浙江、广东、福建等沿海经济发达省市众创空间分布密度也位居前列。其中，长三角、京津冀和珠三角地区成为我国众创空间建设的主要区域，由于这三个地区产业基础、政策倾斜和其他要素禀赋不一致，其众创空间发展模式也各不相同。长三角地区是全国经济最发达的地区之一，依托其大量的科技资源、雄厚的经济基础、发达的商品经济以及成熟的金融体系，投融资服务成为长三角众创空间的服务优势。得益于京津冀地区大量优质的教育资源与区位优势，创业培训服务已成为京津冀众创空间的发

---

①　数据整理自云南省科技厅相关报道。

展特色。珠三角地区众创空间则非常重视入驻团队的知识获取与项目辅导，帮助其获取创业知识，沙龙活动已成为珠三角地区众创空间服务的亮点。

（3）运营主体多样

自国务院办公厅出台《关于发展众创空间推进大众创新创业的指导意见》《关于加快众创空间发展服务实体经济转型升级的指导意见》后，我国的众创空间发展迈入新阶段，行业领军企业、创业投资机构、社会组织等社会力量的主力军作用进一步发挥，众创空间运营主体从原先的政府迅速扩展至高校、地产商、天使投资人、成功企业家、平台型大企业、创业投资机构等社会力量。各类运营主体践行不同运营理念，通过灵活、创新的服务形态，汇聚多方资源，实现多赢的目标，起到提高初创企业成功率、创造就业机会、培养高端人才、促进地区经济发展等作用。其中，以政府为运营主体的众创空间主要打造服务于地方经济、树立地方产业品牌的公益性组织；以企业为运营主体的众创空间主要以实现企业内部的创新创业以及与产业链上下游的创业者优势互补、协同发展为目标；以高校为运营主体的众创空间主要为提高高校科研成果转化成功率，实现技术成果的市场化和商品化；以创投机构和中介机构为运营主体的众创空间运营重点在于帮助机构拓展业务渠道和项目来源；以地产商为运营主体的众创空间则通过建设众创空间来处置闲置的物业，提高物业运营效率。

（4）运营模式多元

随着国家"双创"工作的不断推进，众创空间的创新创业服务核心价值开始逐步凸显，产生了不少创新创业的新模式、新机制、新服务、新文化，集聚融合各种创新创业要素，营造了良好的创新创业氛围。目前，国内众创空间可根据业态和商业模式分为产业服务型、联合办公型和创业社区型。产业服务型众创空间以 x-lab、创新工场、36氪、车库咖啡等为代表，包括投资驱动型、培训辅导型、活动聚合型、媒体推广型等，主要针对创业企业的成长需求，采取多样化的方法孵化和培育企业，通过提供创业服务来获取利润，其核心业务为孵化企业，为企业提供创业指导、培训、投融资、技术对接等服务，提高创业成功率，并通过股权投资回报获得收益。联合办公型众创空间以 WeWork、SOHO、3Q、优客工场等为代表，通过共享公共空间和设施，实现办公空间的租用时段分散化，在降低创业者办公成本的同时，营造能够与不同团队或个人进行互动的工作社区，其核心业务在于通过降低场地租金实现盈利。创业社区型众创空间以创想家社区为代表，围绕创业者学习、创业、居住、社交、消费等需求，通过完整的社区功能配置，提供一体化的创业和生活服务，其侧重点在于营造集成化的创业生态，以社区服务的收入来弥补创业投资短期回报的缺乏，让创业、生产、生活和消费形成营收平衡的闭环。

2. 众创空间的内涵

众创空间的内涵尚无统一界定，即便是国务院办公厅发布的《关于发展众创空间推进大众创新创业的指导意见》以及《关于加快众创空间发展服务实体经济转型升级的指导意见》也未对其内涵进行明确界定。当前，各地在使用"众创空间"的概念时名称与内涵也并不统一，如表 7.1 所示。

表 7.1　国内不同地区众创空间的名称与类型

地区	名称	类型
北京	创客组织	北京创客空间、清华创客社团等各类创客组织，以及创客空间模式的智能硬件孵化器和加速器
上海	众创空间	创业营、苏河汇等新型孵化模式，依托大学科技园、产业园的"创业苗圃+孵化器+加速器"创业孵化载体，大企业设立的产业驱动型孵化器，创业社区等
天津	众创空间	包括北大创业训练营、京津互联创业咖啡等新型孵化器、天津高新区与南开大学合作共建"THT-iV 创新空间"、民办非营利机构天津创客空间等
武汉	创新型孵化器	"孵化+创投"、互联网在线创业服务平台等创新型孵化器
成都	众创空间	包括众创空间、创新孵化载体、网上虚拟孵化平台、创业苗圃—孵化器—加速器的全链条孵化培育体系等
青岛	创新型孵化器	包括创新型孵化器、专业孵化器、企业和高校院所衍生的创业群落、新型创业社区等
厦门	众创空间	新型业态的创新创业孵化器
广东	创业孵化基地	高校和社会力量新建或利用各种场地资源改造建设创业孵化基地

因此，为了便于开展进一步的讨论，必须系统梳理"众创空间"的缘起，并对其内涵做出研究性界定。众创空间的核心价值不在于办公场地的

提供，而是在于其提供的辅助创业创新的服务。"众创空间"作为一个平台，能起到实现"大众创业、万众创新"的作用。"众"作为主体，面向的是所有的创新创业者；"创"是指内容，包括一切的创新创业活动，以确保创新创业的协同发展；"空间"既包括物理空间，也包括虚拟空间。已有部分学者对众创空间的内涵进行了探析，具体而言，就是指在建设创客空间、创新工场等一系列新型孵化器模式的基础上，通过专业化、集成化、市场化及网络化的相关手段，开创创新与创业相配合、线上与线下相融合、孵化与投资相结合的局面，尽量帮助那些小微创新企业成长，帮助个人创业，及时提供全方位、低成本、便利化的开放式综合服务。① 根据国务院办公厅发布的《关于发展众创空间推进大众创新创业的指导意见》和《关于加快众创空间发展服务实体经济转型升级的指导意见》、对已有文献的梳理以及对部分众创空间的实地调查，我们认为众创空间是人们在虚拟或者实体空间中共同工作，基于互联网的创新创业活动，通过市场机制、专业化服务、资本化等途径，以创新与创业相结合、线上与线下相结合、孵化与投资相结合为导向，构建低成本、便利化、全要素的开放式服务平台，以建设"集众人之智，达众人之志"的工作空间、社交空间、网络空间、资源共享空间。

二 众创空间的特征及发展模式

1. 众创空间的特征

众创空间通过众创、众包、众筹和众扶的融合促进创新要素的充分流动和最佳配置，全面保障创新创业主体能够得到全方位、多层面的扶持与帮助。众创空间对于城市的发展既是机遇也是挑战，其应当至少具备以下几个特点。

（1）全面开放性与低成本

开放的生态圈有两个评价标准：一是外部资源的无障碍进入，二是所有相关方实现利益最大化。线下物理空间没有设置任何的组织界限和进入

---

① 吕力等：《众创、众创空间与创业过程》，《科技创业月刊》2015 年第 10 期，第 14 ~ 15 页。

壁垒，众创空间的一切资源都对外开放；线上网络平台更是面对全社会开放，任何人在任何地方，不论有任何想法，都可以进入平台。众创空间采取部分服务免费、部分收费，或者会员服务的制度，为创业者提供成本相对较低的成长环境。众创空间就是以其全面的开放性与低成本，吸引了大批的创新创业者进入众创空间，通过价值创造来实现自身利益的最大化。

（2）迭代创新性

"四众"（众创、众包、众扶、众筹）融合非常注重产品的品质，但是高质量的产品不是一次能够完成的，而是通过不断的技术叠加和产品迭代来打造。在不断试错的过程中来改进技术，即使不成功，也要快速而廉价地使"四众"融合，以最小成本、最低风险以及顾客高度参与来快速响应客户需求，这种创新方式非常符合迭代创新的要求，通过迭代创新推动技术和产品的不断发展，并持续满足消费者个性化需求。

（3）协同与互助

通过沙龙、训练营、培训、大赛等活动促进创业者之间的交流和圈子的建立，共同的办公环境能够促进创业者之间的互帮互助、相互启发、资源共享，达到协同进步的目的，通过"聚合"产生"聚变"的效应。

（4）渐进式和颠覆式相结合

渐进式创新注重产品和技术的连续性，通过技术和产品的不断改进来满足顾客和市场的需求。而颠覆式创新则是对熊彼特"破坏式创新"的延伸，是从根本上突破现有的技术，依托全新的技术平台开发出全新的产品或服务，甚至颠覆整个产业原有的运行准则和竞争环境，满足潜在消费者或市场的需求。"四众"融合既有对现有技术和市场的延续，也有对现有技术和市场的颠覆。"四众"融合具有渐进式创新和颠覆式创新的双重属性，正是通过渐进性和颠覆性并举的形式来推动创新创业的发展。

（5）创新源多重组合

"四众"融合以平台为依托，以"互联网+"为推动力量，在新兴的3D 打印和 DIY 运动共同作用下，许多有价值、颠覆性的想法被提出。特别是现代制造技术和网络技术的发展，使得创新源不仅仅集中在企业，个人和团体也成为创新源，"四众"融合的创新更多的是依靠个体创新源和团体创新源，众多的创新源通过平台聚集起来，创新效用不断叠加，通过创新源多重组合来促进创新创业的实现。

2. 众创空间的模式

众创空间虽然提倡不通过租金，而通过专业化创业服务盈利，但由于其处于高速发展的历史早期，运营模式还有待于探索。从其前身创业型孵化器的商业模式来看，其运营模式包括但不限于以下八种（见表7.2）。

表 7.2 众创空间的八种模式

模式	服务内容	典型
1. 以"开放技术平台+产业资源支持"为特征的大企业带动小企业	平台型企业依托行业领军优势，征集筛选创新项目和团队，提供技术服务平台、种子基金、团队融合、行业资源对接等服务，帮助小企业快速成长	微软创投加速器、石谷轻文化产业孵育基地
2. 以"产业基金+专业技术平台"为特征的产业链	以投资为纽带，引入优秀项目和企业，提供服务运营平台、仿真实验室以及产业链资源支持，打造完整的产业链	云基地
3. 以"早期投资+全方位服务"为特征的创业	设立系列化的投资基金，组建专业服务团队，为创业团队提供从开放办公空间到早期投资、产品构建、团队融合、创业辅导、市场开拓等全方位的创业服务解决方案	创新工场、清华厚德创新谷等
4. 以"交流社区+开放办公"为特征的开放互动	搭建起各类创新创业资源交流融合的平台，形成了不同创业群体聚集交流的圈子	创业咖啡、车库咖啡、3W咖啡等
5. 以"创业培训+早期投资"为特征的发掘培育	按照"创业培训+早期投资"的方式，将专业投资机构和培训机构的优势结合，为企业家、青年人才、大学生创业提供创业培训、创业辅导、早期投资等服务	联想之星创业 CEO 特训班、"创业行"等
6. 以"线上媒体+线下活动"为特征的融资对接	搭建项目展示推广、交流对接等平台，帮助创业企业推广产品、提供投融资对接与交流	创业媒体、36氪、创业邦、常青藤创业园等
7. 以"传统地产+创业服务"为特征的联合办公空间	搭建平台做运营商，盘活自己的存量资源或者租赁市面上的存量资源为创业者提供联合办公空间	SOHO、3Q项目、优客工场、翌成创意等
8. 以"创业教育+联合孵化"为特征的高端系统孵化	联合一线创投基金和孵化器共同为学员服务，探索更加系统化的创新创业人才培养孵化模式	中科院大学创新创业孵化联盟、创新创业与风险投资协会等

三　众创空间与协同创新

协同创新是指以知识增长为核心，政府、企业、知识生产机构（大学、研究机构）、中介机构和用户等为了实现重大科技创新而开展的大跨度整合的创新组织模式，是通过国家意志的引导和机制安排，促进企业、大学、研究机构发挥各自的能力优势，整合互补性资源，实现各方的优势互补，加速技术推广应用和产业化，协作开展产业技术创新和科技成果产业化活动的当今科技创新的新范式。在科技经济全球化的环境下，开放、合作、共享的创新模式被实践证明是有效提高创新效率的重要途径。充分调动企业、大学、科研机构等各类创新主体的积极性和创造性，跨学科、跨部门、跨行业组织实施深度合作和开放创新，对于加快不同领域、不同行业以及创新链各环节之间的技术融合与扩散，显得尤为重要。

将协同创新的理论引入众创空间的建设，有利于将众创空间打造成创业者、创业资源和创业环境三者之间相互作用、相互依赖、和谐共生的协同创新机制。

1. 协同创新的特征

（1）整体协同性

整体性是指该系统不是各成员单位的简单组合而是协同单位的有机集合，其目标和使命是促进国家、行业或区域发展，因此其存在、功能、运行管理等具有明显的整体性。而协同性是指通过有效深入的协同合作，从系统整体上实现"1+1>2"，最终达到效益最大化，从而为协同创新中心目标的实现奠定基础，储备充足的知识、人才、平台等创新资源，进而形成创新的新范式。

（2）动态开放性

动态性是指协同创新中心作为独立的科技创新运行系统，从外部环境看，受到政治、经济、文化、创新体制、技术水平等影响，随着国家创新体制的不断变革，其发展战略不断调整，中心的科技创新成果也根据消费者需求随时做出调整。另外，中心内部各创新主体之间存在资源、信息、人员、知识的交流和反馈，具有较强的流动性，根据创新任务及时调整和组合各类创新资源，实现中心的动态化平衡。开放性是指中心是面向高校、科研院所、行业企业等各类国内、国际优势创新力量，形成宽松式、流动性的开放组织模式。中心的科技创新成果和科技创新人才面向所有系统开放，也吸纳各创新系统的科技创新成果。

（3）互补共赢性

互补性是指在协同创新中心依据创新任务进行科技创新的过程中，高校充分发挥其人才和基础研究优势，研究机构最大限度地释放其技术优势，而企业的资金和市场运作优势明显，通过优势互补促进科技创新顺利进行。共赢性是指协同创新中心在进行科技成果创新时，是以企业所面向的社会需求为导向，采取科技创新链分工的形式进行的，因此，研究机构可顺利将高校基础研究成果以技术形式实现，而企业则可以在最短的时间内将科技创新成果进行市场推广，通过市场运行和消费者需求提出新的技术需求。高校根据技术需求，利用企业提供的资金，培养高水平创新人才和提供前沿的基础研究成果，进而实现共赢。

2. 众创空间与协同创新的关系

众创空间通过外引内联为协同创新拓宽资本和人才渠道。众创空间中具备完善的创业投融资服务体系，政府财政补贴、种子基金、天使投资、股权众筹融资、校友资助等投融资方式为高校创业者建立起多元化的资金支持平台。同时，众创空间内有多元化的项目和服务平台，除了会吸引青年创客以外，也会会集一大批来自企业的高级管理人才、高校的科技人才、各领域的技术人才等助力创客的创新创业，这就使得众创空间成为一个容量大、涵盖范围广的人才库。地方高校的协同创新需要政府、企业、高校等各界人才资源的联合支持才能得以实现，而众创空间的人才库给高校协同创新提供了人力资本，从而实现了外引内联、协同创新。

众创空间通过外引内联为协同创新提供全要素的资源。协同创新有其固有的特征和规律，有赖于科教资源网络中多种要素的组合，创新链条上多个环节的衔接，服务体系中多元主体的协同。协同创新要求高校摆脱现有的创新要素分散、孤立的发展形式，努力构建创新资源有机融合、充分共享、高效利用的发展模式。而众创空间则可以通过外引内联将"政、产、学、研、金、介、用"结合起来，实现创新与创业相结合、线上与线下相结合、孵化与投资相结合，能够在更大范围内组织调配资源，为创新创业团队、个人提供全要素整合服务，这也是众创空间应具备的核心能力。

众创空间通过外引内联为协同创新提供科技成果转化平台。地方高校的科研必须瞄准国家需求和地方经济社会发展的迫切需要，坚持与政府、企事业单位、科研院所协同创新，这是推动成果转化最有效的途径。由于协同创新要求地方高校的科研更加注重实际研究，因此，众创空间内的企业或创客在生产过程中的众多技术问题与实际难题都可以通过外智与地方高校的协同研究迎刃而解，这就给地方高校协同创新科技成果的转化提供了良好的平台支持。

第三节　省外众创空间的发展研究

一　省外众创空间发展成效

自"大众创业、万众创新"深入开展以来，国家便将之提升到实现经济社会转型和可持续发展的"双引擎"的高度。通过市场化机制、专业化服务等途径构建低成本、便利化、全要素、开放式的新型创业服务平台，顺应互联网时代创新创业的特点和需求，实现创新创业资源聚集，形成规模效应，激发区域经济活力，推动各类创新要素在集聚区内开放共享、互联互通，有效地促进了经济平稳向好发展和产业升级优化。北上广深超大城市的众创空间，由于科研力量强、经济发达，信息技术、智能化制造加工配套能力强，政府支持力度较大，其创客活动比较活跃。而诸如西安、杭州、武汉、成都、厦门等地，由于受产业基础及科技服务的限制，这些地区的众创空间缺乏较为系统的发展计划、政策资金以及产业配套支持，发展相对滞后于超大城市。

1. 政策法规精准导向，打出引导众创"组合拳"

2015年国务院颁布了《中共中央 国务院关于深化体制机制改革加快实施创新驱动发展战略的若干意见》《关于大力推进大众创业万众创新若

干政策措施的意见》等纲领性文件及政策法规，指导了全国各省区市众创空间的培育发展，打造了促进经济增长和就业创业的新引擎，构筑了参与国际竞争合作的新优势，推动形成了可持续发展的新格局，有效地促进了经济发展方式的转变。相关政策法规汇总见表7.3。

表 7.3　我国支持众创空间发展的政策法规

年份	政策法规	要点内容
1985	《中共中央关于科学技术体制改革的决定》	在全国选择若干智力资源密集的地区，采取特殊政策，形成具有不同特色的新兴开发区，为广大科技创业者们提供了宽松的环境和广阔的创业天地
1994	《关于对我国高新技术创业服务中心工作的原则意见》	是中国创业中心趋于成熟的标志，对创业中心工作的一些根本性的原则做出了明确的规定
1996	《国家高新技术创业服务中心认定暂行办法》	首次对国家创业中心的各项条件做了具体规定
2002	《中华人民共和国中小企业促进法》	为中小企业提供技术信息、技术咨询和技术转让服务，为中小企业产品研制、技术开发提供服务，促进科技成果转化，实现企业技术产品升级
2013	《关于科技企业孵化器税收政策的通知》	放宽享受税收优惠的孵化器条件，主要体现在孵化企业数量应占孵化器内企业总数量的比例要求下降
2014	《国务院关于加快科技服务业发展的若干意见》	提出引导企业、社会资本参与投资建设孵化器，促进天使投资与创业孵化紧密结合，积极探索基于互联网的新型创新模式，提升专业服务能力
2015	《关于发展众创空间推进大众创新创业的指导意见》	从国家层面首次部署众创空间发展工作，支持大众创新创业
2015	《中共中央 国务院关于深化体制机制改革加快实施创新驱动发展战略的若干意见》	面对科技革命与产业变革的重大机遇和挑战，面对经济发展新常态下的趋势变化和特点，面对实现"两个一百年"奋斗目标的历史任务和要求，必须深化体制机制改革，加快实施创新驱动发展战略

通过推进行政体制改革、简政放权、适应集中办公等，如改革工商登记制度、简化登记手续，为创业企业工商注册提供便利。支持有条件的地方对"众创空间"的房租、宽带网络、公共软件等给予适当补贴，或通过盘活闲置厂房等资源提供成本较低的场所，激发市场主体创业创新的热

情。比如在上海浦东新区，对 2015 年 1 月 1 日以后建设、购置孵化场地的众创空间按投资额的 10%一次性给予最高不超过 30 万元的补贴。引导众多优秀的创客空间如武汉光谷、杭州的洋葱胶囊等，通过结合当地的经济发展情况及市场需求状况，积极地推动区域的创业、就业事业发展。截至 2015 年 6 月，各部门、各省区市已陆续出台支持创业、创新、就业的政策措施共 1997 条。其中，党的十八大以来，以部门名义出台的有 119 条，北京、上海、深圳、广州、武汉、成都、西安等 7 个创业创新相对活跃城市出台的有 129 条。截至 2015 年底，全国共有众创空间 2300 多家，服务了 12 万个创业团队和初创企业，解决就业人数达 51 万人。全国众创空间获得的财政补贴达 19.3 亿元，帮助创业团队和企业获得社会投资 352 亿元，举办创新创业活动累计超过 3 万次。截至 2016 年底，全国纳入火炬计划统计的众创空间有 4298 家、科技企业孵化器有 3255 家、企业加速器有 400 余家、国家高新区有 156 个，数量和规模均跃居世界首位。①

目前，我国已基本形成适应创新驱动发展要求的众创环境和政策法规体系，在创新型国家道路上迈出了坚定的一步，但有些政策法规在系统性方面仍然阙如，落地性较差。总体来看，政策交叉重复多，缺乏顶层设计，有的政策可操作性、落地性较差，改革性举措少；一些政策执行程序繁杂，传导时间较长；部门与部门、部门与地方出台的政策之间缺乏有效衔接和协调联动。

2. 科技企业孵化器加速发展，成为众创的"先行者"

相比于新兴的众创空间，科技企业孵化器已有 30 年的发展历程。作为先行者，孵化器通过对与创新型产业集群协同发展机制的探索，实现从团队孵化到企业孵化再到产业孵化的全链条一体化服务；选择最优运营模式，有效利用资源；开展备案和绩效评估工作；等等。这些都为众创空间存在的问题以及未来发展趋势提供了解决方法和宝贵的借鉴经验。

我国通过支持有条件的孵化器加快建设一流创新创业载体，开展创业苗圃—孵化器—加速器全链条孵化建设试点工作，针对创业不同发展阶段需求，对创业团队开展选苗、育苗和移苗入孵工作，为有创业意向的科研

---

① 数据整理自科技部网站相关报道。

人员、大学生、留学人员等提供创业见习实习机会，免费提供办公场所和辅导培训。为孵化器内高成长性企业提供高水平、高质量的专业化孵化服务，支持其进入加速器快速成长，加快组织创新和机制创新，采取托管等市场化方式运营，有效利用各类资源和服务。创新科技企业孵化器运营机制和孵化形态，鼓励和支持多元化主体投资建设运营科技企业孵化器、大学科技园。开展众创空间备案工作，将备案的众创空间纳入科技企业孵化器管理体系。建立健全科技企业孵化器统计体系，加强对孵化器运行情况的统计监测。甄选符合条件的众创空间予以科技企业孵化器税收优惠政策，按照国家科技企业孵化器工作绩效评价办法，加强对各层级科技企业孵化器的分类指导，提升孵化器建设水平和服务质量。

从 1987 年全国只有 2 家科技企业孵化器，到 2016 年底达到了 3255 家，孵化器数量呈高速增长态势。第一个 10 年里，全国总共建成孵化器不足百家；到了第二个 10 年，全国孵化器总数超过 500 家；而到第三个 10 年，受国家经济发展及双创战略的推动，全国孵化器总数达到了 3255 家，尤其是 2014~2016 年全国新建成孵化器 1787 家，超过 30 年以来建成的孵化器总量的一半。其中，国家级创业孵化器数量从 2000 年的 48 家，到 2016 年共有 863 家，总体呈现快速上升的发展态势。截至 2014 年底，全国现有科技企业孵化器超过 1600 家，大学科技园 115 家，在孵的企业 8 万多家，就业人数 175 万多人。中国创业投资机构超过 1000 家，资本总量超过 3500 亿元，在孵企业总收入达 7250 亿元，同比增长 20.83%。[①]

3. 打造新型科创园区，形成完整创业创新"服务链"

在国家提出"众创空间"概念后，各省区市依托创客空间、创新工厂等孵化模式，打造了市场化、专业化、集成化、网络化的新型科创园区，实现了创新与创业、线上与线下、孵化与投资相结合，为小微创新企业成长和个人创业提供了低成本、便利化、全要素的开放式综合服务平台。因地制宜，围绕科教资源密集、孵化项目保障技术来源和产业落地；结合区域优势和产业特色，形成良好双创生态体系，保障技术转化和应用；吸引国有、民营资本和龙头企业建设专业性强、产业集聚度高的专业孵化器，

---

① 数据整理自科技部网站相关报道。

形成以创业创新为特色的集聚区及新型科创园区，构建完成双创服务链。

　　首先，依托园区内部科研基地、技术平台提供可靠的孵化项目，如清控三联创业投资开发的项目均为清华大学五道口金融学院的金融教育领域、互联网金融领域的项目；依托新型科创园区提供与大企业对接、产业落地的机会，如太库科技创业发展有限公司与科创园区运营商的合作，既为孵化场地提供了便利，又为创业企业提供了未来产业化安排，就技术成果产业化链条来说，上游技术来源渠道和下游产业化"落地"渠道得到有效保障。其次，针对传统大企业内部决策、审批机制的思维僵化不利于创新等问题，新型科创园区集聚了科技咨询、天使投资、财务服务、法律咨询、知识产权、技术交易等创业服务机构，依托创新资源富集形成的规模效应，形成了良好的创新创业生态体系，营造了交流、沟通、碰撞、开放、共享的创新创业空间，就技术成果产业化的市场开发链条来说，保障下游企业的应用渠道。最后，新型科创园区运用"互联网+创业"等新模式，建设并完善一站式服务平台，集聚研发设计、商务物流、检验检测、培训辅导等服务机构，提升创业服务水平，营造创业企业集中、创业服务完善、创业氛围浓厚的发展环境，打造从"众创空间"到"孵化器"再到"标准厂房"产业化经营的完整创业服务链。2014年中国技术市场合同成交总金额已从1984年的7亿元增长至8577亿元，近30万项技术成果通过技术市场转移转化，年均增速为15%。截至2017年4月，我国众创空间数量超过4200家，这些众创空间服务的企业数量已超过12万家，融资超过55亿元；国家高新区瞪羚企业（成功跨过创业死亡谷之后，商业模式得到市场认可，进入爆发式增长阶段的创新型企业）逾2000家，同比增长10%，瞪羚率超过美国硅谷。①

　　4. 整合创新创业资源，营造良好双创"新氛围"

　　在"双创"大背景下，各省区市纷纷采取措施，营造良好的创业创新氛围，提高有限资源的利用率：有效整合众创资源，扩大创客导师队伍，构建综合服务平台；组织开展多种众创活动，培育创客文化；加强纵向、横向科研交流，促进创新成果转化。

---

　　① 数据整理自科技部网站相关报道。

首先，整合创新创业资源，招募由企业家、职业经理人、职业咨询师、行业专家学者等组成的创客导师团队，开展路演、众筹、众包等活动，建立创业导师制、考核奖惩制，实现"一站式"审批服务、"一体化"创业培训、"一条龙"跟踪服务。从创客群体的集聚，创客项目前期收集、撮合、评估到创业全程服务，整合投资、营销、财务、法律、知识产权、管理咨询、人力资源等各方面的服务机构资源，为创客空间提供全程全方位的服务平台。其次，建成对外服务窗口和网上服务平台，组织众创空间活动，通过举办沙龙、讲座、培训、分享会、兴趣小组、创新创业大赛、"创业之星"评选等多种活动，营造创新创业新氛围，培育创客文化，促进创客之间的合作、分享、实践。最后，加强与高校、研究院所、企业及其他众创空间的交流合作，以便于创业者能够在使用高校、研究院所的实验室时拥有更多选择，与尽可能多的科技成果进行对接，创业者可以用较低成本在既有科研基础上实现突破，促进科技成果快速转化。

二　省外众创空间建设问题及原因分析

随着"双创"热浪席卷而来，我国的众创空间建设、发展进入繁荣期，诞生了各具特色、主题鲜明的众创空间，但随着创投环境趋冷，众创群体兴奋度降低等，众创空间自身运营、发展等多方面的问题逐渐暴露。如北京首家众创空间 Mad Space、深圳"地库"倒闭，上海、杭州以及二、三线城市部分众创空间也陆续停止营业。通过对实际典型众创空间的走访调研和资料的收集及整理，并查阅相关文献，本书总结出省外众创空间建设存在的问题及原因，具体分析如下。

1. 核心优势特色不明显，同质化严重

在众创空间行业井喷式发展的同时，也出现泡沫化倾向，众创空间数量增长迅速，但水平参差不齐，不少众创空间运营、发展模式雷同，未能提供专业化、针对性的创业服务，开放式的创业生态系统还有待完善，缺乏真正意义上的差异性、多角度发展，未能充分体现核心优势特色。严重的空壳现象、同质化现象可能为今后众创空间的可持续发展留下隐患。

例如，以深圳"柴火空间"、3W 咖啡、36 氪、飞马旅等为代表的产

业服务型众创空间虽然孵化、培育、服务形式多样，但大多在整体宏观战略布局方面还有所欠缺，当下仍处于抄袭、模仿、学习阶段，提供创业服务的专业化水平及服务质量还有待提高。而另外两种新型运营模式——联合办公型及创业社区型众创空间将工作重点聚焦在硬件设施方面，大肆"跑马圈地"抢占发展先机，在改造老旧厂房和盘活闲置楼宇等资源利用方面进展迅速，但在创业氛围的营造及创业资源的整合方面仍存在较大不足，且联合办公型及创业社区型众创空间目前主要集中在"北上广深"等创业活动频繁、创客聚集度高的地区与城市，在形成跨区域的连锁品牌等方面有所欠缺，未能有效聚集，规模效应尚未显现。

2. 盈利模式不稳定，可持续投融资困难

众创空间作为一种新型的企业模式，本身也是一个营利性的企业机构，但当前的盈利模式尚不明确清晰且不持续稳定，仍处于不断发展、探索阶段，目前收入主要包括政府资助和获取工位租金差价、收取配套服务费、投融资等。

通过提供平台与物理空间而获取的租金差价是较为普遍的盈利点，但其增长空间有限，低廉的租金不足以维持创客空间的日常运转，导致众创空间容易出现资金问题。根据艾瑞咨询的数据，场地提供仍然为众创空间、科技企业孵化器的主流服务，占比为81.2%。尽管当前政府政策的支持补贴力度空前，但政府财政补贴也只是暂时性的，日后随着政府角色职能的转换，补贴会越来越少。通过提供专业化的服务而获取的专项服务费也具有不适用性，服务费用收入与众创空间掌握的创业资源质量和活动组织水平密切相关，只有少部分优质众创空间具备持续收取服务费用的能力。通过投融资方式获取高额回报的风险较大，投资回报期长决定了只有资金实力雄厚的众创空间团体才能承受这样的做法。由于股权变现难度大、回款周期长以及企业缺乏诚信经营意识等问题，资金链容易出现断裂风险，影响金融机构为企业评级授信，股权投资难以成为众创空间的稳定收入来源，同时也造成了当前投融资困难的局面。

3. 布局规划体现政绩指标化，难以高效服务双创发展

众创空间的发展模式和目标定位应充分结合所在省区市的产业基础及要素禀赋，尤其是产业布局与规划，从而培育新的产业业态和经济增长点。但一些众创空间建设时过于追求指标化的政绩，导致不能契合产业发展的战略定位，专业化能力不足，没有明确的产业规划，缺乏必要的时间积淀，造成协同效率低下的不良局面，难以服务创业创新发展。地方政府未深入理解相关政策，盲目支持双创及众创空间的发展，并提出一系列政令化目标，如 2015 年 7 月海门市出台《推进大众创业万众创新工作实施方案》提出区镇也要实现众创空间全覆盖，每个区镇都将建成特色产业众创空间。根据 2016 年 6 月闭幕的"十二五"科技创新成就展数据，2015 年上半年我国较有规模的众创空间还不足 70 家。

造成这种局面的原因有很多。首先，国内众创空间主要聚焦于互联网、教育、医疗、智能硬件、金融、文化创意等轻资产领域，与地方战略性新兴产业对接深度不够，政策目标、布局规划不落地，缺乏面向地方主导产业垂直化细分领域的专业型众创空间，对当地优势产业的促进作用不明显。其次，部分地区众创空间专业化能力不足，没有明确的产业规划和定位，主要提供工位、网络、会议室，缺少公共实验室、科研设备，导致入驻项目以电商服务型为主，呈现简单集中而非思维聚合的特点，难以提升创业团队的创新裂变能力，无法吸引从事高成长性研发工作的团队入驻。最后，众创空间短时期内骤增，缺乏时间积淀，表面的统计数字增长并不能反映真正的市场需求，创业市场出现泡沫化倾向。2016 年以来，北上广深一线城市的多家众创空间因无法承受租金而倒闭，一些地区在当地硬性指标的要求下，通过政策优惠强行推出的成长性较差、功能性较差的众创空间，实质上难以服务创新创业的发展。

4. 地域空间分布失衡，区域资源配置结构有待优化

受地区经济发展不平衡、对众创空间的认识程度较浅、政策支持力度不足等因素影响，"双创"及众创空间的发展存在不合理的地域空间分布现象，呈现明显的区域性失衡。

例如，朝阳、海淀集中了北京 75% 以上的众创空间，上海各区的孵化器数量不均，浦东、杨浦、闵行等的孵化器数量领先，嘉定正在快速追上，在杭州 14 家纳入国家级科技企业孵化器的管理、服务与支持体系的众创空间中，西湖区就有 7 家。适度的高密集型分布设置，在一定程度上可以实现众创空间之间的资源共享、互通交流，降低成本，但在当下过度的聚集发展形势下，各众创空间为了自身发展需求仍在不断调整和扩大公共办公场所、完善各项基础设施，从而使众创空间的集中分布并未发挥集聚效应的优势，还造成了大量空间资源的闲置和浪费。同时，各众创空间发展同质化、缺乏特色也对彼此之间的合作造成障碍，甚至造成各众创空间之间的恶性竞争。相对而言，地区较偏远、经济欠发达的中西部小城市，其产业模式落后、发展创新能力不足、经济效益较低，"双创"的红利难以惠及。同时，人才匮乏、资源短缺、认识不足、扶持难以到位等各种因素也限制着这些地区众创空间的发展。

5. 市场开发和运营管理人才缺乏，制约可持续发展

政府鼓励高校、科研院所，以及具有技术平台优势的龙头企业创办众创空间，其科研技术或产业资源是众创空间进行专业化运营的重要条件，但从此类机构中产生的创业者均为技术型创业者，存在缺乏相关市场运营人员，或市场运营团队与科研团队融合不畅等情况，严重制约我国众创空间可持续发展能力的提升。

首先，在高校、科研院所创办众创空间促进技术成果转化方面，因高校、科研院所的实验室成果有时并不能直接应用于市场，需要进一步打磨，市场开发团队需要绑定研发人员，导致产生合作不畅的问题。其次，在大企业基于自身技术平台创办众创空间方面，企业内部被选择出的待开发项目的课题项目组成员均为研发人员，需要市场运营管理人员加入，而这个过程也产生了融入不畅的问题。在《创业邦》上发表的《2014 年度创业者报告》显示，对于创业创新发展中遇到的主要困难，64.19%的创业者认为是"专项人才缺乏"，57.21%的创业者选择"资金困难"，51.97%的创业者选择"市场开发困难"，38.43%的创业者选择"市场竞争激烈"，36.24%的创业者选择"房租、人力等成本连年上涨"。所以，专业运营管理人才匮乏和市场开发不畅在很大程度上限制了众创空间的健康持续发展，影响了对形成成熟的商业模式的有效支撑。

三　省外众创空间建设经验与启示

"双创"对于中国发展而言，将产生革命性的推动作用。因此，实现创新创业发展，必须按部就班，合理推进，避免操之过急。针对核心优势特色不明显、盈利模式不持续稳定、产业布局规划不落地、地域空间分布不合理、可持续发展能力欠缺等问题，省外众创空间的建设经验对云南省众创空间发展的启示如下。

1. 差异化、专业化发展，发力细分领域

随着众创空间行业的快速发展，现阶段我国"大而全"的综合性服务之路已无法满足创新创业的各类需求，众创空间必须进一步凸显自身的特色优势，结合不同区域、资源要素特色，因地制宜、因材施教，只有提供更高水平的服务供给，才能实现生存、转型及发展。

首先，引导众创空间加快与研发设计、科技中介、科技金融、成果交易等公共服务平台的对接，打造形式多样、差异互补、各具特色的新型众创空间平台，为入驻团队及企业提供良好保障和有力支撑。其次，优化众创空间建设布局，向战略性新兴产业等细分领域的创业者、专业化众创空间倾斜支持，尽量避免同一区域内众创空间的无序引入和同质化建设，防止过度稀释现有创业资源，针对产业需求和技术难点提供研究开发、技术转移、检验检测认证、专家指导等一系列专业化定制服务。最后，鼓励龙头示范企业和有条件的科研院所围绕优势技术领域，去综合化，发展"小而精"的众创空间运营模式，打造具有品牌标识度的创业服务平台，挖掘现有资源建设众创空间，推进空间内部企业的业务对接，构建闭环的创业生态圈。

2. 优化完善盈利模式，健全投融资体系

资金是所有企业的生存之本、发展之基，投融资能为其迅速发展壮大提供有力支持，众创空间的建设应充分引进和发挥资本市场的作用，优化完善盈利模式，加快基于互联网的金融服务对接，健全投融资体系，探索多样化的资本获得渠道。

首先，鼓励运营主体以自有场地进行众创空间建设并设立股权投资基金，进一步强化项目孵化服务，在减轻短期资金压力的同时通过长期股权收益实现盈利。引导办公场地的提供方以入股的形式参与到众创空间的管理中，从而降低众创空间物业成本。推动众创空间兼并重组，加快形成品牌辐射和规模效应，并鼓励传统孵化器将众创空间作为孵化链条的重要组成部分进行整合。其次，支持以知识产权出资占股创立的新型企业，通过股份合作及多种方式融合，盘活企业资产，突破创业初期融资难的发展瓶颈，激发创新活力。同时，大力探索众筹融资模式，例如，与银行等金融机构开展资金合作，搭建银企对接平台，实现多元化融资，为创新创业者提供安全可靠的众筹融资服务。最后，应大力吸引民间资本和社会力量的参与，鼓励创投机构和天使基金等合作共享，多角度拓宽融资渠道，逐步形成一个网络化的全要素孵化平台、融资平台、共享平台，建立健全一整套投融资服务体系，为解决"双创"企业的资金问题打开投融资窗口。

3. 加强众创与地区互动，做好顶层设计

只有引导众创空间与地方主导产业实现良性互动，尊重创业群体的市场需求，遵循市场发展规律，鼓励多样化、差异化的创新业态，才能催生产业经济新增长点，使众创空间有持续生存的空间与活力。

首先，引导各地区根据产业发展定位及优势细分市场，在进一步分割的基础上，建设垂直细分领域的众创空间，为入驻的创业团队打通和对接上下游资源，加快形成品牌影响力，实现众创空间与地方主导产业的良性互动。其次，根据区域城市布局推动众创空间建设，形成以中心城市综合性众创空间为重点，以郊区、新城、产业区的特色化、细分领域专业众创空间为支撑的众创空间建设布局，发挥众创空间在产业链中的重要作用，强化大众对于众创空间的正确认知，避免跟风、形式主义和政策投机者等扰乱市场动向。最后，注重科技、经信、发改、人社等各部门产业政策的系统性、协调性，做好宏观的布局与规划，规范众创空间发展路径，加大对众创空间的宣传与舆论引导工作，进一步加强体制机制改革，构建一个创新创业的良好氛围，有效集成各类产业扶持政策对众创空间中创业团队及企业的支持，加快产业优惠政策落地。

4. 建立众创集群网络，共享核心资源

弱化"地理集中"的区域概念，建立众创空间集群化网络，实现从创业者到投资机构、企业家、创业导师、市场资源以及更多内部相关方的跨区域、跨边界的沟通、连接，实现众创资源的外引内联，只有这样才能有效解决众创空间地域分布不合理带来的弊病，弥补区域性发展不平衡。

首先，聚集创新创业相关主体，共享众创核心资源，进行资源交互，建立众创集群网络。这种集群式发展将不再是传统意义上的"集合"，而是转向"平台化"和"概念化"，不进行"拉郎配式"的硬性整合，弱化了"地理集中"的区域概念，代之以外引内联式的运营发展，方便不同领域的项目寻找跨地域服务资源。其次，对于没有专业技术平台或产业实体作为支撑的地区，应开展跨区域、跨边界的融合"基因"培育，引进综合素质高、专业能力突出、经验丰富、具有国际化视角的人才，加强内部沟通交流，形成部门之间发展的合力，共同参与众创空间管理运营和创新发展。提供符合本地产业成长规律并满足其发展需求的服务，有针对性地完善众创空间功能。利用其在不同行业领域、地域空间的资源积淀和在多方资源链接与构建社群方面的天然优势，为创造的新技术、消费品和服务模式增加市场应用价值和附加价值。最后，未来众创空间的发展离不开互联网、大数据的支撑，以大数据为依托，掌握来自线上和线下的全面的创业数据，整合产业链上的一系列资源，合理配置信息资源，为创业者提供坚实可靠的发展依据，形成更精准、更高效的服务模式。

5. 提升可持续发展能力，提高"双创"水平

通过丰富专业化创业人才团队并给予专项资金支持，加大众创公共服务平台建设力度，制定可持续发展规划及建立健全风险评估体系等方式，可以有效提升众创空间的可持续发展能力并提高创业创新水平。

首先，丰富专业化创业人才团队，给予专项资金支持，鼓励参加创业大赛，将获奖的创业团队及企业参赛项目纳入省级相关科技计划立项支持。鼓励各地给予地方众创空间补助资金，在分类、分阶段进行建设成效、运行绩效评估的基础上，共同支持众创空间、科技创业孵化链条和众创集聚区建设。省级资金采取后补助方式，主要用于支持省级以上备案的众创空间、纳入省级以上试点的科技创业孵化链条、众创集聚区等的建设。其次，加大众创公共服务平台建设力度。建立一批涵盖研发设计、试验验证、科技成果转化、科技资源共享、信息及知识产权等公共服务的众创公共服务平台，为创业企业提供技术服务支撑；建立面向创业企业的公共科技资源开放共享机制，实现大型仪器、工程文献、种质资源、专利、重大科技基础设施等资源跨平台、一站式检索。最后，结合本地现实需求，制定可持续发展规划。围绕可持续发展瓶颈问题，加强技术筛选，明确技术路线，形成成熟有效的系统化解决方案，增强整合汇聚创新资源、促进经济社会协调发展的能力，探索科技创新与社会发展融合的新机制，积极分享科技创新服务可持续发展的经验，对其他地区形成辐射带动作用。建立健全众创空间风险评估体系，提高众创空间持续生存能力。

第四节　云南省众创空间现状分析

创新创业作为人类社会的永恒主题和经济社会发展的重要源泉，是实现经济社会转型和可持续发展的"双引擎"。为响应国家"大众创业、万众创新"的号召，云南省紧跟国家步伐，发挥资源优势，积极推进众创空间建设，搭建创新创业服务平台，实现创新创业资源聚集，建立"政府引导、部门联动、媒体参与、全民共建"的"大众创业、万众创新"发展新格局，推动云南省创新创业发展及经济转型和产业升级。

一　云南省众创空间总体建设取得成效

1. 创新创业政策环境不断完善，有效引导众创空间建设

云南省出台了一系列政策措施推进众创空间建设。一方面，自 2015 年先后出台了《云南省人民政府办公厅关于发展众创空间推进大众创新创业的实施意见》《云南省人民政府办公厅关于加快众创空间发展服务实体经济转型升级的实施意见》等引导性文件，制定了《云南省众创空间认定管理办法》，明确了云南省众创空间建设的发展目标、主要任务、工作措施等，并结合众创空间发展的新特点明确了众创空间发展的新方向。另一方面，2015 年以来云南省科技厅面向全省 16 个州（市）、高等院校、科研院所、国家级及省级科技企业孵化器等有关单位，先后组织了三批众创空间的培育认定工作，共认定省级众创空间 63 家。目前，已实现云南省 16 个州（市）众创空间全覆盖，并逐步形成国家-省-州（市）3 个层次的众创空间发展格局。截至 2016 年 10 月，云南省共有 29 家众创空间获得科技部备案，被纳入国家级科技企业孵化器的管理服务体系，总数居全国第 16 位、西部第 5 位。

2. 创新创业文化氛围日益浓厚，提升双创优势资源丰富度

云南省科技厅组织了一系列创新创业活动，积极营造"双创"社会氛围。一是为吸引省外优势科技资源支持云南省加快创新发展，省政府和科技部于 2011 年 10 月商定每两年在昆明共同举办一次"中国·云南桥头堡建设科技入滇对接会"，加快推进"四个落地"，即科技成果、科研平台、科技型企业、科技人才和团队入滇落地。二是 2012 年、2014 年，云南省先后举办了首届和第二届"中国·云南桥头堡建设科技入滇对接会"，入滇落地的科技项目累计 500 余项，"科技入滇"已成为云南省开放创新、合作共赢的重要方式和亮丽名片，通过内外合作，有效推动了省内外广大科技人员来滇或在滇创新创业。三是 2015 年，举办了首届云南省创新创业大赛暨第四届中国创新创业大赛云南地区赛、中国科技创业人才投融资集训营（云南·生物产业专场）、京滇科技创新驱动区域合作活动、云科众创空间创新创业培训、"打造学府创新创业走廊，铸就云科众创品牌"双创工作推进会等一系列活动，营造"双创"社会氛围，推动"双创"活动深入人心，激发创新创业活力，逐步实现创新创业从"小众"走向"大众"，创新创业新文化、新理念在全省蔚然成风。

3. 科技人才队伍不断发展壮大，夯实双创发展智力支持

云南省通过多种途径提升众创人员的整体能力和技能配置。一是搭建创新创业服务平台，形成全省创新创业的核心区和聚集地。"学府创新创业走廊"西起昆明市高新技术产业开发区，沿学府路延伸，东至云南空港国际科技创新园、昆明经济技术开发区，南至呈贡大学城，聚集了云科昆理工、云科北理工五华、云科银河、云科致公等 24 家众创空间，已形成了"一廊四片"创新创业发展新格局，发挥出了辐射带动效应。二是推进导师库建设。聘任了 100 名投资人、专家学者等作为云南省创业导师服务团队第一批创业导师，其中，众创空间负责人 22 人、企业家 25 人、投资人 31 人、专家学者 17 人、知识产权领域专家 1 人、律师 4 人。这些创业导师将为进一步提升该省众创空间建设、服务和管理水平，切实帮助解决创新创业过程中的问题和困难提供智力支持。三是通过"引进来""走出去"等多种方式不断加强学习，提高自身及为广大创新创业者服务的能力。针对科技管理部门、高校、科研机构等的人员，邀请科技部专家进行专题授课，使他们在短时间内准确把握众创空间建设的内涵、实质与建设要点。派员赴北京参加科技部主办的科技企业孵化器培训，并与全国各省区市孵化器、众创空间管理人员进行了经验交流和合作；赴重庆参加西南地区众创空间建设培训会，对众创空间发展趋势、模式等方面进行了学习、交流与实地调研。

4. 科技资源开放共享体系不断健全，服务众创空间发展

云南省采取了多种方法积极推进科技资源开放共享，服务双创发展。一是搭建网络化服务平台对接科技资源和需求。2015 年，云南省科技厅大力推进重大科研基础设施和大型科研仪器向社会开放，加快科技服务业发展。同年 8 月、11 月，云南省科技厅门户网站分别公开向社会推荐两批开放共享科技资源目录，包括 4 家省级工程技术研究中心、2 家公共科技服务平台、7 家省级重点实验室、34 家单位的 400 余套大型科学仪器设备等共享科技资源，进一步提升面向众创的资源共享和服务水平，降低中小企业创新创业成本，为全省经济稳定增长提供技术支撑。二是引入专业服务机构开展服务。在资源开放和使用过程中均引入专业服务机构主动提供服务，可以弥补实验室科研人员市场经验的不足，也使他们有更多的时间和精力专注于科研，解决企业的技术需求，切实提高资源利用效率。三是建立合理的工作机制和利益分配机制。科技资源对外开放可以按照“成本补偿”原则收费，服务收入分配涉及资源拥有机构、专业服务机构、实验室等多个利益主体，合理的利益分配机制可以调动各方积极性。四是采取后补助方式提高财政资金使用效率。根据资源开放单位的资源开放数量、服务数量、服务质量等实际情况，给予后补助资金支持，以“小投入”撬动“大资源”。同时对小微企业和创业团队利用高校、科研院所开放的科技资源满足创新创业过程中的技术需求给予后补助支持，也实现了由支持科技资源开放方向支持需求方的拓展，最大限度地提高了财政资金的使用效率。

5. 创新投融资机制不断完善，助力双创企业发展壮大

云南省采取了多种措施创新完善中小微企业投融资机制，切实缓解其面临的融资难、融资贵问题。一是建立中小企业信用信息和融资对接平台。平台可以实现中小企业的信用信息查询、信用评级、网上申贷以及融资供需信息发布、撮合跟进，推进各级政府部门以及为中小微企业融资服务的银行、保险公司、担保公司、小额贷款公司等金融机构共享信用评级及有关信息。二是设立中小企业发展基金，大力发展创投、风投等基金。云南省建立了以科技型中小企业为主要资助扶持对象的科技型中小企业技术创新基金、民营经济暨中小企业发展专项资金（技术创新）、技术创新暨产业发展专项资金，设立了规模为 3 亿元的云南省科技成果转化与创业投资基金，同时扩大子基金规模，通过财政资金引导创业投资机构将资本投资于初创期科技型中小企业。设立了科技金融结合专项资金，持续扩大科技贷款和科技保险资金规模。三是开展中小微企业转贷方式创新试点。降低中小企业"过桥融资"成本，鼓励各地级以上城市设立中小微企业转贷资金池，引导社会资本参与，支持银行在风险可控的情况下，通过提前进行续贷审批、设立循环贷款、合理采取分期偿还贷款本金等措施，提高转贷效率，减轻中小微企业还款压力。四是加大对中小企业投融资的财政资金支持。省财政统筹安排专项资金，主要用于设立中小企业发展基金，开展股权投资，安排支持小额贷款、担保、风险补偿等专项资金，并综合运用业务补助、增量业务奖励、贴息、代偿补贴、创新奖励等方式，发挥财政资金的杠杆效应，引导和带动更多的社会资本支持中小企业投融资。

二 云南省众创空间建设的典型个案分析

为保证分析的全面性、系统性和针对性，有必要对众创空间进行类型划分。基层需要创业来促进就业与生活保障，企业聚焦的是寻找创业商机，省科技厅和高校关注的是科技成果转化和创业教育，所以在将众创空间划分为就业导向、商业导向、科技成果转化导向三种类型的基础上对典型个案进行解析。

1. 以就业为导向的云科爱园艺众创空间

依托国家观赏园艺工程技术研究中心高效开放的服务平台，以家庭园艺和加工型花卉为主，以居家园艺为核心价值链，重点加强与初创企业、创业团队和个人的深度合作，开发花卉和观赏园艺新产品、新技术、新业态，2015 年云南省农科院花卉所搭建了"云科爱园艺众创空间"，成为云南省首批认定的众创空间之一。

该众创空间管理采用负责人制，有健全的管理制度和办法，自运营以来，前来洽谈合作的企业、创业者络绎不绝。该众创空间有专职员工4人、兼职工32人，协同为入驻的53家企业提供专业化服务，服务创新创业者300人次，包括为入驻企业（团队）对接创业融资金额1000万元，提供创业教育培训3次，技术创新服务（检验检测、研发设计、小试中试、技术转移、成果转化等社会化、专业化服务）10次以上；此外，该众创空间拥有创业导师15人，为入驻企业（团队）提供服务30次。当前，该众创空间与以色列有项目合作。

该众创空间的合作主要体现在"内联"上。一方面，其能够为入驻企业（团队）提供生活上及交流共享上的服务和便利，解决就业难题，指明就业方向，优化资源配置，联结、整合、吸收内部资源，发现并发展更多优质的项目，获得来自不同行业的支持，引进多元化的投资，降低入驻企业（团队）的时间和资金等成本，不断提升其质量和效益，进而引导项目更稳健地发展。另一方面，该众创空间重点加强与初创企业、创业团队和个人等的深度合作，充分挖掘、开发和整合省内优势资源和有利条件，开发花卉和观赏园艺新产品、新技术、新业态，以土地、资金、技术、平台为优势吸引成长好的中小型企业入驻园区，构建科企催化式合作机制，实现园区内部的创新创业以及与产业链上下游的创业者优势互补、协同发展，也为全国观赏园艺产业提供了成熟配套的工程化技术成果。但该类众创空间与其他空间的横向合作与联系较弱，既存在内部联系弱、资源共享利用率低的问题，也存在技术和人才储备不足，开展创业培训和服务次数少、效果不佳等问题。

2. 以商业为导向的云科金鼎众创空间

猪八戒网金鼎山（昆明）园区是猪八戒网与云南省政府及昆明市政府的战略合作项目，是一个连接供需双方、匹配服务资源、共享平台数据的O2O文创综合体，致力于打造覆盖云南、辐射云贵周边乃至东南亚的"互联网+"创新创业示范基地。

该众创空间环境灵活开放，为众多企业（团队）提供更多发展契机。配备完善的公用免费创业咖啡吧、洽谈室、会议室、路演活动空间等办公设施，可以举办创业沙龙、分享创业经验。开放的咖啡厅作为创业者聚集的载体，不仅仅是各种创业思想的汇集地，更是创业者人脉关系积累的重要平台，良好的沟通环境和文化氛围，使社会交往变得更方便、更简单、更轻松。空间还为入驻企业制定了相关的孵化管理办法及制度政策。空间当前入驻企业（团队）数 29 家，为企业提供创业教育培训 14 次，服务创新创业者 500 人次，拥有创业导师 5 人，为入驻企业（团队）提供服务 10 次，并与多家海外资本、人才、技术项目及孵化机构进行交流合作。

该众创空间的合作主要体现在"外引"上。一方面，通过共享公共空间和设施，实现办公空间的租用时段分散化以及沟通协商的开放化，在降低创业者办公成本的同时，形成能够与不同团队或个人进行互动的工作社区，帮助园区内企业（团队）获取更多的外来机会，拓展业务渠道和项目来源。另一方面，该众创空间有健全的"外引"管理制度，引进外部人才、专业的导师及人员为入驻企业进行培训辅导，通过灵活、创新的服务形态，汇聚多方资源，实现多赢的目标，起到提高初创企业成功率、创造就业机会、促进地区经济发展等作用。另外，通过完整的社区功能配置，提供一体化的创业和生活服务，营造集成化的创业生态，以社区服务的收入来弥补创业投资短期回报的缺乏，让创业、生产、生活和消费形成营收平衡的闭环，为吸引更多的外部优势资源、投资等创造机会和条件。但是该类众创空间存在技术创新服务少，入驻企业或团队对接融资困难，与海外资本、人才、技术项目及孵化机构的交流与合作少等问题。

3. 以科技成果转化为导向的云科昆理工众创空间

云科昆理工众创空间依托昆明理工大学的科技和人才资源优势，是一个以新材料技术、光机电技术、信息技术、生物技术为重点的综合型孵化器。同时，该众创空间还建立了高校学生科技创业实习基地，支持学生来空间创业实践，形成了互动的人才培养模式，提高了高校人才培养质量，是教育部、科技部认定的全国首批高校学生科技创业实习基地之一。

该众创空间具备完善的公共服务设施及基础设施，众多企业（团队）获得优质与专业服务。设立了众创空间办公室，制定了规范性的管理制度，共 21 人负责众创空间的日常管理、运营及各项服务工作。空间为入驻的 286 家企业（团队）提供服务，其中包括转化学校技术成果 25 项，新增自主知识产权 20 项；为入驻企业（团队）对接创业融资 300 万元（社会投资 200 万元、众创空间投资 100 万元），创业教育培训 18 次；服务创新创业者 900 人次，拥有创业导师 45 人，为企业提供服务 8 次。该众创空间注重提供一条龙服务和"互联网+服务"。

该众创空间的合作体现在"外引内联"上。在内联方面，注重科技成果转化和科技创新，产学研结合，依托自身的人才资源和科研实力，整合优化科研技术或产业资源等内部优势资源，打造有利于大学生创新创业的服务平台，促进大学生创业就业，努力营造良好环境，推动了高等教育人才培养的变革和各种创新创业人才的脱颖而出。在外引方面，为提高科研成果转化成功率，实现技术成果的市场化和商品化，利用市场机制，聚集各种创新资源，吸纳包括银行、天使投资、创业投资等金融机构在内的社会力量，广泛参与对科技型中小企业的投资，为创新创业团队和企业搭建融资服务平台，促进中小型企业的创新发展。但该类众创空间存在教学科研实力单薄、交流空间相对有限、办学理念比较落后、外援合作机会较少、内部联系合作弱、发展资源缺乏等问题，从此类机构中产生的创业者主要为技术型创业者，有可能存在缺乏相关市场运营人员，或市场运营团队与科研团队融合不畅的情况。

第五节　关键因素识别

一　影响外引内联有效性的关键因素识别

1. 外引内联有效性内涵与特征

针对云南省众创空间建设中出现的同质化严重、投入不足、外引不足、内联不足、可持续发展能力有待提升等问题进行研究，发现云南省众创空间缺乏内生驱动和外部引导力，使得众创空间发展陷入困境。本书结合省内外众创空间的发展经验与对策，提出通过外引内联的方式解决云南省众创空间的发展难题，其有效性体现在这种合作方式能够使双方协同合作、创新发展，促进企业绩效的提升。鉴于此，本书提出的众创空间外引内联有效性是在现有众创空间发展的基础上引进外部优秀众创空间的专业人才、信息技术、投融资等可输入资源及先进的运营管理模式，结合云南省本地资源优势、政策扶持、创业设施等现有的资源，通过外部优秀众创空间的引入驱动云南省自身的创新发展，在现有自身产能的基础上，能够实现众创空间运营成本的降低，或是在合作效果上产生"1+1＞2"的协同效应，最终促进双方的可持续发展。这种有效性是外引内联的协同合作实现双方资源之间的共享和互补，降低自身的人才、信息、资源等固定成本消耗，或是协作后众创空间整体的价值大于空间各自独立经营时价值的简单总和。

外引内联有效性具有资源依赖性、环境引导性、平台开放性的特征。第一，资源依赖性是指众创空间有效发展的基础是人才、技术、资源。具体而言，引进的外部众创空间需要有优秀的专业人才、先进技术，这些是云南省众创空间自身所缺乏的资源基础；而本地的创业者素质、优势资源以及创新创业基础设施是吸引外部众创空间并促进外引内联有效合作的前提条件。外引内联有效性体现出其对内外部资源的严重依赖性，合作双方只有提供充实的资源基础，才能体现双方的合作诚意，保障合作的通畅和顺利。第二，环境引导性是指外引内联有效性需要内外部环境的支持和配合，政策法规的引导、市场环境的供需能力、创新文化的氛围熏陶等为本地众创空间的可持续发展提供软实力的培育环境，是众创空间产生协同创新效应的内在驱动力。具体而言，政策法规为众创空间外引内联有效性指明目标和方向，市场环境为外引内联有效性的产生提供合作动力和产销需求量，创新文化是促进外引内联合作主体互相信任、愿意承担责任与义务，实现协同创新的保障。第三，平台开放性是指外引内联有效性需要多种平台的资源信息的共享与开放，为双方搭建融资平台、公共服务平台、媒体宣传平台，为众创空间提供基础服务。具体而言，融资平台是众创空间的资金支持平台，为众创空间资金链稳定提供多层次、多元化、多渠道的融资服务；公共服务平台是众创空间的信息共享中心，深度挖掘和整合共有信息技术，为众创空间提供开放的信息服务；媒体宣传平台是内外部众创空间相互了解的沟通交流平台。

2. 影响有效性的因素分类提取

目前，一些学者从不同角度分析众创空间长效发展的影响因素。王保安从宏观视角分析，认为众创空间可持续发展面临的问题在于，市场配置作用发挥不足、融资体制改革滞后、政府服务依然缺位等体制机制的障碍。[①] 廖建文和崔之瑜指出众创空间的可持续发展基础是全民创业活动的兴起，而全民创业活动已显现出大众化、同质化和空心化等无法回避的三个症结。[②] 戴春和倪良新从创业生态系统的视角分析，指出市场环境是众创空间长期发展的重要外部条件。[③] 张玉利和白峰认为众创空间本质上是一类新型创业生态系统，需要深入了解众创空间的结构、功能特征及其演进过程。[④] 王丽平和李忠华在分析高校创客的发展模式中重点关注创新文化的形成过程，并认为多元化的媒体宣传有助于创客文化氛围的长期培育。[⑤] 此外，众创空间在资金、人才、技术、信息等方面存在资源分布不均衡的特点，吴杰等提出众创空间的基本功能是整合创新创业资源，创新创业者自己并不直接拥有或难以获得的许多高端资源要素，需要借助开放的平台来整合相关资源。[⑥] 因此，通过对现有文献的梳理，从外部资源、本地资源、环境、平台四个方面分类归纳众创空间外引内联有效性的影响因素，总结如下。

（1）外部资源影响因素

联盟经历（F_1），是指在众创空间外引内联中，引进的众创空间是否有过联盟经历。联盟经历是降低众创空间机会主义风险的一种重要的参考因素，可以通过掌握相关联盟经历提前规划双方的合作层次、类型，借鉴以往联盟经验，协调并解决冲突，减少合作过程中的时间成本，尽快开展

---

① 王保安：《打造"众创"发展新形态》，《求是》2015年第13期，第31~33页。
② 廖建文、崔之瑜：《全民创业背后的危险》，《创业家》2015年第6期，第96~99页。
③ 戴春、倪良新：《基于创业生态系统的众创空间构成与发展路径研究》，《长春理工大学学报》（社会科学版）2015年第12期，第77~80页。
④ 张玉利、白峰：《基于耗散理论的众创空间演进与优化研究》，《科学学与科学技术管理》2017年第1期，第22~29页。
⑤ 王丽平、李忠华：《高校创客文化的发展模式及培育路径》，《江苏高教》2016年第1期，第94~97页。
⑥ 吴杰等：《"众创空间"的理论解读与对策思考》，《科技管理研究》2017年第13期，第37~41页。

双方的合作。专业人才（F_2），是指引进的众创空间有丰富的人才资源。具备完成项目任务的能力的专业人才，在共同开发新项目的同时，可以弥补本地人才资源的不足，帮助培养高层次的创新型人才，是实现外引内联有效性中人才培育的源泉。先进技术（F_3），是指外引的众创空间具有国内领先的技术优势，能够帮助本地众创空间解决技术难题，提高处理项目实际问题的能力。在双方相互学习借鉴的同时，对技术进行深入研发，最终实现技术的协同创新，是不断产生多样化成果的技术支撑。

（2）本地资源影响因素

创业者素质（F_4），是指创业者的年龄、学历、社会阅历、工作经验、创业欲望、创业胆量等。创业者是本地众创空间的发展基础，一个优秀的创业者能担负起创业的艰辛和压力，为实现创业而不断奋进，创业者素质关系着创业的成败。资源优势（F_5），是指能够吸引外部众创空间愿意合作的本地优势资源，包括自然环境、矿产资源、特殊材料等。在降低外部众创空间材料成本的同时，吸引外部众创空间开发和研究本地的资源，使资源得到有效利用，是外引内联有效合作中双方资源地位划分的重要依据。创新创业基础（F_6），是指本地众创空间的规划布局及基础设施，包括众创空间的选址、工作场所、基础设施、科研设备、创新创业教育培训等。完善的创新创业基础能够为众创空间提供便利的工作环境，使双方的合作关系融洽。

（3）环境影响因素

政策法规（F_7），是指政府根据目前本地众创空间发展状况，在现有相关政策的基础上，进一步制定适宜外引内联合作的众创空间具体发展措施和行动计划，旨在有效引导众创空间的健康成长，优化本地创业市场竞争环境和创业生态圈，政策法规的支持对于合作层次清楚、过程顺畅、成果达标起到积极的保障作用。市场环境（F_8），是指外引内联合作研发的产品是满足市场需求的，尤其是在本地市场中有良好的市场环境、高效的分配渠道、稳定的客户来源等，是众创空间外引内联持续有效的客观环境基础。创新文化（F_9），是指创业者在利用自身智慧、开源网络及相关工具创造和分享成果的过程中所培育的文化，是一种敢为人先、宽容失败的创新文化。它将众创空间中创造和形成的特色创新精神财富以及创新物质形态综合起来，以一种无形的力量驱使众创空间前进，始终贯穿于众创空间外引内联的合作过程中。

（4）平台影响因素

融资平台（F_{10}），是指为众创空间提供综合金融服务的多元化融资渠道。众创空间处于企业成长的幼年期，资金是其正常运营的基础，单一的融资不利于众创空间的长期发展和投资者的回报期许，而多层次、多元化、多渠道的科技融资平台是众创空间外引内联有效性的重要金融支撑。公共服务平台（F_{11}），是指为众创空间提供信息和技术共享服务的媒介。外引内联合作需要有效整合双方的科技创新资源，使不同主体共享信息资源，促进多方合作交流，公共服务平台能够聚集现有的技术资源，深度挖掘和整合现有技术，为众创空间外引内联有效性提供多元化的信息。媒体宣传（F_{12}），是指利用媒体向外推广本地众创空间的创新优势，使外部众创空间快速了解本地众创空间的发展层次和阶段，为众创空间外引内联有效开展做好前期铺垫。图 7.1 归纳了众创空间外引内联有效性的影响因素。

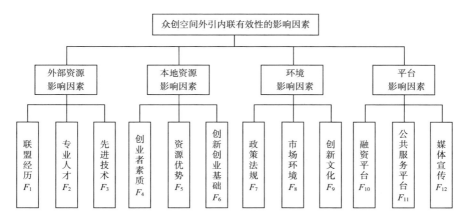

图 7.1　众创空间外引内联有效性的影响因素

二　基于 DEMATEL 方法的关键因素识别

1. DEMATEL 方法及实施步骤

决策实行与评价实验室方法（Decision Making Trial and Evaluation

Laboratory，DEMATEL）是一种基于图论和矩阵分析进行复杂社会系统因素分析的方法。该方法可以有效解决复杂管理决策、供应链管理等领域的诸多问题，主要以图论理论为基础，以构造图的矩阵演算为中心，对问题中影响因素间的逻辑关系进行分析并列出直接影响矩阵，通过计算得出因素的影响度和被影响度，再计算出因素的中心度和原因度，最终找到问题的重要影响因素。

DEMATEL 方法基本步骤如下所示。

步骤 1，确定问题的影响因素。针对所研究的问题，分析研究对象的具体信息，归纳初步的指标体系，设为 F_1，F_2，$\cdots$，F_n。

步骤 2，确定影响因素之间的关系。在充分了解问题的基础上，分析各因素之间是否存在直接关系，绘制有向图，并用数字表示因素之间关系的强弱，用 0、1、2、3、4 表示其关联度，数字越大，关联度越强。

步骤 3，建立直接影响矩阵。用矩阵表示各因素之间的关系，设 n 阶矩阵 $X = (x_{ij})_{n \times n}$，其中 x_{ij} 是指标 i 对指标 j 的影响程度。

步骤 4，将直接影响矩阵规范化。设规范化的直接影响矩阵为 Y，定义 $Y = a \cdot X$，其中：

$$a = \frac{1}{\max\limits_{1 \leqslant i \leqslant n} \sum\limits_{j=1}^{n} x_{ij}}, i,j = 1,2,\cdots,n \tag{7.1}$$

$$Y = (y_{ij})_{n \times n} = \frac{1}{\max\limits_{1 \leqslant i \leqslant n} \sum\limits_{j=1}^{n} x_{ij}} \cdot X \tag{7.2}$$

步骤 5，建立综合影响矩阵。设综合影响矩阵为 T，$T = Y (I-Y)^{-1}$。其中 $(I-Y)^{-1}$ 为 $I-Y$ 的逆，I 为单位矩阵。

步骤 6，分析影响因素。定义各指标的中心度和原因度，令：

$$T = (t_{ij})_{n \times n} \tag{7.3}$$

$$D = (t_{i.})_{n \times 1} = \left(\sum\limits_{j=1}^{n} t_{ij} \right)_{n \times 1} \tag{7.4}$$

$$R = (t_{.j})_{1 \times n} = \left(\sum\limits_{i=1}^{n} t_{ij} \right)_{1 \times n} \tag{7.5}$$

行和 D 是因素的影响度，表示各行对应因素综合影响其他所有因素的程度。列和 R 是因素的被影响度，表示各列对应因素被其他所有因素综合影响的程度。$D+R$ 是因素的中心度，表明此因素对研究问题所起的作用大小。$D-R$ 是因素的原因度，又可细分为原因组和结果组，若因素的原因度大于 0，说明是原因因素，此因素强烈影响其他因素；若因素的原因度小于 0，说明是结果因素，此因素受到其他因素的强烈影响。

采用 DEMATEL 方法，从影响度和被影响度可以得出每一个因素的影响程度，从中心度可以得出不同因素的重要程度，从原因度的取值可以分辨各因素间的影响关系。

2. 外引内联有效性影响因素识别

相对于国内其他省区市，云南省具有明显的本地资源优势，矿产资源丰富、生态环境优良、物种丰富等，但人才资源相对匮乏，技术发展相对落后，众创空间自开办以来，多数成长较为缓慢。为突破以上发展困境，本研究组织专门从事众创空间工作的 3 位专家，以上述分析的影响因素为例，对因素间的关系绘制有向图（见图 7.2）。

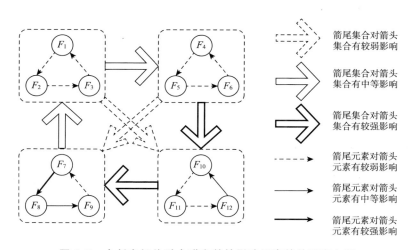

图 7.2 众创空间外引内联有效性影响因素的关系有向图

根据影响因素间的关系进行评价打分，采用 0~4 标度来确定相关因素间的直接影响矩阵，其中 0 表示因素间不相关，1 表示因素间关联程度最弱，4 表示因素间关联程度最强。将收集到的数据进行加权计算得出规范化的众创空间外引内联有效性影响因素间的直接影响矩阵，如表 7.4 所示。

通过研究，试图对云南省众创空间外引内联影响因素进行有效识别。

表 7.4　规范化的众创空间外引内联有效性影响因素间的直接影响矩阵

影响因素	F_1	F_2	F_3	F_4	F_5	F_6	F_7	F_8	F_9	F_{10}	F_{11}	F_{12}
F_1	0	1	1	0	0	0	0	0	1	1	2	1
F_2	0	0	1	0	2	0	3	0	4	1	1	2
F_3	0	0	0	0	2	0	1	2	1	0	2	2
F_4	1	2	2	0	0	0	0	0	4	1	1	1
F_5	0	2	2	0	0	0	1	1	2	2	2	3
F_6	0	2	1	0	1	0	1	2	2	1	1	2
F_7	1	3	3	0	1	2	0	4	1	4	3	4
F_8	0	2	3	0	2	1	4	0	2	4	3	3
F_9	2	3	2	4	2	1	0	2	0	0	0	2
F_{10}	1	2	2	0	1	1	3	4	0	0	1	2
F_{11}	0	1	1	0	1	0	1	3	0	1	0	1
F_{12}	1	2	2	1	3	2	4	3	3	2	1	0

根据以上数据，使用 MATLAB 软件，按照实施步骤 4、步骤 5 对数据进行计算，得出众创空间外引内联有效性影响因素间的综合影响矩阵，如表 7.5 所示。

根据以上综合影响矩阵和 DEMATEL 实施步骤 6 中的相关公式，计算出各因素间的中心度和原因度（见表 7.6），并绘制因素间的因果图（见图 7.3）。

表 7.5 众创空间外引内联有效性影响因素间的综合影响矩阵

影响因素	F_1	F_2	F_3	F_4	F_5	F_6	F_7	F_8	F_9	F_{10}	F_{11}	F_{12}	行和
F_1	0.0149	0.0812	0.0828	0.0155	0.0432	0.0189	0.0504	0.0579	0.0785	0.0746	0.1110	0.0892	0.7180
F_2	0.0424	0.1179	0.1546	0.0460	0.1719	0.0527	0.2172	0.1350	0.2467	0.1368	0.1291	0.2086	1.6589
F_3	0.0239	0.0820	0.0860	0.0236	0.1460	0.0366	0.1255	0.1688	0.1105	0.0816	0.1457	0.1705	1.2006
F_4	0.0685	0.1522	0.1515	0.0393	0.0731	0.0309	0.0744	0.0856	0.2238	0.0933	0.0965	0.1262	1.2151
F_5	0.0375	0.1847	0.1897	0.0369	0.1054	0.0515	0.1637	0.1741	0.1795	0.1740	0.1680	0.2421	1.7071
F_6	0.0330	0.1763	0.1436	0.0341	0.1310	0.0457	0.1505	0.1902	0.1727	0.1319	0.1239	0.1960	1.5290
F_7	0.0920	0.2940	0.3053	0.0473	0.2102	0.1576	0.2222	0.3727	0.2145	0.3234	0.2766	0.3709	2.8866
F_8	0.0575	0.2532	0.2966	0.0484	0.2326	0.1197	0.3401	0.2281	0.2326	0.3131	0.2670	0.3287	2.7175
F_9	0.1111	0.2252	0.1942	0.1830	0.1737	0.0801	0.1198	0.1856	0.1371	0.1034	0.1029	0.2090	1.8251
F_{10}	0.0743	0.2062	0.2171	0.0291	0.1579	0.0994	0.2639	0.3034	0.1286	0.1402	0.1661	0.2420	2.0281
F_{11}	0.0206	0.1116	0.1194	0.0161	0.1058	0.0349	0.1285	0.1982	0.0713	0.1169	0.0724	0.1324	1.1282
F_{12}	0.0938	0.2567	0.2622	0.0896	0.2620	0.1515	0.3280	0.3150	0.2768	0.2435	0.1973	0.2233	2.6996
列和	0.6696	2.1412	2.2028	0.6088	1.8127	0.8795	2.1841	2.4145	2.0726	1.9328	1.8564	2.5389	—

表 7.6 众创空间外引内联有效性影响因素的中心度和原因度

影响因素	F_1	F_2	F_3	F_4	F_5	F_6	F_7	F_8	F_9	F_{10}	F_{11}	F_{12}
中心度	1.3876	3.8001	3.4034	1.8239	3.5198	2.4085	5.0707	5.1320	3.8977	3.9609	2.9846	5.2385
原因度	0.0484	-0.4823	-1.0022	0.6063	-0.1056	0.6495	0.7025	0.3030	-0.2475	0.0953	-0.7282	0.1607

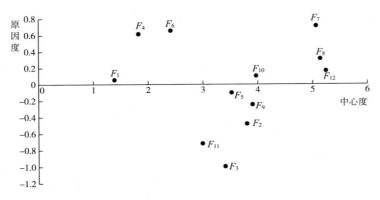

图 7.3　因果图

通过对表 7.6 和图 7.3 的分析得出，影响众创空间外引内联有效性的重要因素为媒体宣传、政策法规、市场环境、融资平台、创新文化、专业人才，媒体宣传、政策法规、市场环境属于政府层面的宏观管控因素，融资平台、创新文化、专业人才是内外部众创空间合作中可以进行不断调整和优化的影响因素，对于云南省众创空间外引内联有效性具有重要影响，是值得重点分析的关键因素。

在把握重要因素后，接下来关注原因因素，鉴于云南省的众创空间外引内联的情况比较复杂，导致影响因素较多，从表 7.6 和图 7.3 中可得，众创空间外引内联有效性的原因因素为政策法规、创新创业基础、创业者素质、市场环境、媒体宣传、融资平台、联盟经历，这些因素对其他因素有较大影响。结果因素为资源优势、创新文化、专业人才、公共服务平台、先进技术，这些因素受到其他因素的较大影响。

通过对外引内联有效性的关键因素识别，结合专家咨询意见，在中心度较大的因素中，发现政策法规、融资平台、创新文化、专业人才是影响外引内联有效性的关键因素，也是众创空间协同创新能力提升的重要支撑。

3. 协同创新能力提升策略分析

云南省众创空间采取外引内联方式的目的是实现双方协同创新能力的提升，因此针对以上云南省众创空间外引内联有效性的因素识别发现，目前云南省外引内联的关键还是在于政策法规、融资平台、创新文化、专业人才方面。政策法规体现出政府从宏观层面对众创空间的引导支持，融资平台是众创空间正常运行的资金支持，创新文化是众创空间协同创新的精神保障，专业人才是众创空间协同创新的动力源泉。因此，可以从政府、融资、文化、人才工作等方面提出云南省众创空间协同创新能力提升的发展策略。

第一，加强政府顶层规划设计，制定外引内联的优惠政策。从外引内联有效性影响因素分析来看，专家们十分关注众创空间的相关政策法规，在协同创新能力提升策略中应以政策法规为标杆，对众创空间的发展进行有效决策。在发展云南省众创空间的过程中，应认真贯彻落实现有的众创空间相关政策，进一步制定适宜本地实际情况的众创空间外引内联发展措施，牵头举办多种形式的与外部地区众创空间的学习交流活动，通过采取灵活性的优惠措施，不断吸引外部优秀众创空间。另外，还应通过一定的筛选措施，选择合适的外部优秀团队引进到本地，重点发展本地的众创空间。政府有效的政策引导，可以规范合作双方协同创新的行为模式，使得协同创新发展更加合理有效。

第二，建立多元优质的融资平台，保障资金投入的稳定性。稳定的资金链是众创空间维持正常运营的命脉，也是专家们评价众创空间有效的核心指标，根据现有融资基础，可以搭建多层次、多渠道、多元化的科技投融资服务平台，推进天使投资、风险投资及相关融资企业的发展，举行一系列活动或项目对接会，使投资者对项目和众创空间有深层次认识，提高金融投资网络的技术和安全水平，不断提升网络融资的服务质量和扩展网络融资的服务范围，积极使融资担保机构、创业投资机构与银行合作，多渠道为外引内联的众创空间提供融资服务。多元化的融资平台可以为协同创新能力提升提供优质的服务，不断促进众创空间的可持续发展。

第三，加大创新文化培育力度，营造协同创新良好氛围。创新文化是众创空间协同创新氛围的培育摇篮，协同创新软实力的培育只有通过创新文化，才能潜移默化地影响协同创新的合作主体。在发展众创空间外引内联时，本地区可以加大创新文化的培育力度，通过互联网、手机媒体、数字电视、报纸、杂志等媒体宣传优秀众创空间的创新文化内容，鼓励多种形式的创新文化培育，众创空间内部可以通过讲座、研讨会、团队活动、野外拓展训练等加强成员的沟通交流，夯实成员之间相互信任的基础，并使团队内部不断形成一致的文化信仰。创新文化的培育促进众创空间双方对协同创新合作的深度认知，促进协同创新的稳步发展。

第四，注重专业人才培养质量，提高创新人才供给能力。专业人才是众创空间可持续发展的内生动力源泉，针对云南省众创空间外引内联的创新人才培养工作，建立学校教育和实践锻炼相结合、省内培养和省外交流合作相衔接的开放式培养体系，加强实践培养，依托重大科研和重大工程项目、重点产业、重点学科和重点科研基地、众创空间合作项目，建设一批本地急需的创新创业人才培养基地，加强产学研合作，推动高层次创新创业人才向众创空间聚集。创新专业人才的培育是众创空间可持续发展的内生驱动力，通过人才培育，形成一批创客与经营管理人才，打造云南省众创空间人力资源聚集的高地。

第六节　外引内联对策分析

为更好地促进云南省众创空间的发展，云南省采取外引内联的方式，分别从宏观政策导向、微观创新创业企业治理、众创空间主体培育以及内外部相关资源整合方面出发，充分利用网络、人才引进、技术引进等弥补自身的短板，整合云南省独特的环境、生态、市场等资源，联动各众创空间，实现各方之间的合作，搭建创新创业服务平台，解决云南省众创空间发展过程中存在的专业化运营程度不高、服务同质化、投入不足、融资难、人才紧缺等问题，从而为创业者提供良好的交流、创新创业环境，推动云南省创新创业的发展。

一　明确外引内联的宏观政策导向

1. 构建联动协同工作体系，加速体制机制落地

发挥云南省各州（市）科技工作领导小组统筹协调职能，加强相关部

门协作，构建州（市）、区（县）各级内部联动工作体系，强化区域创新创业发展规划引导，加强政策集成，出台更具针对性的政策措施。云南省科技厅协同财政、教育、人社、工商、税务等部门，在落实工商注册、税收政策、人才流动和专利成果保护等方面加强合作。加快推进制度改革，工商部门对众创空间等新型孵化机构内的科技创业企业放宽注册条件，简化注册手续，提供工商注册便利。相关部门率先落实国家向全国和自主创新示范区推广的十条政策，执行好现有对小微企业的各项国家级和省级税收优惠政策，落实国家级科技企业孵化器和大学科技园的房产税、城镇土地使用税和营业税优惠政策。各州（市）、各区（县）级相关部门完善区域创新创业考核督促机制，并将创新创业纳入市委、市政府目标管理，建立健全工作推进机制，形成各具特色、错位竞争、竞相发展的工作格局，完善评价指标体系，开展区域创新创业监测评价，建立区域创新发展报告制度，切实提高运行效率，强化绩效考核机制和责任追究机制，确保发展众创空间的相关政策能够落到实处，切实解决众创空间发展的难题。

2. 支持创业服务机构、平台建设与发展

云南省各级政府部门支持各高校和科研院所、各行业领军企业及其他各类创新主体建设孵化器、公共技术服务平台、公共信息服务平台、公共培训服务平台等创业服务平台，对所需运营、设备配置及维护等费用给予一定比例的资金支持，鼓励多种商业模式的发展；支持知识产权服务机构、开放实验室等专业服务机构为创业企业提供专利代理、商标注册、新产品检测开发等服务，根据服务创业企业的数量和质量给予一定比例的资金支持，加速科技成果的转化；支持以就业为导向的中小型创业企业，对所需的场地及运营设施予以相关的政策优惠，鼓励社会资本参与其中，为其提供多元化的融资渠道，促进中小型创业企业的发展，提高企业竞争力，解决当地就业难题，提升就业率。

3. 提供创新创业空间，促进众创空间发展

众创空间应建立在交通便利、人才集中的要素集聚区域。云南省政府对于有条件的众创空间等新型孵化机构的房租、宽带接入费用和用于创业服务的公共软件、开发工具购买费用给予适当财政补贴，鼓励众创空间为创业者提供免费高带宽互联网接入服务，鼓励民营资本打造一批创新创业公寓；政府发挥牵头作用，带动技术型众创空间、创业企业与研究所、高校建立战略合作关系，建立权力清单和责任清单制度，进一步明晰权责和工作规程，加快下放科技成果使用、处置和收益权，通过成果应用体现创新价值，通过成果转化创造财富；利用"退二进三"的机遇，选择交通方便、生活配套设施齐全的废旧工业厂房、宿舍楼、SOHO 空间等进行改造，为创新创业者提供集公共办公区、会议室、活动区和住宿区为一体的价廉宜居的创新创业空间。

4. 支持创新创业公共服务，实现资源共享

综合运用购买服务、资金补助、无偿资助、业务奖励等方式，鼓励支持研发设计、科技中介、金融服务、中试孵化、成果交易、认证检测等众创服务平台建设，云南省政府部门为创业者提供政策咨询、项目推介、开业指导、融资服务、补贴发放等"一站式"创业服务；建立健全科研设施、仪器设备、宽带接入和科技文献等资源向创业者企业开放的运行机制，实现资源共享；支持服务机构为初创企业提供法律、知识产权、财务、咨询、检验检测认证和技术转移等服务，促进科技基础条件平台开放共享；强化电子商务基础建设，为创新创业搭建高效便利的服务平台，提高小微企业市场竞争力。

5. 加强财政资金引导，建立多元化投融资体系

云南省各级财政通过部门企业发展专项资金，运用阶段参股、风险补助和投资保障等方式，引导创业投资机构投资于初创期科技型中小企业；发挥国家新兴产业创业投资引导基金对社会资本的带动作用，重点支持战略性新兴产业和高技术产业初创期、早中期创新型企业发展；发挥国家科技成果转化引导基金作用，积极构建多元化、多层次、多渠道的科技投融资服务体系，引导各类社会资本支持创新创业，综合运用设立创业投资子基金、贷款风险补偿、绩效奖励等方式，促进科技成果转移转化；发挥财政资金杠杆作用，通过市场机制引导社会资金和金融资本支持创业活动，发挥财税政策作用支持天使投资、创业投资发展，培育发展天使投资群体，推动大众创新创业。

6. 营造创新创业文化氛围，丰富创新创业活动

云南省各级部门须积极倡导敢为人先、宽容失败的创新文化，树立崇尚创新创业致富的价值导向,大力培育云南省当地企业家精神和创业者文化,将奇思妙想、创新创意转化为实实在在的创业活动。云南省各宣传部门应组织相关典型经验的交流,利用各种媒介广泛宣传,报道一批创新创业先进事迹,树立一批创新创业典型人物,让"大众创业、万众创新"在全社会蔚然成风,引导更多的社会力量关注和支持创新创业示范工程,真正形成政府鼓励创新创业、社会支持创新创业、大众积极创新创业的良好发展环境。相关部门继续办好中国创新创业大赛、中国农业科技创新创业大赛等赛事活动,积极支持创新创业者参与国际创新创业大赛,为投资机构与创新创业者提供对接平台。

二　优化外引内联的微观治理视角

1. 培育众创导师队伍,为创业企业提供保障

云南省政府最大限度地发挥市场作用,聘请企业家、经理人、投资人等担任创业者专职导师,为创业者创业提供各方面的针对性辅导,建立一支服务大众创新创业的创业导师队伍,以推进云南省创业导师库的建设;为创业企业、团队提供有效的企业构建、财务、法律、知识产权、金融、管理、市场开拓等综合服务,增强创业者的创业意识与创业能力;鼓励成功创业者、知名企业家、天使投资人和专家学者等担任志愿创业导师,为创业者提供免费创业辅导,形成创业者、企业家、天使投资人、创业导师的互助机制,提高科技从业者、企业高管创业积极性。同时,创业导师可以为云南省创业企业的发展提供智力支撑,切实帮助解决创新创业过程中的问题和困难,进一步提升众创空间的建设、服务和管理水平。

2. 拓宽融资渠道,提升创业企业支撑力

稳定的资金流是保证各众创空间发展的基础,因此云南省政府部门依据创业企业不同发展阶段的融资需求,构建并完善多层次创业融资服务体系,加快建设区域科技信用体系,构建并完善科技金融综合服务平台,促进科技创新与金融资本深度融合;鼓励有条件的州(市)县设立天使投资引导资金,联合各类创业投资机构共同出资设立天使投资基金,联合高校

院所、新兴产业领军企业设立内部创业基金，为创业团队和创业企业提供天使投资和创业投资支持，成立天使投资人协会，培育和壮大本土天使投资人规模；推动金融机构与各众创空间通过相关活动、项目的沟通合作加深彼此的了解，鼓励银行、担保公司、小额贷款公司等金融机构根据创新创业企业需求创新金融服务产品，为创业企业和创业团队提供知识产权质押融资、股权质押融资、票据融资和信用贷款等，不断拓宽众创空间的融资渠道，从而为各创业企业及创业团队提供资金保障，促进众创空间的可持续发展。

3. 创建公共服务平台，加强创业企业内部联动

云南省政府发挥引导作用，支持行业领军企业、创业投资机构、社会组织等社会力量建立创业孵化集聚区，发挥集聚效应，打造众创空间之间的横向沟通渠道，实现资源共享与互通交流，通过研讨会、团队活动以及项目合作等方式利用各众创空间的资源，从而实现资源的优化配置、各众创空间的结构优化、基础设施的完善；同时充分利用"互联网+技术"加强创业企业电子商务基础建设，为创新创业搭建高效便利的服务平台，实现各众创空间的协同发展，提高中小微企业的市场竞争力。

4. 创新激励机制，吸引创业人才

人才是创新创业企业发展的核心，省政府以及各众创空间须通过创新人才激励机制培养、留住并吸引专业人才，如启动实施创业者奖励计划，省地联动，采取科技创业补助等方式，广泛吸引海内外创业者集聚云南省创新创业，加强省级高层次创新创业人才引进计划和省级各类科技计划与地方的联动，进一步加大对创新创业者及科技创业企业的集成支持力度。各众创空间根据自身的优势与高校建立合作关系，为在校大学生提供实践基地，实现教育与实践相结合，为众创空间发展培育潜在人才；加强众创空间与各研究所、高校实验室的产学研合作，推动高层次、高学历的创新人才加入众创空间的发展中；同时众创空间根据自身发展需求委托第三方培训或与省外优秀企业众创空间交流以提高企业创新人才的能力，从而形成理论与实践相结合、省内培训与省外交流相结合的全方位、多层次的人才培养体系，为云南省众创空间发展提供坚实的人才保障。

三　推进外引内联的主体培育对策

1. 开展面向青年和大学生的创新创业教育和创业孵化

云南省教育部门推进实施大学生创业引领计划，鼓励高校普遍开设创业教育课程并纳入学分管理；支持云南省各高校、科研院所开办创新创业学院，建设与创业教育相适应的、专兼职相结合的高素质创业教师队伍，建立"学业+创业"双导师培养模式；支持云南省各高校依托自身的人才资源和科研实力，打造有利于大学生创新创业的服务平台，努力营造良好的氛围，以推动高等教育人才培养的变革和各种创新创业人才的脱颖而出；建立大学生创业天使投资基金、大学生创业风险援助资金，为大学生创业提供各类金融支持，支持各州（市）采取多种方式与省内外高校、科研院所共建大学科技园、研究院等创新创业载体，构建"校区/所区、园区、高新区"三区联动的大学生创新创业保障体系，实现创新创业教育、实践和活动的有机结合。同时支持有条件的高校建设专业化的创新创业师资队伍，加快落实高校、科研院所等专业技术人员离岗创业政策，实施好大学生创业引领计划，支持以大学生为主的青年创业创新，鼓励在高校或各地各类创业园区（孵化基地）内孵化创业项目。

2. 积极支持大企业高管及连续创业者再创业

云南省各创新企业重点推进本地创新型领军企业和行业龙头骨干企业学习借鉴如阿里巴巴、华为、腾讯等知名企业经验，凭借当地技术、平台、管理等优势和产业整合能力，面向企业内部员工和外部创新创业者提供资金、技术和服务，开展产业孵化和新业态创业，裂变出更多具有前沿技术和全新商业模式的创新型企业；政府鼓励新兴产业领军企业、知名天使投资机构设立连续创业者投资基金，重点投资企事业人员连续创业，加大对连续创业者的创业服务力度，在创业项目选择、创业团队组建等方面给予支持。

3. 广泛吸引高校、科研院所科技人员到云南省创新创业

积极推广国家科技体制综合改革试点经验，进一步完善高校、科研院所、国有企业和事业单位科技人员在职和离岗创业办法，支持云南大学、

昆明理工大学、西南林业大学等部属、省属高校开展科技成果处置权和收益分配权改革试点；完善科技人员股权激励机制，支持当地高校、科研院所在编在岗科技人才兼职从事创新创业活动，鼓励省内外高校、科研院所的科技人员利用科学知识、科研成果、知识产权和信息以兼职或离岗等方式，走出来创办、领办或与企业家合作创办科技型企业、科技服务机构，引导国内外高校院所在云南省设立"技术转移+创业孵化"新型产业技术研究院，资助国内外高校院所科技人才带技术、带项目在本地新办企业，实现人力资源的内外部整合。

4. 大力招揽留学归国人员落户云南发展

政府人力相关部门积极加强与海外高校、科研机构、人才服务机构的合作，引进一批具有国际视野和拥有国际领先成果的高层次领军人才来云南落地孵化和创办创新型企业；政府与云南本地各众创空间、创新创业企业以及高校之间互联互通，探索建立"企业提需求、高校出编制、政府给支持"的创新创业人才引进模式；省政府逐步放开对外籍留学人才创业就业的限制，为其提供申请就业许可、工作居留许可的便利，给予创业启动资金，用于房租补贴、设备购置、团队建设及技术研发等，为外籍留学生创业者创造便利、快捷的创业环境，以吸引更多的视野宽阔的留学回国者、外籍留学生来云南发展，拓宽云南省创新创业视野，推动云南省众创空间的发展。

5. 帮助返乡务工人员创业

政府联合高校、金融机构和企业共同搭建平台，借鉴"互联网+创业者+乡土"的创业模式，围绕返乡务工青年、城镇青年、农村青年等群体提供服务，打造具有区域特色的创业者品牌，努力服务青年创业者，培养一大批青年创业者和青年创业致富能手。政府相关金融、培训机构为有创业意愿的返乡务工人员提供相关的政策咨询、项目介绍、创业指导、众筹融资服务等"一站式"创业服务，同时结合返乡青年创业者对云南红土地的热情与了解，以及云南省如花卉、旅游等独特的资源，创业者可借助互联网与物联网对本土化的特色产品或品牌予以创新，以提升当地特色产品的附加值，实现自己的创业梦想，推动当地产业的发展，促进云南省创新创业的发展以及产业的升级。

四　推进外引内联的资源整合对策

1. 会聚人才，实现众创空间全面发展

根据云南省众创空间产业转型升级的需要，培养、吸引一批熟悉国际国内市场、具有国际竞争力的省内外优秀企业家导师，既可以为这些创业团队投资，又可以将自身的产业链资源与这些团队对接，形成良性的创新创业与产业升级的机制；云南省各众创空间依据自身的发展需求与国内外知名高校、科研院所、企业共建科研机构，建立学习交流、合作机制，提高云南省众创空间专业人员的创新能力；云南省高技术众创空间积极深入实施高层次人才引进工程，重点引进两院院士与"长江学者"等科技领军人才和高科技创业团队；对于以就业为导向的众创空间继续实施"春城人才行动"、科技创新人才"双百千万"等工程，着力培养一支高水平的本土科技创新专业人才队伍、科技型企业家队伍、科技管理服务人才队伍；各众创空间须重视基层人才队伍建设，加快培养创新型、创业型、实用型人才，加快发展现代职业技术教育，采用合作办学、定向培养等多种形式，着力培养一批高层次技能应用型人才，有效整合"云南省-高校发展合作联盟""云南省-科研院所联盟"以及省外相关联盟等的资源，推进创新主体、创新要素跨界融合，促进"产学研用"协同创新，推动云南省创新创业的发展。

2. 扬长避短，创建地方特色品牌

随着众创空间数量的快速增多，如果只是建设没有区域特色或产业特色泛泛的众创空间，欠发达地区因其缺乏资源，必然只能做一个与发达地区同类型但低水平的翻版。因此，云南省政府必须引导众创空间根据自身优势进行差异化定位，与云南省各州（市）具体优势产业资源相配套，推动优势企业跨地区、跨行业、跨所有制整合经营，发展一批具有综合服务功能的大型企业集团或产业联盟。云南省众创空间只有走出一条独具特色的道路，才有可能达到甚至超过发达地区。因此，云南省的众创空间应与当地的旅游产业和高原特色农业相结合，瞄准国内以及东南亚市场，进行行业细分、产品市场细分，着力打造具有云南元素的特色优势，在特色发

展道路上追求基业长青；针对各州（市）的特色品牌的发展设立扶持基金，鼓励区域产业充分发挥互联网优势，与省内外优秀的物流平台、分销渠道、进货渠道合作，激发中小微企业创新活力，促进"专精特新"发展，充分发挥协会、商会在推动行业技术进步中的作用，以此来提升产品的质量，扩大企业的规模，使云南省特色品牌"走出去"，从而提升当地的就业率，促进当地的经济增长。

3. 发挥平台优势，鼓励模式创新

云南省政府须积极推广"孵化＋创投""创业苗圃＋孵化器＋加速器"，以及创业实训基地、创业者空间、创新工场等新型孵化模式，鼓励支持领军企业、创业投资机构、社会力量参与建设众创空间，同时引进外资和省内外民营资本参股创办孵化器，建设一批混合所有制孵化器，实现国有孵化器、民营孵化器等交叉持股、相互融合，激发孵化器发展活力，发挥平台型、枢纽型服务企业的引领作用，带动创新创业和小微企业发展，共建"平台＋模块"产业集群，推进众创空间的发展。联动省内外资源积极发展众创、众包、众扶、众筹等模式，扶持云南省新技术、新产业、新业态、新商业模式加快成长，可借鉴和推广海尔的 HOPE 模式、腾讯的创业支持平台等，鼓励和推动优秀大型企业集团参与众创空间建设。推动云南省传统孵化器与新型创业服务机构开展深层次合作，借助现有专业化公共服务平台，充分利用各类创新载体平台，建设基于网络社会的众创空间，整合行业资源。依据云南省科技转化型众创空间现有资源以及需求，通过学习、引入省内外成功经验，建设以科技人员为核心、以成果转移转化为主要内容的众创空间，积极探索众创空间机制模式创新，推动云南省众创空间发展。

4. 整合新兴技术，加快科技成果转化

云南省各州（市）以当地的基础研究、市场和资源为基础，与企业、高校、科研院所以及国外先进创业孵化机构开展对接合作，吸纳、整合和利用省外及国外新兴技术，着力打造一批科研实力和产业带动力强的科技创新团队，鼓励服务提供商和用户通过互动开发、联合开发、开源创新等方式，构建多方参与的技术创新网络，提升科技成果的转化效率。加快重点实验室、工程（技术）研究中心、技术创新中心、院士工作站等科技创新平台的建设以及完善面向众创空间以及创新创业企业的开放工作，实现整个行业的科技资源优化配置和高效利用。促进人工智能、生命科学、物联网、区块链等新技术研发及其在服务领域的转化应用，云南省各众创空间、创业园区加强与中关村、张江、东湖、深圳等国家自主创新示范区的联系与协作，注重与重庆、武汉、西安等中西部城市的互动联合，发挥昆明的带头、引领、辐射、示范作用，引领昆明经济区协同发展，带动全省创新创业资源有序流动和优化配置，建立多层次、开放型的技术交易市场和转化平台，提升众创空间发展的国际化水平，加速科技成果的转化，通过成果应用体现创新价值，通过成果转化创造财富。

第八章

结论与展望

第一节　结论

本书对西部外智引联型创新团队的协同创新进行探究。首先，通过梳理相关理论的研究状况获得关于外智引联型创新团队的相关理论成果；其次，通过对外智引联型创新团队协同创新的研究，获得了在策略上的相关结论；最后，在前文的基础上解析了外智引联型创新团队的组织学习、任务协调和过程风险监控三种机制，获得了丰富的理论结论和可应用于实践管理的操作结论。

在第二章中，通过梳理外智引联型创新团队国内外研究状况发现，目前国内外有关创新团队的研究侧重于从团队层面进行理论推演，探讨和分析高校创新团队的特性与绩效。为深入系统地剖析高校创新团队的国内外研究状况，并结合外智引联型创新团队的独特属性开展相关主题研究，本书从创新团队的基础理论、模型构建、团队管理3个维度进行了详细述评和动态分析。针对当前外智引联型创新团队相关研究数量较少、内容分散等特点，结合外智引联型创新团队的独特属性，对相关研究进行整理归纳，创建创新团队评价指标体系以及构建创新团队模型，并对团队管理相关内容进行解析，整合外智引联型创新团队相关知识，为后续研究提供借鉴。如何应对外部智力资源融合过程中团队协同管理的多层次问题，获得"1+1>2"的非线性协同创新叠加效果，已成为影响高校团队协同创新质效提升和国家人才战略有效实施的关键问题，得到了众多学者的关注。面对西部高校人才流失带来的一系列问题，以西部高校外智引联型创新团队协同创新的有效策略为出发点，运用 SWOT 分析法，系统分析了西部高校协同创新面临的问题，并参考了国外的相关经验，从三个层面提出了建议。其中，政府层面的建议包括完善政策法规、打破户籍限制、整合多方资源，高校层面的建议包括完善绩效考评体系、加强团队规划、培养特色重点学科，科研团队层面的建议包括加强沟通交流、培育组织文化和构建网络化的协同创新联盟等。

为解决西部高校外智引联型创新团队组织学习如何开展以提升整体组织学习效果的现实问题，科学整合、评价和分析外智引联型创新团队组织学习过程的质效，提供系统的针对外智引联型创新团队组织学习机制建立健全的对策与建议，本书系统构建了外智引联型创新团队的组织协同学习模型以及最优机制选择的评价方法，为此主要开展了以下三方面的研究。

首先，提炼了外智引联型创新团队的组织学习特征，辨识了外智引联型创新团队组织学习的影响要素。为更深入地了解外智引联型创新团队的组织学习过程，系统阐述了外智引联型创新团队组织学习的关键特征，包含层次性、动态性、知识特殊性三个方面。在此基础上，基于组织学习的四个层级，采用元分析方法定量总结了实证研究众多且研究结论存在分歧的外智引联型创新团队组织学习的影响因素，分别为个人经验、自我效能感、组织认同、知识共享、团队氛围、信任、组织文化、组织结构、创新网络、组织环境、包容度、团队结构、组织制度、知识模糊性。其次，构建了外智引联型创新团队的组织协同学习模型，并提出了应对该复杂系统结构的整合优化方法。基于前文对外智引联型创新团队组织学习特征及其影响因素的解析，构建了外智引联型创新团队组织跨层级学习的知识共享过程模型，接着构建了包含此模型的外智引联型创新团队的组织协同学习模型，并从组织协同学习层级、组织协同学习过程、组织协同学习反馈机制三个方面深刻剖析了外智引联型创新团队的组织协同学习机制。在此基础上，为科学全面整合、评价和分析外智引联型创新团队组织学习机制的运行质效，引入了能够反映组织协同学习系统复杂影响关联的网络分析方法。为保障第五章实证检验的有效开展，最后提炼了用于评价外智引联型创新团队组织协同学习系统的网络层要素。最后，选定案例研究对象演练相关评价方案与方法，检验了前文研究的可行性并给出了相应的对策建议。本书选取四个来自云南省院省校项目的外智引联型创新团队，依据第四章构建的评价方法，辨析了各案例团队组织学习子系统之间以及子系统内部要素的复杂影响关系，整合优化了各案例团队的组织学习机制。通过对案例团队进行的组织学习协同度的分析与评价，不仅基于实际团队组织学习情境检验了前文研究所构建的外智引联型创新团队组织学习机制评价方法的可行性，而且进一步结合案例团队所面临的组织学习问题，为外智引联型创新团队构建组织学习机制、提升团队组织学习协同度提供了科学系统的对策建议。

在对国内外有关创新团队研究动态进行系统归纳与分析的基础上，结合西部地区现实发展情境，考虑到在创新团队组建与实际合作过程中对任务视角研究内容的缺失，且有效协调创新团队的任务及各种冲突对成员能力提升与专业技能充分发挥、团队长期发展具有至关重要的作用，对外智引联型创新团队的任务协调机制构建进行研究具有重要意义。另外，我们认为任务协调机制的构建不能仅仅局限于任务冲突的解决，而需要从整体性视角审视任务协调产生的原因、过程及机理，由此才能提升任务协调的效果，形成长效的任务协调机制。为此，本书分别从任务分解、任务分配以及任务协调三个方面对外智引联型创新团队的任务管理问题进行研究，在识别各种冲突类型的基础上，将任务协调问题转化为多属性群决策问题，并给出了具体的任务协调方法。在综合前文研究结论的基础上，分别从程序化协调和非程序化协调两个维度构建外智引联型创新团队任务协调机制，并分别从政府层面、高校层面以及科研团队层面三个不同维度提出促进西部高校外智引联型创新团队形成"政产学研用"协同创新的良性合作局面的相关对策建议，以期提升外智引联型创新团队合作效率与合作效果，解决西部地区高校高端人才持续外流的现象，为相关政府部门和企事业单位制定合理的管理决策提供一定的借鉴。

针对外智引联型创新团队的创新过程风险的识别与监控问题，本书首先界定了外智引联型创新团队特征及其发展过程，明确了评价对象的基本属性，为外智引联型创新团队过程风险监控指标体系的构建奠定基础；其次，使用 G-ANP 方法对外智引联型创新团队全过程风险评价指标体系的风险因素进行评价，构建外智引联型创新团队过程风险预警模型，进而可以有针对性地构建外智引联型团队过程风险预警模型；最后，选取云南省某高校外智引联型创新团队为实际研究对象，验证评价方法的可行性，并给出对策与建议，实践表明该方法和模型对该外智引联型创新团队风险管理有积极的意义。

在对西部高校外智引联型创新团队的协同创新机制进行系统化的研究和梳理的基础上，本书将云南省众创空间作为进一步拓展的研究案例，分析了省外众创空间的外引内联发展趋势，并进一步分析了云南省众创空间外引内联创新团队的发展现状和特征，发现了其资源依赖性、环境引导性、平台开放性的特征；继而通过 DEMATEL 方法识别，发现政策法规、融资平台、创新文化、专业人才是影响外引内联有效性的关键因素；最后在宏观政策、微观治理、主体培育和资源整合四个层面给予相关对策建议。

第二节　展望

虽然现有研究描绘了静态、临界情境下团队知识传递问题的复杂关联，但仅通过知识传递视角和创新资源引进维度，显然不能完全反映外智引联型创新团队协同创新的整体深层次内涵，且不利于复杂情境下创新团队多层次协同问题的系统管理与整合评价。目前，协同创新研究涌现出丰富成果，为拓展外智引联型创新团队的研究视角和维度、系统解构和重建复杂合作情境下团队创新要素间的交互关联，提供了宝贵借鉴。实际上，外智引联型创新团队的协同机制构建，需在开放情境下梳理多阶段、多维度创新要素间的非线性复杂关系，通过定位和管理涉及协同效应变化方向及临界状态的关键要素或要素集，推动团队整体协同能力实现由微观到宏观、由无序到有序的动态演化，而这与协同管理的基本思想不谋而合。借助协同管理思想，不仅能够深化对外智引联型创新团队地域性、多主体性、灵活性、集成性情境特征的系统认知，而且能够通过引入序参量的界定原则及辨析策略，系统整合现有研究中的碎片化分析，重新定义西部高校创新团队的外智引联内涵，有效应对当前团队协同创新的复杂性、整体性和内生性难题。鉴于此，笔者认为引入协同管理的整体性和相关性分析框架研究西部高校外智引联型创新团队，既能够有效重塑其协同创新的多层次内涵，又能够有效梳理其协同创新的情境特征差异，还原其协同创新的微观网络结构，并且能够通过关键序参量定位及其内外交互机制建构，科学评价不同项目攻关阶段的协同创新效率，明确外智引联协同创新机制的优化要点，这是未来研究的重要方向。

一方面，本书从协同视角考虑，构建了外智引联型创新团队组织协同学习模型，为进一步深入对组织学习理论的研究奠定了基础，对外智引联型创新团队充分利用组织中各种资源，提升组织绩效和健康发展水平具有重要指导意义和参考价值，但是本书在研究方法、研究理论、研究思路等方面仍然存在一些不足，而这也是后续研究将要开展的重点问题。其一，外智引联型创新团队组织学习的复杂情境使得本研究难以涉及所有的研究细节，由于在相异管理情境下，不同的研究视角会对相关的概念和内涵产生理解偏差，所以本书第二章对于外智引联型创新团队组织学习内涵以及组织跨层级学习内涵的界定，仅给出了该章节研究视角、研究情境分析框架下的内涵阐释，外智引联型创新团队组织学习的概念还有待完善。其二，外智引联型创新团队组织学习机制的评价方面，由于受有限理性、决策情境的不确定性以及组织学习具有复杂系统属性三方面的影响，决策者在对外智引联型创新团队组织协同学习系统影响因素间的复杂关系和影响强度进行决策时难以做出准确、合理和客观的评价。

另一方面，本书主要从任务分解、任务分配以及任务协调三个维度对外智引联型创新团队的任务管理进行了系统化剖析，相关研究内容对深化认识外智引联型创新团队系统复杂属性具有重要的参考作用，但是尚未能对外智引联型创新团队协调机制的其他方面进行全面、深入的系统化研究。本书对任务分解的过程只是在综合考虑任务自身属性的基础上提出的任务分解方法，而在任务进行分解的过程中，领导风格、组织文化、主体意愿以及内外部环境的变化等都会对任务的分解造成不同程度的影响，未来拟加强对任务外因素与任务分解影响的关系研究。另外，本书对任务分解多是根据不同的行业、在不同历史时期的经验而设立不同的任务粒度、任务耦合度以及任务均衡度的阈值，对同一行业不同水平或不同行业相关阈值的设定需要根据实际情况进行动态调整，本书只是给出了一种任务分解的思路或方法，对相关任务分解阈值的设定具有一定的主观性，未来拟借鉴证据理论的相关方法，将主观判断转化为更为客观的概率函数，以提升相关研究结论的普适性。另外，本书在对任务分解耦合度的判定中，主观地认为耦合度低更加有利于任务的执行，但任务耦合度高才需要更多的协调与合作，更加有合作的必要。耦合度到底是高还是低才能更加有利于任务的执行与团队合作，这是一个稍显矛盾的问题，需要未来进一步加深思考并探索研究。

参考文献

中文参考文献

吕炎杰、赵罡、于勇：《基于模糊集理论和知识相似度的复杂产品设计任务分配方法》，《计算机集成制造系统》2015年第4期。

白俊红、卞元超：《政府支持是否促进了产学研协同创新》，《统计研究》2015年第11期。

包北方、杨育、李斐、薛承梦：《产品定制协同开发任务分解模型》，《计算机集成制造系统》2014年第7期。

包北方、杨育、李雷霆、李斐、刘爱军、刘娜：《产品定制协同开发任务分配多目标优化》，《计算机集成制造系统》2014年第4期。

卜琳华、蔡德章：《高校科技创新团队创新能力影响因素分析》，《哈尔滨工业大学学报》（社会科学版）2008年第2期。

曹青林：《协同创新与高水平大学建设》，博士学位论文，华中师范大学，2014。

曹仰锋：《高层管理团队领导行为对团队绩效的影响机制：案例研究》，《管理学报》2011年第4期。

常运琼、张炜、曹永峰：《基于生命周期理论的地方高校科研团队管理研究》，《科技管理研究》2010年第7期。

陈刚、谢科范、郭伟：《创业团队风险决策中的决策权分布》，《统计与决策》2011年第5期。

陈刚、谢科范、郭伟：《创业团队结构对决策行为和决策质量的影响》，《软科学》2010 年第 11 期。

陈国权、刘薇：《企业组织内部学习、外部学习及其协同作用对组织绩效的影响——内部结构和外部环境的调节作用研究》，《中国管理科学》2017 年第 5 期。

陈国权、王晓辉：《组织学习与组织绩效：环境动态性的调节作用》，《研究与发展管理》2012 年第 1 期。

陈国权：《面向时空发展的组织学习理论》，《管理学报》2017 年第 7 期。

陈国权：《组织学习和学习型组织：概念、能力模型、测量及对绩效的影响》，《管理评论》2009 年第 1 期。

陈劲、阳银娟：《协同创新的理论基础与内涵》，《科学学研究》2012 年第 2 期。

陈敏生、林新宏：《高等医学院校协同创新策略探析》，《高教探索》2013 年第 1 期。

陈晓红、赵可：《团队冲突、冲突管理与绩效关系的实证研究》，《南开管理评论》2010 年第 5 期。

陈玉和、白俊红、尚芳、张玉娟：《技术创新风险分析的三维模型》，《中国软科学》2007 年第 5 期。

陈志：《跨组织团队创新的影响因素及其作用机理研究》，博士学位论文，中国科学技术大学，2015。

董升平、胡斌、张金隆：《基于成员-任务互动的团队有效性多智能体模拟》，《中国管理科学》2008 年第 5 期。

杜健：《应急管理中的多主体协调决策研究》，硕士学位论文，大连理工大学，2010。

杜玉申、张金玉、张美美：《权力结构、任务依赖与供应链协调机制》，《工业技术经济》2012 年第 8 期。

杜元伟、段万春、傅红：《重大科技项目合作界面系统优化概念模型研究》，《科技进步与对策》2012 年第 13 期。

杜元伟、段熠、段万春：《知识网络国内外研究述评与发展动态分析》，《情报杂志》2013 年第 3 期。

段光：《基于团队过程的知识共享行为结构研究——前因及有效性》，《现代情报》2015 年第 3 期。

段万春、曹勤伟、杜凤娇：《外智引联型创新团队研究述评与发展动态分析》，《科技进步与对策》2016 年第 10 期。

段万春、刘泽鑫：《高校科技创新团队合作模式的选择方法》，《中国商贸》2013 年第 21 期。

段万春、孙新乐、许成磊、王玉华、王鼎：《层式创新团队结构效率评价内涵与方法研究》，《科技进步与对策》2016 年第 19 期。

段万春、王鼎、许成磊：《西部高校外智引联型创新团队风险监控机制研究》，《昆明理工大学学报》（社会科学版）2018 年第 1 期。

范冬清：《风险规制、过程管控及价值衡量——大学高层次人才引进风险的管理模型解析》，《高教探索》2015 年第 3 期。

冯海燕：《高校科研团队创新能力绩效考核管理研究》，《科研管理》2015 年第 1 期。

高斐、邱雪松、高志鹏、孟洛明：《基于多代理协作的 IT 复杂应用管理任务分解算法》，《软件学报》2011 年第 9 期。

高霞：《我国产学研协同创新的研究脉络与现状评述》，《科学管理研究》2014 年第 5 期。

葛晓永、吴青熹、赵曙明：《基于科技型企业的学习导向、团队信任与企业创新绩效关系的研究》，《管理学报》2016 年第 7 期。

顾文斌、唐敦兵、郑堃：《基于内分泌调节原理的制造任务与资源动态协调机制研究》，《中国机械工程》2015 年第 11 期。

郭韧、李朝明：《企业协同知识创新的风险识别与评价》，《运筹与管理》2011 年第 3 期。

郝敬习、陈海民：《试析我国高校科技创新团队激励政策》，《云南大学学报》（社会科学版）·2013 年第 5 期。

何郁冰：《产学研协同创新的理论模式》，《科学学研究》2012 年第 2 期。

侯亮、陈峰、温志嘉：《跨企业产品协同开发中的设计任务分解与分配》，《浙江大学学报》（工学版）2007 年第 12 期。

黄福广、贾西猛、田莉：《风险投资机构高管团队知识背景与高科技投资偏好》，《管理科学》2016 年第 5 期。

黄磊：《基于 GPGP 机制的物联网任务协调机制研究》，硕士学位论文，辽宁大学，2012。

井辉、席酉民：《组织协调理论研究回顾与展望》，《管理评论》2006 年第 2 期。

景熠、王旭、李文川：《供应商参与产品协同开发的任务分配优化》，《中国机械工程》2011 年第 21 期。

琚春华、陈庭贵：《基于能力评价与利益驱动的扩展蚁群劳动分工模型及在动态任务分配中的应用》，《系统工程理论与实践》2014 年第 1 期。

孔春梅、王文晶：《科技创新团队的绩效评估体系构建》，《科研管理》2016 年第 S1 期。

李柏洲、徐广玉、苏屹：《团队知识转移风险对知识转移绩效的作用路径研究——知识网络的中介作用和团队共享心智模式的调节作用》，《科研管理》2014 年第 2 期。

李菲菲、赵捧未：《知识型企业的知识共享参考模型》，《情报理论与实践》2007 年第 3 期。

李纲：《基于人才引进和流失的组织内隐性知识传播模型》，《情报杂志》2011 年第 7 期。

李高扬、刘明广：《产学研协同创新的演化博弈模型及策略分析》，《科技管理研究》2014 年第 3 期。

李计文：《有效开展风险识别和控制探讨》，《中国安全生产科学技术》2010 年第 S1 期。

李靖华、常晓然：《基于元分析的知识转移影响因素研究》，《科学学研究》2013 年第 3 期。

李静：《福建省产学研协同创新研究》，硕士学位论文，福建师范大学，2015。

李丽艳、杨文彩、王瑞杰、陈立畅：《异质性知识团队协同效能评价研究》，《科技进步与对策》2011 年第 17 期。

李林、贾佳仪、杨葵：《基于合作博弈的协同创新项目的风险分担》，

《社会科学家》2015 年第 3 期。

李尚群：《创新团队论——大学科研主体问题的当代阐释》，博士学位论文，华中科技大学，2008。

李晓静、王冰、谢佳颖：《DEA-CCR 模型在高校科研经费使用效率评价中的应用研究》，《教育科学》2015 年第 2 期。

李晓宇、张明玉、张凯：《工程项目风险评价体系研究》，《科技进步与对策》2005 年第 6 期。

李雪婷、顾新：《产学研协同创新的文化冲突研究》，《科学管理研究》2013 年第 1 期。

李永周、王月、阳静宁：《自我效能感、工作投入对高新技术企业研发人员工作绩效的影响研究》，《科学学与科学技术管理》2015 年第 2 期。

梁学栋、刘柱胜、杨育、包北方：《基于依赖关系的带权协同任务排序》，《系统工程》2011 年第 3 期。

林枫、徐金发、潘奇：《企业创业导向与组织绩效关系的元分析》，《科研管理》2011 年第 8 期。

林仁、周国华：《任务分解控制及人员柔性的车间集成调度》，《计算机工程与应用》2015 年第 4 期。

林向义、罗洪云、杨金保、李丽萍：《高校虚拟科研团队知识共享能力评价研究》，《情报科学》2014 年第 11 期。

刘丹、闫长乐：《协同创新网络结构与机理研究》，《管理世界》2013 年第 12 期。

刘海洋、袁鹏、苏振东：《精英治理、人才引进与高校教师资源配置》，《南开经济研究》2010 年第 6 期。

刘慧、陈士俊：《面向群体潜能的高校科研团队创新能力评价》，《天津师范大学学报》（社会科学版）2015 年第 2 期。

刘慧、张亮：《高校创新团队的领导力对工作满意度的影响：团队创新氛围的中介作用》，《科技管理研究》2013 年第 24 期。

刘谋权：《科研团队内部协调机制及其实施效果的跨案例比较研究》，硕士学位论文，电子科技大学，2011。

刘天湖、邹湘军、陈新、陈新度：《面向团队结构的耦合任务群分解算法与仿真》,《系统仿真学报》2008 年第 17 期。

刘晓冰、冉爱晶、宋砚秋:《公平感知和团队异质性对跨文化团队成员产出影响的探索性研究》,《管理案例研究与评论》2017 年第 2 期。

刘艳玲:《项目风险预警系统的构建》,《建筑管理现代化》2003 年第 4 期。

柳洲、陈士俊:《我国科技创新团队建设的问题与对策》,《科学管理研究》2006 年第 2 期。

陆萍、卜琳华:《高校创新团队协同力评价指标体系的构建》,《哈尔滨工业大学学报》(社会科学版)2010 年第 2 期。

马昆姝、胡培:《基于风险感知的创业决策研究》,《软科学》2008 年第 9 期。

马硕:《团队冲突对团队绩效的作用机制——基于学习理论的实证研究》,博士学位论文,南京大学,2011。

马粤娴、严鸣、黄国华:《团队群体性组织偏差行为的产生机制》,《管理科学》2016 年第 3 期。

宁方华、陈子辰、熊励、张云:《协同物流网络的任务协调决策模型及其求解算法》,《控制与决策》2007 年第 1 期。

潘培培、贺永正、卢珂:《基于层级转化视角的个人学习、团队学习和组织学习关系研究》,《中国管理科学》2014 年第 S1 期。

庞辉、方宗德、郭辉、赵勇:《面向协同设计的任务调度问题研究》,《系统工程与电子技术》2008 年第 10 期。

庞辉、方宗德:《网络化协作任务分解策略与粒度设计》,《计算机集成制造系统》2008 年第 3 期。

祁红梅、王森、樊琦:《知识产权风险与创新联盟形成绩效:快速信任的调节作用》,《科研管理》2015 年第 1 期。

丘建发:《研究型大学的协同创新空间设计策略研究》,博士学位论文,华南理工大学,2014。

任东锋、方宗德:《并行设计中任务调度问题的研究》,《计算机集成制造系统》2005 年第 1 期。

史容、傅利平、殷红春:《创业效能感对创业意向的多重效应——不同创业动机中介作用的比较》，《天津大学学报》（社会科学版）2016 年第 3 期。

孙薇、马钦海、于洋：《知识视角下人才引进的多目标模型及分析》，《东北大学学报》（自然科学版）2012 年第 8 期。

田晓明、蒋丽、蒋勤峰：《创业策略对组织绩效的影响：中介作用的分析》，《科研管理》2013 年第 8 期。

汪洁：《团队任务冲突对团队任务绩效的影响机理研究——从团队交互记忆与任务反思中介作用视角的分析》，博士学位论文，浙江大学，2009。

汪业凤：《突发事件应急决策过程中群体冲突协调机制研究》，硕士学位论文，中南大学，2012。

王飞绒、方艳军：《基于组织学习的组织文化与技术创新绩效关系的实证研究》，《研究与发展管理》2013 年第 1 期。

王锦芳、孙海法：《不同所有制企业高管团队角色对行为整合及绩效影响的实证研究》，《科技进步与对策》2015 年第 7 期。

王进、王珏：《领导管理能力提升：基于创新导向学习与组织认同的互释效果研究》，《软科学》2012 年第 9 期。

王君华、李霞、易成刚：《创新型科研团队知识合作博弈模型构建与仿真》，《四川大学学报》（哲学社会科学版）2015 年第 3 期。

王可心、邵之江、钱积新：《网格环境下复杂过程系统优化计算服务及任务调度策略》，《系统工程理论与实践》2007 年第 11 期。

王丽平、狄凡莉：《创新开放度、组织学习、制度环境与新创企业绩效》，《科研管理》2017 年第 7 期。

王庆、黄慧霞、刘敏：《基于一种改进蚁群算法的知识员工任务指派及调度研究》，《管理评论》2013 年第 10 期。

王思卉：《高校科研团队合作程度影响因素研究》，硕士学位论文，华南理工大学，2014。

王婷婷：《农产品冷藏链任务分配协调研究》，硕士学位论文，哈尔滨商业大学，2014。

王兴元、姬志恒：《跨学科创新团队知识异质性与绩效关系研究》，

《科研管理》2013 年第 3 期。

王章豹、韩依洲、洪天求：《产学研协同创新组织模式及其优劣势分析》，《科技进步与对策》2015 年第 2 期。

王重鸣、邓靖松：《团队中信任形成的映象决策机制》，《心理学报》2007 年第 2 期。

王重鸣、胡洪浩：《创新团队中宽容氛围与失败学习的实证研究》，《科技进步与对策》2015 年第 1 期。

魏奇锋、顾新：《产学研知识联盟的知识共享研究》，《科学管理研究》2011 年第 3 期。

吴国斌、党苗、吴建华、李海燕：《任务复杂性下目标差异对沟通行为和应急合作关系的影响研究》，《中国软科学》2015 年第 5 期。

项杨雪、柳宏志：《基于产学研战略联盟的高校创新团队建构模式及运行机制》，《高等工程教育研究》2011 年第 3 期。

肖利民：《国际工程承包风险预警系统的实证研究》，《管理科学》2006 年第 5 期。

肖鹏、余少文：《企业间协同创新惰性及解决对策》，《科技进步与对策》2013 年第 10 期。

谢晖：《基于界面管理的创新团队复杂系统运行机制研究》，博士学位论文，昆明理工大学，2015。

谢科范、陈刚：《创业团队利益与风险配置》，《系统工程》2010 年第 3 期。

谢耀霆：《面向协同创新的高校科研团队组织模式与激励机制探析》，《高等工程教育研究》2015 年第 1 期。

邢青松、杨育、刘爱军、于国栋：《考虑突发事故的产品协同设计任务协调效率》，《系统工程理论与实践》2014 年第 4 期。

徐安、赵思宏、寇英信、孙亮：《协同空战中基于任务分解的任务协调机制研究》，《电光与控制》2010 年第 2 期。

徐茜、岳雷、姜道奎：《高科技企业人才流失预警机制研究》，《科技管理研究》2015 年第 15 期。

徐选华、陈晓红、王红伟：《一种面向效用值偏好信息的大群体决策方法》，《控制与决策》2009 年第 3 期。

许成磊、段万春、孙永河、杜元伟：《创新团队和谐管理机制的主题辨析优化》，《管理学报》2014 年第 3 期。

许成磊、段万春、谢晖、孙新乐：《基于界面管理的创新团队和谐管理实现机制研究》，《科技进步与对策》2013 年第 17 期。

许成磊、段万春：《有层次类型创新团队的关键客体界面识别》，《研究与发展管理》2015 年第 2 期。

许成磊、王鼎、段万春：《创业团队簇协同复杂性及关键界面识别》，《科技进步与对策》2017 年第 5 期。

许天戟、王用琪：《国际建设项目的风险分析》，《西安交通大学学报》（社会科学版）2001 年第 3 期。

许学国：《组织协同学习机理及实证研究》，《系统管理学报》2010 年第 3 期。

许治、陈丽玉、王思卉：《高校科研团队合作程度影响因素研究》，《科研管理》2015 年第 5 期。

薛玉香：《高校科研团队协同创新研究》，《教育发展研究》2014 年第 7 期。

燕京晶、徐飞：《高校创新性科研团队行为模式的宏观特征分析——以"全国优秀博士学位论文"为例》，《自然辩证法研究》2010 年第 6 期。

杨斌、王学东：《基于社会网络嵌入性视角的虚拟团队中知识共享过程研究》，《情报科学》2009 年第 12 期。

杨河清、陈怡安：《海外高层次人才引进政策实施效果评价——以中央"千人计划"为例》，《科技进步与对策》2013 年第 16 期。

杨建君、徐国军：《战略共识、知识共享与组织学习的实证研究》，《科学学与科学技术管理》2016 年第 1 期。

杨皎平、侯楠、邓雪：《基于团队认同对学习空间调节作用的成员异质性对团队创新绩效的影响研究》，《管理学报》2014 年第 7 期。

杨林：《产学研一体化视角下财经类高校创新性科研团队建设研究》，《辽宁工业大学学报》（社会科学版）2012 年第 6 期。

杨林平、许健：《智力资本理论观念下的科研团队核心竞争力研究》，

《管理评论》2014 年第 6 期。

杨首昂：《基于 P2P 结构的协同设计系统的研究》，硕士学位论文，哈尔滨理工大学，2009。

杨育、李云云、李斐、邢青松、包北方：《产品协同创新设计任务分解及资源分配》，《重庆大学学报》2014 年第 1 期。

姚伟达：《任务型组织中的领导协调原则》，《领导科学》2010 年第 17 期。

姚秀群、赵硕：《基于科学人才观的高校人才培养研究》，《西北大学学报》（哲学社会科学版）2007 年第 6 期。

叶伟巍、梅亮、李文、王翠霞、张国平：《协同创新的动态机制与激励政策——基于复杂系统理论视角》，《管理世界》2014 年第 6 期。

易明、占旺国、王学东：《社会网络视角下基于生命周期的虚拟团队知识分布研究》，《情报科学》2010 年第 4 期。

易树平、谭明智、郭宗林、温沛涵、周佳：《云制造服务平台中的制造任务分解模式优化》，《计算机集成制造系统》2015 年第 8 期。

于海波、方俐洛、凌文辁：《组织学习整合理论模型》，《心理科学进展》2004 年第 2 期。

於流芳、尹继东、许水平：《供给侧改革驱动下创新主体异质性与创新联盟关系风险》，《科技进步与对策》2017 年第 5 期。

翟彦彦、董方超：《创新团队的生命周期与激励》，《企业管理》2014 年第 2 期。

张海燕、陈士俊、王怡然、柳州、王梅：《基于生命周期理论的高校科研团队影响因素探析》，《科技管理研究》2006 年第 12 期。

张红兵、和金生：《仿生学视角下技术联盟组织间知识转移机理研究》，《中国科技论坛》2014 年第 1 期。

张宏国、徐晓飞、战德臣：《基于工作分解结构的跨企业项目多级网络计划》，《计算机集成制造系统》2007 年第 3 期。

张力：《产学研协同创新的战略意义和政策走向》，《教育研究》2011 年第 7 期。

张绍丽、于金龙：《产学研协同创新的文化协同过程及策略研究》，

《科学学研究》2016年第4期。

张爽、林婷婷、刘宁、潘琰：《江苏大学生创业意向、团队价值观对团队绩效的影响研究》，《科技与经济》2015年第1期。

张婉君、刘伟、张子健：《供应商参与协同产品开发中的任务指派问题研究》，《计算机集成制造系统》2009年第6期。

张协奎、林冠群、陈伟清：《促进区域协同创新的模式与策略思考——以广西北部湾经济区为例》，《管理世界》2015年第10期。

张子源、赵曙明、周路路、秦伟平：《内隐协调对团队创造力的影响研究——任务特征的调节作用》，《科学学与科学技术管理》2014年第1期。

赵丽梅、张庆普：《高校科研创新团队成员知识创新的激励机制研究》，《科学学与科学技术管理》2013年第3期。

郑大勇、李纪珍、赵楠：《研发项目的集成风险管理——模型及讨论》，《研究与发展管理》2006年第6期。

周家贵、井润田、孟太生：《变革型领导行为对科研团队绩效的影响过程研究》，《管理工程学报》2012年第4期。

庄越、潘鹏：《团队嵌入关系治理的调节效应：合作创新实证》，《科研管理》2016年第4期。

英文参考文献

Argote, L., E. Mironspektor, "Organizational Learning: From Experience to Knowledge," *Organization Science* 22 (2011): 1123-1137.

Argyris, C., D. A. Schön, *Organizational Learning: A Theory of Action Perspective* (Boston: Addison Wesley, 1978), pp. 542-548.

Armbruster-Domeyer, H. et al., "Managing Stakeholders in Team-Based Innovation," *European Journal of Innovation Management* 16 (2013): 22-49.

Arrow, H. L., J. E. Mcgrath, and J. L. Berdahl, "Groups as Complex System," *California* Sage (2000).

Ashforth, B. E., K. M. Rogers, and K. G. Corley, "Identity in

Organizations: Exploring Cross-Level Dynamics," *Organization Science* 22 (2016): 1144–1156.

Baalen, P. V., J. Bloemhof-Ruwaard, and E. V. Heck, "Knowledge Sharing in an Emerging Network of Practice: The Role of a Knowledge Portal," *European Management Journal* 23 (2005): 300–314.

Bahadori, Z. M., Mirjalili AliReza, and Mirabi Mohammad, "International Research," *Journal of Management Sciences* 3 (2016): 156–167.

Bido, D. D. S. et al., "Examining the Relationship between Individual, Group and Organizational Learning in a Financial Institution," *Read Revista Eletrônica de Administração* 17 (2011): 58–85.

Bierwerth, M. et al., "Corporate Entrepreneurship and Performance: A Meta-Analysis," *Small Business Economics* 45 (2) (2015): 255–278.

Blasco, M. G., P. J. Blasco, "Determinants of Perceived Risk and Initial Trust on a Team Leader. Impact of Working Environment and Leader Traits," *Contabilidad y Negocios Revista del Department to Académico de Ciencias Administrativas* 8 (16) (2014): 79–86.

Bologa, R., A. R. Lupu, "Organizational Learning Networks That Can Increase the Productivity of IT Consulting Companies. A Case Study for ERP Consultants," *Expert Systems with Applications* 1 (2014): 126–136.

Bruffee, K. A., "Collaborative Learning and the Conversation of Mankind," *College English* 46 (2010): 635–652.

Cassidy, K., "Tuckman Revisited: Proposing a New Model of Group Development for Practitioners," *Journal of Experiential Education* 3 (2007): 413–417.

Chen, G., Q. Zhou, and W. Liu, "Organizational Learning from Experience: Current Status in Multilevel Perspective, Integration Model and Future Direction," *Nankai Business Review International* 2 (2017): 122–157.

Chen, J. V., I. H. Lu, and D. C. Yen, "Factors Affecting the Performance of Internal Control Task Team in High-Tech Firms," *Information Systems Frontiers* 4 (2017): 1–16.

Chen, S. J., L. Li, "Decomposition of Interdependent Task Group for Concurrent Engineering," *Computer & Industrial Engineering* 3（2003）: 435-459.

Chen, Y. L., T. C. Yang, and Z. S. Lin, "A Study on the Modeling of Knowledge Value Chain," *Knowledge Management* 6（2004）: 1-12.

Choi, B. K., H. K. Moon, and E. Y. Nae, "Cognition and Affect—Based Trust and Feedback-Seeking Behavior: The Roles of Value, Cost, and Goal Orientations," *The Journal of Psychology* 5（2014）: 603-620.

Cook, S. D. N., D. Yanow, "Culture and Organizational Learning," *Journal of Management Inquiry* 4（2011）: 373-390.

Cross, R., J. N. Cummings, "Tie and Network Correlates of Individual Performance in Knowledge Intensive Work," *Academy of Management Journal* 6（2004）: 928-937.

Dahlin, K. B., L. R. Weingart, and P. J. Hinds, "Team Diversity and Information Use," *Academy of Management Journal* 6（2005）: 1107-1123.

Das, T. K., B. S. Teng, "Risk Types and Inter-Firm Alliance Structures," *Journal of Management Studies* 6（2010）: 827-843.

De La Vega, W. F., M. Lamari, "The Task Allocation Problem with Constant Communication," *Discrete Applied Mathematics* 1（2003）: 169-177.

Desivilya, H. S., A. Somech, and H. Lidgoster, "Innovation and Conflict Management in Work Teams: The Effects of Team Identification and Task and Relationship Conflict," *Negotiation and Conflict Management Research* 1（2010）: 28-48.

Duin, H., J. Jaskov, and A. Hesmer, "Towards a Framework for Collaborative Innovation," *International Federation for Information Processing* 277（2012）: 193-204.

Engeström, Y., H. Kerosuo, "From Workplace Learning to Inter-Organizational Learning and Back: The Contribution of Activity," *Journal of Workplace Learning* 6（2007）: 336-342.

Erickson, P. A., "Personnel Training," *Emergency Response Planing* 5

（1995）: 208-238.

Esmaeili, M., N. S. Gamchi, and E. Asgharizadeh, "Three-Level Warranty Service Contract among Manufacturer, Agent and Customer: A Game-Theoretical Approach," *European Journal of Operational Research* 1 (2014): 177-186.

Faust, V., B. D. Christens, and S. M. A. Sparks, "Exploring Relationships among Organizational Capacity, Collaboration, and Network Change," *Psychosocial Intervention* 3 (2015): 125-131.

García-Morales, V. J., A. J. Verdú-Jover, and F. J. Lloréns, "The Influence of CEO Perceptions on the Level of Organizational Learning," *International Journal of Manpower* 6 (2013): 567-590.

Gebert, D., S. Boemer, and E. Kearney, "Fostering Innovation: Why Is It Important to Combine Opposing Action Strategies," *Organization Science* 3 (2010): 593-608.

Gerasoulis, T., T. Yang, "On the Granularity and Clustering of Directed Acyclic Task Graphs," *IEEE Transactions on Parallel and Distributed Systems* 6 (1993): 686-701.

Gonzalvez, M. A. A., O. A. C. Toledo, and A. R. I. Rodriguez, "The Management and Construction of Knowledge an Innovation Strategy for Collaborative Learning through the Use and Creation of Learning Communities and Networks," *International Journal of Knowledge Management* 4 (2014): 38-49.

Gupta, A. K., K. G. Smith, and C. E. Shalley, "The Interplay between Exploration and Exploitation," *Academy of Management Journal* 4 (2006): 693-706.

Hayton, J. C., S. Sehili, and V. Scarpello, "Why Do Firms Join Consortia Research Centers? An Empirical Examination of Firm, Industry and Environmental Antecedents," *Journal of Technology Transfer* 5 (2010): 494-510.

Herb, S., E. Hartmann, "Opportunism Risk in Service Triads—A Social Capital Perspective," *International Journal of Physical Distribution & Logistics Management* 3 (2014): 242-256.

Huang, C. H., "Shared Leadership and Team Learning: Roles of Knowledge Sharing and Team Characteristics," *Journal of International Management Studies* 1 (2013): 124-133.

Huang, Z., Y. Zhuang, and C. Kong, "Study on the Affecting Mechanism between Relational Risk Perception and Cooperation Innovation Project Performance," *iBusiness* 3 (2013): 74-79.

Hunter, J. E., F. L. Schmidt, "Methods of Meta-Analysis: Correcting Error and Bias in Research Findings," *Evaluation & Program Planning* 3 (2006): 236-237.

Inkpen, A. C., "Learning through Joint Ventures: A Frame-Work of Knowledge Acquisition," *Journal of Management Studies* 7 (2000): 1019-1044.

Jadesadalug, V., P. Ussahawanitchakit, "The Impacts of Organizational Synergy and Autonomy on New Product Performance: Moderating Effects of Corporate Mindset and Innovation," *Journal of the American Ceramic Society* 2 (2008): 679-682.

Jain, A. K., A. Moreno, "Organizational Learning, Knowledge Management Practices and Firm's Performance," *Learning Organization* 1 (2015): 14-39.

Jerez-Gómez, P., J. Céspedes-Lorente, and R. Valle-Cabrera, "Organizational Learning Capability: A Proposal of Measurement," *Journal of Business Research* 6 (2005): 715-725.

Klas, O., "Some Principles for Libraries of Task Decompose Methods," *International Journal of Human-Computer Studies* 4 (1998): 417-435.

Konstantinou, E., R. Fincham, "Not Sharing but Trading: Applying a Maussian Exchange Framework to Knowledge Management," *Human Relations* 6 (2011): 823-842.

Lane, P. J., J. E. Salk, and M. A. Lyles, "Absorptive Capacity, Learning, and Performance in International Joint Ventures," *Strategic Management Journal* 12 (2010): 1139-1161.

Leo, F. M., I. González-Ponce, and P. A. Sánchez-Miguel, "Role Ambiguity, Role Conflict, Team Conflict, Cohesion and Collective Efficacy in

Sport Teams: A Multilevel Analysis," *Psychology of Sport & Exercise* 20 (2015): 60-66.

LePine, J. A., J. R. Hollenbeck, and D. R. Ilgen, "Gender Structure, Situational Strength and Team Decision-Making Accuracy: A Criterion Decomposition Approach," *Organization Behavior and Human Decision Processes* 1 (2002): 445-475.

Li, X., "Study on the Synergy of Information Technology Innovation and Marketing Innovation for Commercial Banks," *International Journal of Business and Management* 6 (2009): 13-16.

Liao, L. F., "Knowledge-Sharing in R&D Departments: A Social Power and Social Exchange Theory Perspective," *The International Journal of Human Resource Management* 10 (2008): 1881-1895.

Liao, S. H., C. C. Wu, "System Perspective of Knowledge Management, Organizational Learning, and Organizational Innovation," *Expert Systems with Applications* 2 (2010): 1096-1103.

Lin, W. B., "The Effect of Knowledge Sharing Model," *Expert Systems with Applications* 2 (2008): 1508-1521.

Lloria, M. B., M. D. Moreno-Luzon, "Organizational Learning: Proposal of an Integrative Scale and Research Instrument," *Journal of Business Research* 5 (2014): 692-697.

Mahesh, M., S. K. Ong and A. Y. C. Nee, "Communication and Coordination in Multi-Agent Manufacturing Systems," *International Journal of Manufacturing Research* 1 (2006): 59-82.

Mavondo, F. T., J. Chimhanzi, and J. Stewart, "Learning Orientation and Market Orientation," *European Journal of Marketing* 11 (2013): 1235-1263.

Mckenzie, B. R. D., "Exploration and Exploitation in Organizational Learning," *Organization Science* 1 (2014): 69-81.

Mitchell, R., B. Boyle, "Professional Diversity, Identity Salience and Team Innovation: The Moderating Role of Open Mindedness Norms," *Journal of Organizational Behavior* 6 (2015): 873-894.

Mohammed, A. H., A. B. T. Che, "Mapping the Relationship among Quality Management Practices, Organizational Learning, Organizational Culture, and Organizational Performance in Higher Education: A Proposed Framework," *American Journal of Industrial & Business Management* 4 (2016): 401-410.

Nerkar, A., S. Paruchuri, "Evolution of R&D Capabilities: The Role of Knowledge Networks within a Firm," *Management Science* 5 (2005): 771-785.

Neumann, C., *Successful People Strategies for Innovation in Global Delivery and Virtual Teams. Globalization of Professional Services* (Springer Berlin Heidelberg, 2012), pp. 169-179.

Ni, X. D., J. H. Yu, and X. A. Li, "Effects of Speciality Heterogeneity, Education Heterogeneity and Work Experience Heterogeneity on Team Performance," *Applied Mechanics & Materials* (2013): 411-414, 2451-2457.

Nissen, H. A., M. R. Evald, and A. H. Clarke, "Knowledge Sharing in Heterogeneous Teams through Collaboration and Cooperation: Exemplified through Public-Private-Innovation Partnerships," *Industrial Marketing Management* 3 (2014): 473-482.

Ohlsson, J., "Team Learning: Collective Reflection Processes in Teacher Teams," *Journal of Workplace Learning* 5 (2013): 296-309.

Otter, A. D., S. Emmitt, "Exploring Effectiveness of Team Communication," *Engineering Construction & Architectural Management* 5 (2013): 408-419.

Pan, W., L. Y. Sun, and I. H. S. Chow, "The Impact of Supervisory Mentoring on Personal Learning and Career Outcomes: The Dual Moderating Effect of Self-Efficacy," *Journal of Vocational Behavior* 2 (2011): 264-273.

Paulus, P. B., "Groups, Teams and Creative: The Creative Potential of Idea-Generating Groups," *Applied Psychology: An International Review* 49 (2002): 237-262.

Peter, S., V. T. Manuela, "Decomposition, Dynamic Role Assignment, and Low-Bandwidth Communication for Real-Time Strategic Teamwork," *Artificial Intelligence* 2 (1999): 241-273.

Putz, D., J. Schilling, and A. Kluge, "Measuring Organizational Learning from Errors: Development and Validation of an Integrated Model and Questionnaire," *Management Learning* 5 (2013): 511-536.

Rey-Rocha, J. et al., "Research Productivity of Scientists in Consolidated vs. Non-Consolidated Teams: The Case of Spanish University Geologists," *Scientometrics* 1 (2002): 137-156.

Rhodes, J., P. Lok, and Y. Y. Hung, "An Integrative Model of Organizational Learning and Social Capital on Effective Knowledge Transfer and Perceived Organizational Performance," *Journal of Workplace Learning* 4 (2008): 245-258.

Robert, L. P., A. R. Dennis, and Y. C. Hung, "Individual Swift Trust and Knowledge-Based Trust in Face-to-Face and Virtual Team Members," *Journal of Management Information Systems* 2 (2009): 241-279.

Roserc, Ulij, and Kumarn, "A Review on the Effects of Inter-Firm Technology Transfer Characteristics and Degree of Technology Transfer," *European Journal of Social Sciences* 2 (2009): 297-309.

Rossberger, R. J., D. E. Krause, "Participative and Team-Oriented Leadership Styles, Countries´ Education Level, and National Innovation: The Mediating Role of Economic Factors and National Cultural Practices," *Cross-Cultural Research: The Journal of Comparative Social Science* 1 (2015): 20-56.

Saaty, T. L., "Time Dependent Decision-Making Dynamic Priorities in the AHP/ANP: Generalizing from Points to Functions and from Real to Complex Variables," *Mathematical & Computer Modelling* 8 (2007): 860-891.

Safa, N. S., R. V. Solms, "An Information Security Knowledge Sharing Model in Organizations," *Computers in Human Behavior* 5 (2016): 442-451.

Salavisa, I., C. Sousa, and M. Fontes, "Topologies of Innovation Networks in Knowledge-Intensive Sectors: Sectoral Differences in the Access to Knowledge and Complementary Assets through Formal and Informal Ties," *Technovation* 6 (2012): 380-399.

Schechter, C., L. Atarchi, "The Meaning and Measure of Organizational Learning Mechanisms in Secondary Schools," *Educational Administration Quarterly*

4 (2013): 577-609.

Schmidt, S., U. Roesler, T. Kusserow, and R. Ran, "Uncertainty in the Workplace: Examining Role Ambiguity and Role Conflict, and Their Link to Depression—A Meta-Analysis," *European Journal of Work & Organizational Psychology* 1 (2014): 91-106.

Senge, M. Peter, *The Fifth Discipline, the Art and Practice of the Learning Organization* (Currency Doubledaly, 1990).

Simonin, B. L., "Ambiguity and the Process of Knowledge Transfer in Strategic Alliances," *Strategic Management Journal* 7 (2015): 595-623.

Sio, U. N., K. Kotovsky, and J. Cagan, "Analyzing the Effect of Team Structure on Team Performance: An Experimental and Computational Approach," *Journal of Microbiology* 5 (2017): 729-40.

Stokvik, H., D. Adriaenssen, and J. A. Johannessen, "Tacit Knowledge, Organizational Learning and Innovation in Organizations," *Problems & Perspectives in Management* 3 (2017): 246-255.

Sun, W., Y. Yu, "Staff Similarity Computation in Technology Innovation Team," *Advanced Materials Research* 204 (2011): 1771-1774.

Szwed, P., P. Skrzyński, "A New Lightweight Method for Security Risk Assessment Based on Fuzzy Cognitive Maps," *International Journal of Applied Mathematics & Computer Science* 1 (2014): 213-225.

Takeuchi, J., S. J. Kass, and S. K. Schneider, "Virtual and Face-to-Face Teamwork Differences in Culturally Homogeneous and Heterogeneous Teams," *Journal of Psychological Issues in Organizational Culture* 2 (2013): 17-34.

Taylor, A., H. R. Greve, "Superman or the Fantastic Four? Knowledge Combine and Experience In Innovative Teams," *Academy of Management Journal* 49 (2006): 723-740.

Tjosvold, D., M. M. L. Tang, and M. West, "Reflexivity for Team Innovation in China: The Contribution of Goal Interdependence," *Group & Organization Management* 5 (2004): 540-559.

Tjosvold, D., Z. Y. Yu, and P. Wu, "Empowering Individuals for

Innovation in China: Conflict Management and Problem Solving," *Negotiation and Conflict Management Research* 2 (2009): 185–205.

Tohidi, H., S. M. Seyedaliakbar, and M. Mandegari, "Organizational Learning Measurement and the Effect on Firm Innovation," *Journal of the National Comprehensive Cancer Network* 6 (2013): 561–568.

Tuckman, B. W., M. A. C. Jensen, "Stages of Small-Group Development Revisited," *Group & Organization Studies* 4 (1977): 419–427.

Viljoen, R., "Inclusive Organizational Transformation," *Office Automation* 3 (2014): 27–34.

Wei, G. X., Y. U. Le-An, and S. Y. Wang, "Study on Incentive Factors of Team Cooperation Based on Synergy Effect," *Systems Engineering-Theory & Practice* 1 (2007): 1–9.

Weigelt, C., D. J. Miller, "Implications of Internal Organization Structure for Firm Boundaries," *Strategic Management Journal* 12 (2013): 1411–1434.

West, M. A., M. Wallace, "Innovation in Health Care Team," *European Journal of Psychology* 4 (1991): 303–315.

Woehr, D. J., L. M. Arciniega, and T. L. Poling, "Exploring the Effects of Value Diversity on Team Effectiveness," *Journal of Business & Psychology* 1 (2013): 107–121.

Wu, T., Y. Wu, and H. Tsai, "Top Management Teams' Characteristics and Strategic Decision-Making: A Mediation of Risk Perceptions and Mental Models," *Sustainability* 12 (2017): 2265.

Xie, X. Y., W. L. Wang, and K. Luan, "It Is Not What We Have, but How We Use It: Reexploring the Relationship between Task Conflict and Team Innovation from the Resource-Based View," *Group Processes & Intergroup Relations* 2 (2014): 240–251.

Yan, M., Y. Yu, and X. Dong, "Contributive Roles of Multilevel Organizational Learning for the Evolution of Organizational Ambidexterity," *Information Technology & People* 3 (2016): 647–667.

Yang, W., W. Zhang, and Y. Wang, "Ontology-Based Multi-Perspective

Task Decomposition on to Support Composite Manufacturing Service Discovery," *International Journal of Digital Content Technology and Its Applications* 7 (2011): 290–296.

　　Yu, L., S. Jiang, and K. Liu, "Research on Task Decomposition and State Abstraction in Reinforcement Learning," *Artificial Intelligence Review* 2 (2012): 119–127.

　　Zappa, P., G. Robins, "Organizational Learning Across Multi-Level Networks," *Social Networks* 2 (2016): 295–306.

图书在版编目（CIP）数据

外智引联团队协同创新机制研究：以西部地区为例 /
段万春，段熠，杜凤娇著. -- 北京：社会科学文献出版
社，2023.1

（云南省哲学社会科学创新团队成果文库）
ISBN 978-7-5201-9907-0

Ⅰ.①外… Ⅱ.①段… ②段… ③杜… Ⅲ.①高等学
校–创新管理–研究–西南地区②高等学校–创新管理–
研究–西北地区 Ⅳ.①G647

中国版本图书馆 CIP 数据核字（2022）第 047164 号

云南省哲学社会科学创新团队成果文库
外智引联团队协同创新机制研究：以西部地区为例

著　　者／段万春　段　熠　杜凤娇

出　版　人／王利民
组稿编辑／宋月华
责任编辑／袁卫华
文稿编辑／王红平
责任印制／王京美

出　　　版／社会科学文献出版社
　　　　　　　地址：北京市北三环中路甲 29 号院华龙大厦　邮编：100029
　　　　　　　网址：www.ssap.com.cn
发　　　行／社会科学文献出版社（010）59367028
印　　　装／唐山玺诚印务有限公司

规　　　格／开　本：787mm×1092mm　1/16
　　　　　　　印　张：20　字　数：312 千字
版　　　次／2023 年 1 月第 1 版　2023 年 1 月第 1 次印刷
书　　　号／ISBN 978-7-5201-9907-0
定　　　价／148.00 元

读者服务电话：4008918866